CB065756

CULINÁRIA AMERICANA

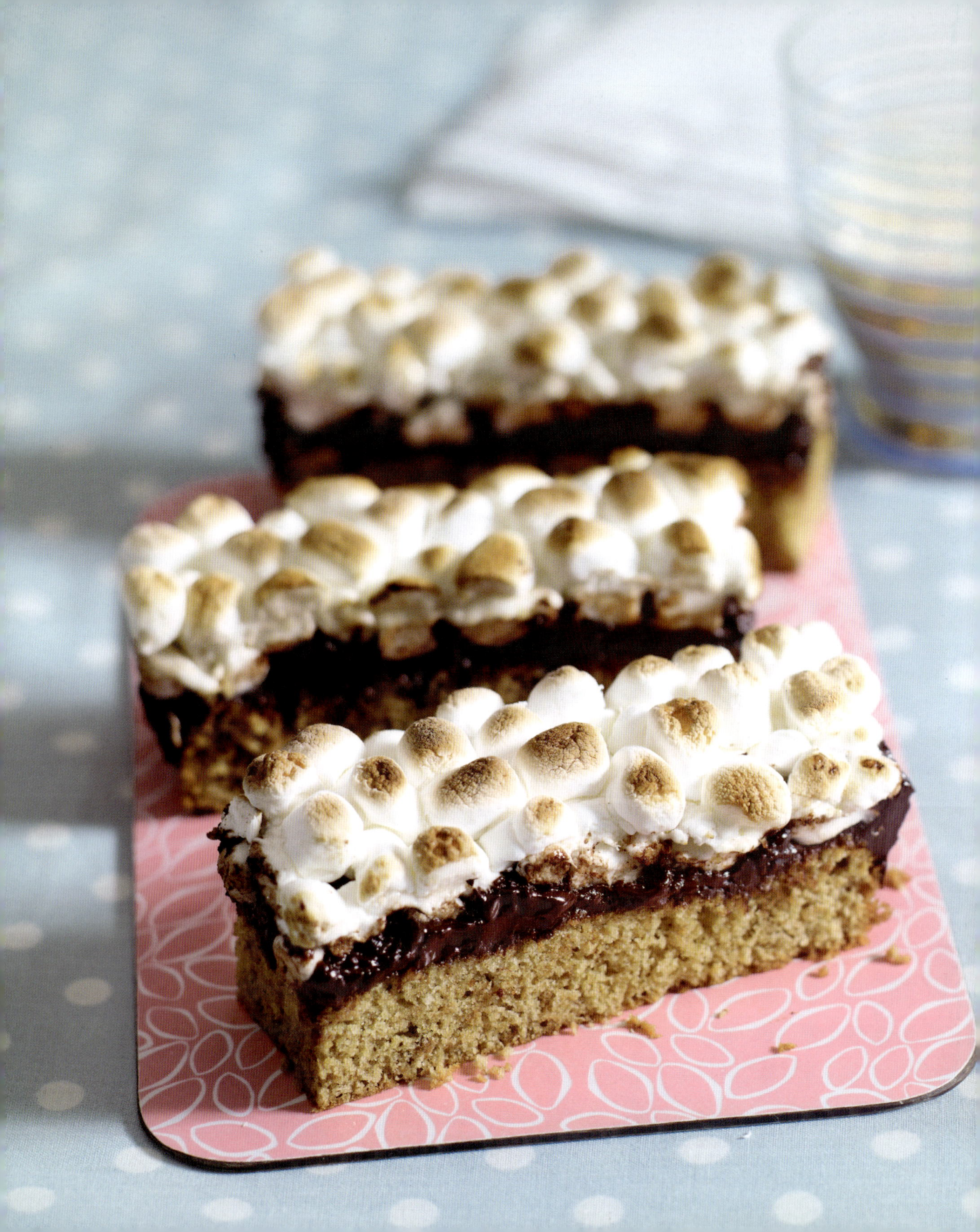

CAROLINE BRETHERTON
ELENA ROSEMOND-HOERR

CULINÁRIA AMERICANA

Receitas clássicas em nova abordagem

PubliFolha

DK | Penguin Random House

www.dk.com

Título original: *The American cookbook*

Copyright © 2014 Dorling Kindersley Limited

Copyright © 2014 Publifolha – Divisão de Publicações da Empresa Folha da Manhã S.A.

Publicado originalmente na Grã-Bretanha em 2014 pela Dorling Kindersley Limited, 80 Strand, Londres WC2R ORL, Inglaterra, uma empresa da Penguin Random House.

Proibida a comercialização fora do território brasileiro.

COORDENAÇÃO DO PROJETO Publifolha
Editora assistente: Naira Gomes dos Santos
Produtora gráfica: Samantha R. Monteiro

PRODUÇÃO EDITORIAL Página Viva
Coordenação e edição: Carlos Tranjan
Tradução: Laura Schichvarger
Consultoria: Janaina Ghoubar
Produção gráfica: Catharine Rodrigues, Priscylla Cabral
Revisão: Mariana Nascimento, Ricardo Marques

EDIÇÃO ORIGINAL DK LONDRES
Editor sênior: Bob Bridle
Editora de arte sênior: Lucy Parissi
Editora assistente: Elizabeth Clinton
Gerente editorial: Dawn Henderson
Gerente de arte: Christine Keilty
Criação de capa: Nicola Powling
Assistente de criação de capa: Rosie Levine
Pré-produtor sênior: Tony Phipps
Produtor sênior: Oliver Jeffreys
Diretor de arte: Peter Luff
Publisher: Peggy Vance

DK ÍNDIA
Editora sênior: Dorothy Kikon
Editor de arte sênior: Balwant Singh
Editora: Arani Sinha
Editora de arte: Simran Kaur
Editora assistente: Aditi Batra
Editora assistente de arte: Pooja Verma
Gerente editorial: Alicia Ingty
Gerente de arte: Navidita Thapa
Gerente de produção: Pankaj Sharma
Gerente de pré-produção: Sunil Sharma
Produtores gráficos: Rajesh Singh Adhikari, Rajdeep Singh Rawat

Fotografias de estúdio: Stuart West
Fotografias adicionais: Elena Rosemond-Hoerr

Dados Internacionais de Catalogação na Publicação (CIP)
(Câmara Brasileira do Livro, SP, Brasil)

Bretherton, Caroline
 Culinária americana : receitas clássicas em nova abordagem / Caroline Bretherton, Elena Rosemond-Hoerr; [tradução Laura Schichvarger]. – 1. ed. – São Paulo : Publifolha, 2014.

 Título original: The American cookbook.
 ISBN 978-85-7914-559-9

 1. Culinária (Receitas) 2. Culinária americana
I. Rosemond-Hoerr, Elena. II. Título.

14-08527   CDD-641.5

Índices para catálogo sistemático:
 1. Culinária : Receitas : Economia doméstica   641.5

Este livro segue as regras do Acordo Ortográfico da Língua Portuguesa (1990), em vigor desde 1º de janeiro de 2009.

Impresso na Hung Hing, China.

PUBLIFOLHA
Divisão de Publicações do Grupo Folha
Al. Barão de Limeira, 401, 6º andar
CEP 01202-900, São Paulo, SP
Tel.: (11) 3224-2186/2187/2197
www.publifolha.com.br

Nota do editor
Apesar de todos os cuidados tomados na elaboração das receitas deste livro, a editora não se responsabiliza por erros que possam acontecer durante o preparo dos pratos.

Pessoas com restrições alimentares, grávidas e lactantes devem consultar um médico especialista sobre os ingredientes de cada receita antes de prepará-la.

As fotos deste livro podem conter acompanhamentos ou ingredientes meramente ilustrativos.

Observações, exceto se orientado de outra forma:
Use sempre ingredientes frescos.
O forno deve ser preaquecido na temperatura indicada na receita.

Equivalência de medidas:
1 colher (chá) = 5 ml
1 colher (sopa) = 15 ml
1 xícara (chá) = 250 ml

SUMÁRIO

Introdução	6
ENTRADAS, SOPAS E SALADAS	**8**
Um gosto do Nordeste	40
CAFÉ DA MANHÃ E REFEIÇÕES LEVES	**52**
Um gosto do Sudeste	72
PRATOS PRINCIPAIS E ACOMPANHAMENTOS	**92**
Um gosto do Sudoeste	116
Um gosto do Meio-Oeste	154
SOBREMESAS	**170**
BOLOS, DOCES E CONSERVAS	**200**
Um gosto do Noroeste Pacífico	216
Índice	250
Agradecimentos	256

INTRODUÇÃO

Há bastante tempo a cozinha norte-americana parece caracterizar-se principalmente pelas frituras e pelas massas assadas (biscoitos, cookies, tortas etc.) – ao menos essa é sua imagem no mundo. No entanto, desde que me mudei para os Estados Unidos, pouco mais de um ano atrás, fui percebendo que a comida por aqui é tão interessante e diversificada quanto o povo americano.

Existem muitas culturas alimentares diferentes no país, e é possível traçar a história de cada uma delas desde os antigos colonos que se estabeleceram em cada região. O Meio-Oeste, por exemplo, lar de muitos imigrantes do Centro e do Leste Europeu, tem uma porção de pratos que são rotineiramente servidos tanto na Alemanha como em Ohio. No Sul, do mesmo modo, a influência dos franceses na Louisiana se reflete com força na comida. Em todo o país, as grandes cidades se revelam um caldeirão de culturas – com pratos que refletem essa diversidade. Algumas das comidas de fusão mais interessantes dos EUA surgiram em grandes centros urbanos, como Nova York e Los Angeles.

Os EUA são um país bem grande e, como tal, possuem uma capacidade incomparável de cultivar, pescar e criar uma variedade enorme de produtos de alta qualidade. Do salmão selvagem capturado nas águas geladas do Alasca ao limão das Keys, amarelo, doce e ácido, cultivado na Flórida subtropical, encontra-se uma generosa quantidade de ingredientes deliciosos.

Neste livro tentamos reunir as receitas clássicas essenciais que têm mesa cativa nos lares norte-americanos e também mostrar as inovações culinárias que permitem a adaptação dessas mesmas receitas à paisagem colorida, diversificada e em constante mutação dos EUA atuais.

Caroline Bretherton

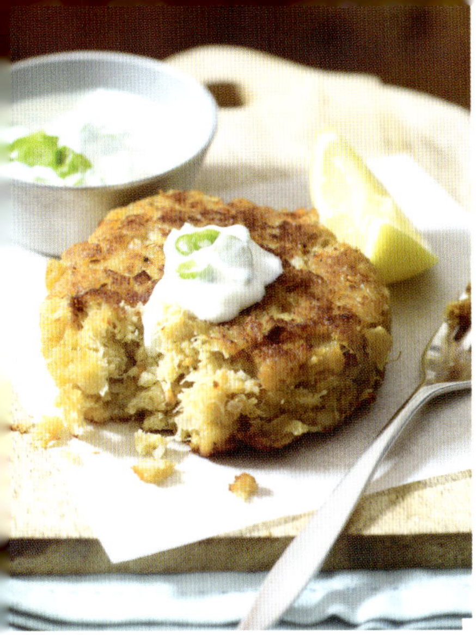
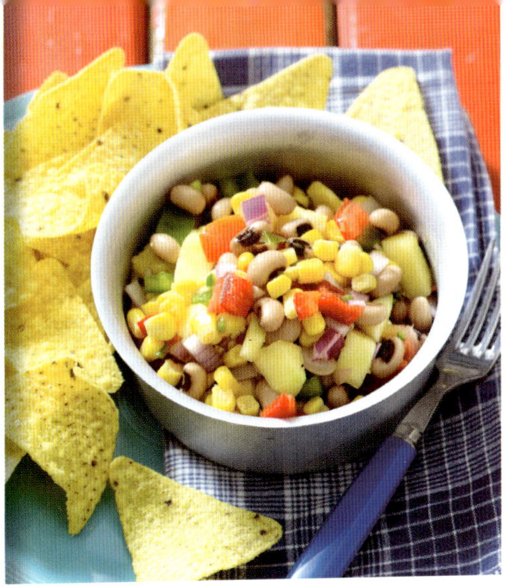
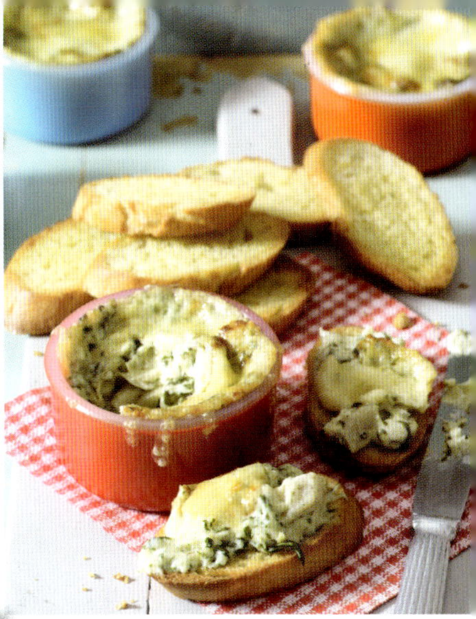
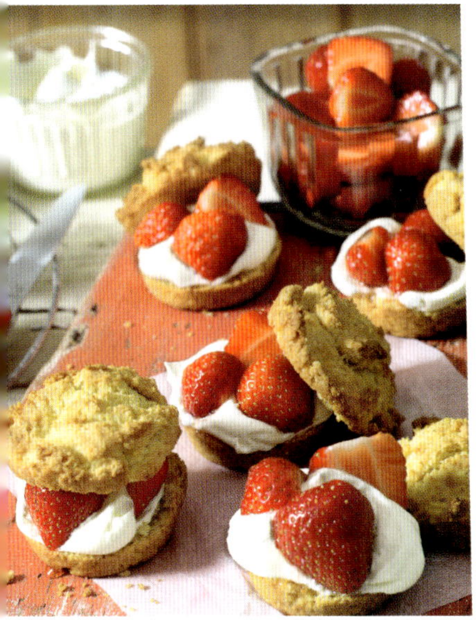
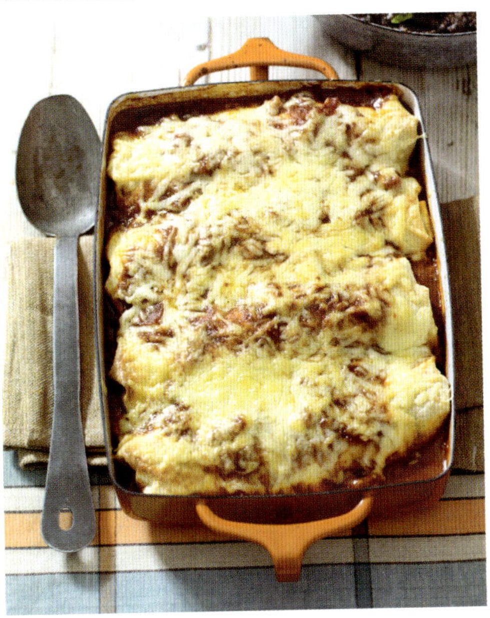
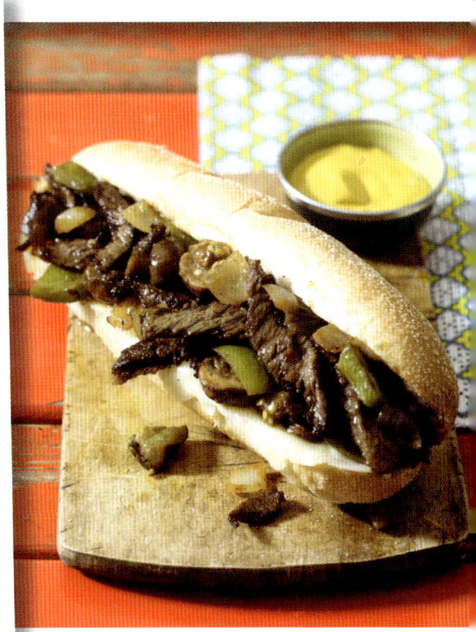
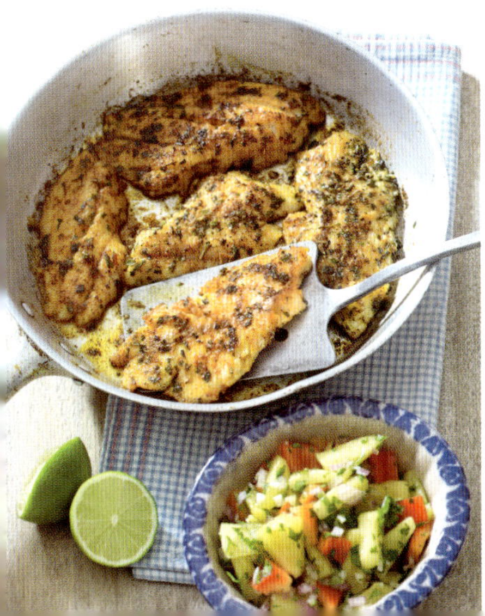
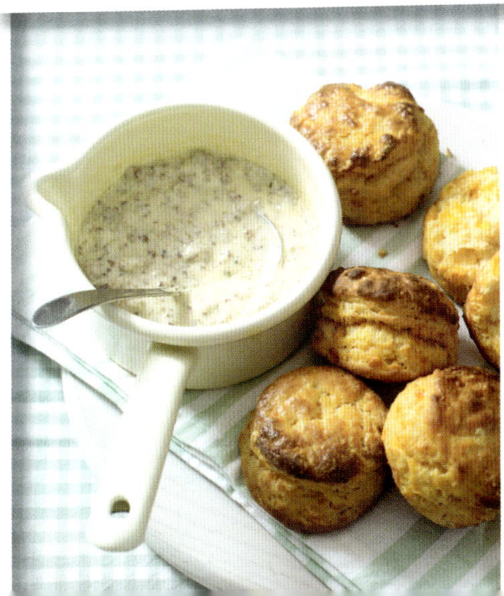
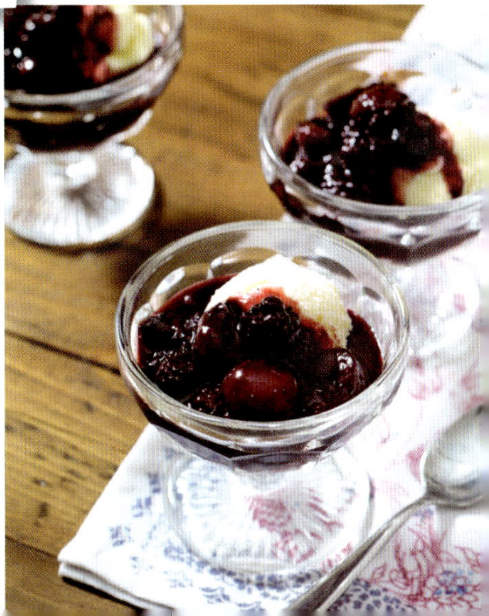

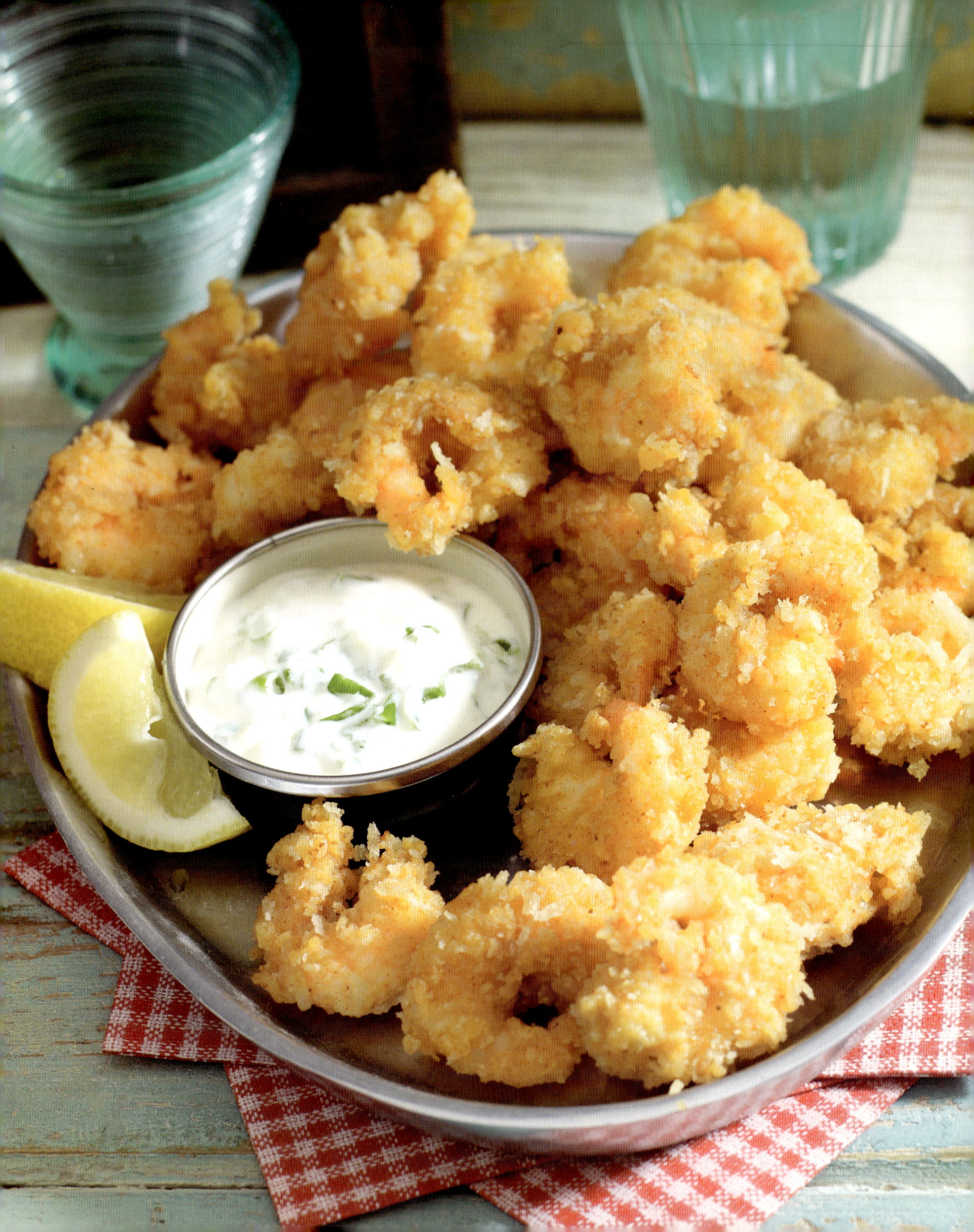

ENTRADAS, SOPAS E SALADAS

ENTRADAS, SOPAS E SALADAS

SALSA DE PÊSSEGO COM CHIPS DE MILHO

Repleto de cores e sabores vibrantes, esse molho também é ótimo sozinho ou como acompanhamento de um peixe grelhado.

- ★ **4 PORÇÕES**
- ★ **PREPARO** 20 minutos, mais resfriamento
- ★ **COZIMENTO** 15 minutos

Ingredientes
- 2 pêssegos grandes não muito maduros cortados ao meio e sem caroço
- 1 colher (sopa) de azeite
- 2 tomates maduros sem pele, sem sementes e picadinhos
- 1 cebolinha grande, limpa e picadinha
- ½ pimenta jalapeño ou outra pimenta verde suave sem sementes e picadinha
- 2 colheres (sopa) de coentro picadinho
- 2 colheres (sopa) de hortelã picadinha
- 1 colher (sopa) de azeite extravirgem
- 1 colher (sopa) de suco de limão-taiti
- 1 colher (chá) de molho de pimenta picante
- sal e pimenta-do-reino moída na hora

Para os chips de milho
- 8 tortilhas de milho de 15 cm
- 1 colher (sopa) de azeite ou um pouco de azeite em spray
- 4 colheres (chá) de tempero cajun (cajun spice mix) ou páprica defumada

1 Aqueça uma chapa com grelha ou acenda uma churrasqueira em fogo alto. Grelhe as metades de pêssego por 2-3 minutos de cada lado, até chamuscarem em alguns pontos e começarem a amolecer. Deixe esfriar, descasque e corte em cubinhos.

2 Transfira os pêssegos para uma tigela média e adicione os outros ingredientes da salsa. Tempere a gosto. Leve o molho à geladeira por 1 hora, para os sabores se amalgamarem.

3 Preaqueça o forno a 230ºC. Pincele ou pulverize as tortilhas de milho com um pouco de azeite dos dois lados, depois polvilhe em cada uma ½ colher (chá) do tempero cajun. Empilhe as tortilhas temperadas uma em cima da outra e corte-as em seis fatias iguais. Disponha as fatias em várias assadeiras, formando uma única camada e com cuidado para que uma fatia não encoste na outra.

4 Asse por 5 minutos, mas verifique após 3 minutos, pois elas podem queimar facilmente – devem ficar douradas e crocantes em alguns pontos, mas ainda um pouco borrachudas no meio. Retire do forno e coloque sobre uma grade, para que esfriem e fiquem mais crocantes. Sirva com a salsa de pêssego, deixada à temperatura ambiente antes de servir.

DICA DO COZINHEIRO Hoje se encontram no mercado muitos azeites e óleos na forma de spray. Evite os artificiais – para recobrir as tortilhas com uma camada fina e uniforme, é melhor usar um azeite natural de boa qualidade, despejado em um frasco de spray para azeite.

ENTRADAS, SOPAS E SALADAS

SALSA PEDAÇUDA DE GUACAMOLE E FETA

Mais substanciosa do que um molho de guacamole, essa salsa fica perfeita com cordeiro ou carne assada.

- **4 PORÇÕES**
- **PREPARO** 10 minutos
- **COZIMENTO** 15 minutos

Ingredientes

1 colher (sopa) de azeite
1 espiga de milho verde
2 avocados maduros cortados ao meio, sem caroço e fatiados (veja abaixo)
12 tomates-cereja cortados ao meio ou em quatro, se forem grandes
2 cebolinhas grandes, limpas e picadinhas
2 colheres (sopa) cheias de coentro picado
suco de 1 limão-taiti
1 colher (chá) de molho de pimenta picante
sal e pimenta-do-reino moída na hora
60 g de queijo feta

1 Esfregue o azeite na espiga de milho verde e coloque-a sob um grill quente por 5-10 minutos, virando de vez em quando, até queimar de leve em alguns pontos. Outras opções são usar uma chapa com grelha em fogo alto ou grelhar a espiga diretamente sobre a chama do gás ou da churrasqueira. Reserve até esfriar.

2 Quando estiver fria o bastante para manuseio, coloque-a na vertical sobre uma tábua de corte e, com uma faca afiada, corte até embaixo para retirar os grãos (veja a técnica na p. 152).

3 Em uma tigela grande, coloque o milho, os avocados (que podem ser substituídos por 1 abacate médio), o tomate e tudo o mais, exceto 1 colher (sopa) de cebolinha e 1 de coentro. Misture com o suco de limão e o molho de pimenta e tempere bem.

4 Coloque o guacamole em uma tigela grande e esmigalhe o feta por cima. Para servir, cubra com a cebolinha e com o coentro restantes.

COMO DESCAROÇAR E DESCASCAR UM AVOCADO

1 Corte o avocado ao meio no sentido do comprimento, com a faca contornando o caroço, depois separe as duas metades girando-as com cuidado.

2 Bata a lâmina de uma faca grande no caroço para prendê-lo, depois gire e levante a faca para remover o caroço.

3 Corte em dois cada metade do avocado. Use uma faquinha para retirar a casca com cuidado. Corte em pedaços de 1 cm para usar nessa receita.

ENTRADA CLÁSSICA

ASA DE FRANGO À MODA DE BUFFALO

Agridoce e picante, essa receita servida com molho de queijo é originária da cidade de Buffalo (NY).

- **6 PORÇÕES**
- **PREPARO** 20-30 minutos, mais descanso
- **COZIMENTO** 40-50 minutos

Ingredientes
130 g de farinha de trigo
150 g de farinha de rosca
1 colher (chá) de páprica
½ colher (chá) de pimenta-de-caiena
½ colher (chá) de sal
500 ml de leitelho (ou faça o seu; veja a dica do cozinheiro à direita)
24 asinhas de frango com osso
1 litro de óleo de girassol ou canola, para fritar
250 ml de molho de pimenta picante
2 dentes de alho picados
2 colheres (sopa) de mel
115 g de manteiga

Para o molho de queijo
50 g de maionese
100 g de soured cream*
90 ml de leitelho
115 g de queijo azul amassado
30 ml de vinagre de maçã

1 Em uma tigela grande, misture a farinha de trigo, a farinha de rosca, a páprica, a pimenta-de-caiena e o sal. Despeje o leitelho em uma tigela separada. Mergulhe as asinhas no leitelho e passe-as na mistura de farinha, cobrindo cada uma de maneira uniforme. Leve-as à geladeira por pelo menos 1 hora.

2 Aqueça o óleo a 190ºC em uma panela grande de fundo grosso ou em uma fritadeira, como mostra a técnica na p. 144.

3 Enquanto isso, em outra panela, misture o molho de pimenta picante, o alho, o mel e a manteiga e leve ao fogo baixo. Deixe a manteiga derreter e cozinhe por 5 minutos.

4 Quando o óleo estiver quente, frite as asinhas de frango em lotes, 4-5 por vez, por 8-10 minutos ou até dourarem. Retire-as do óleo com uma escumadeira e mergulhe-as no molho. Role as asinhas no molho para revesti-las bem de todos os lados. Transfira-as para uma grade e deixe que esfriem.

5 Para o molho de queijo, bata a maionese, o soured cream, o leitelho, o queijo azul e o vinagre em um processador de alimentos. Sirva o molho em uma tigelinha ao lado do frango.

DICA DO COZINHEIRO Você pode fazer um substituto para o leitelho (líquido que sobra depois que se bate a nata do leite) misturando 1 colher (sopa) de suco de limão com 250 ml de iogurte natural desnatado. Deixe descansar por 10 minutos antes de usar.

---

* À venda em grandes supermercados. Se não encontrar, faça em casa: misture 1 colher (sopa) de suco de limão a 1 xícara de creme de leite fresco. Deixe a mistura descansar em temperatura ambiente por 30 minutos, depois guarde na geladeira até a hora de usar.

PROVE...

MEL E CHIPOTLE
Para um molho, misture 140 g de **mel**, 30 g de **molho de pimenta picante** e 1 colher (sopa) de **pasta de pimenta chipotle**.

MOLHO RANCH
Misture 50 g de **maionese**, 90 ml de **leitelho**, 100 g de **soured cream**, ½ colher (chá), de cada, de **cebola em pó**, **pimenta-do-reino moída na hora**, **alho em pó** e **tomilho seco** e 1 colher (sopa) de **salsinha** picada.

ASINHAS ASSADAS
Para uma variação assada e agridoce, adicione 75 g de **chips de batata-doce** triturados à farinha de rosca e leve ao forno a 200ºC por 40 minutos, sobre uma grade forrada com papel-manteiga, pincelando com o molho a cada 10 minutos.

CROSTA DE BATATA COM BACON DEFUMADO

Cascas de batata crocantes podem receber os mais deliciosos recheios e fazer a alegria de qualquer festa.

- ★ **12 UNIDADES**
- ★ **PREPARO** 20 minutos
- ★ **COZIMENTO** 1h20

Ingredientes
6 batatas para assar com pouco amido, com cerca de 7 cm de comprimento, escovadas e limpas
1 colher (sopa) de óleo de girassol ou canola, mais um pouco para pincelar
3 fatias de bacon defumado
3 colheres (sopa) de soured cream (p. 12)
1 colher (chá) de páprica defumada ou pimenta ancho em pó
60 g de parmesão
2 cebolinhas limpas picadinhas
sal e pimenta-do-reino moída na hora
soured cream, para servir
cebolinha francesa, para servir

*Além de conferir um toque pungente ao recheio encorpado, a **cebolinha** cozinha rapidamente.*

1 Preaqueça o forno a 200ºC. Coloque as batatas em uma tigela e regue com 1 colher (sopa) de óleo. Esfregue as batatas por inteiro com o óleo, depois fure-as com um garfo e coloque-as em uma assadeira. Asse por cerca de 45 minutos, virando uma vez, até ficarem cozidas e douradas. Deixe esfriar.

2 Enquanto isso, coloque o bacon em uma assadeira e leve ao forno por cerca de 10 minutos, virando uma vez, até ficar crocante. Escorra em papel-toalha e deixe esfriar, depois corte em cubinhos bem pequenos.

3 Aumente o forno para 230ºC. Quando as batatas estiverem frias o suficiente para serem manuseadas, corte-as ao meio na horizontal. Retire a polpa e deixe uma pequena quantidade de batata grudada na casca para fazer um invólucro resistente. Pincele as cascas de batata com um pouquinho de óleo, depois devolva-as à assadeira com o lado da casca virado para cima. Asse-as por 10 minutos, depois vire-as e deixe por mais 5 minutos. Retire do forno.

4 Enquanto as cascas estiverem assando, coloque a polpa de batata cozida em uma tigela, junte o soured cream e a páprica defumada e tempere bem. Amasse até ficar homogêneo.

5 Separe um pouco do parmesão ralado e adicione o restante à mistura de purê de batata, junto com o bacon crocante picado e a cebolinha. Misture bem e use para rechear as cascas de batata crocantes, fazendo pequenos montes no meio de cada casca.

6 Cubra as cascas recheadas com o parmesão restante e leve ao forno por mais 10 minutos, até ficarem bem douradas e quentes. Sirva com 1 colher (chá) de soured cream e uma pitada de cebolinha francesa, se quiser.

DICA DO COZINHEIRO Você pode cozinhar as batatas até 3 dias antes – ao usar o forno para fazer outro prato, por exemplo – e deixar na geladeira até a hora de usar.

ENTRADAS, SOPAS E SALADAS ★ 15

NACHO DE FRANGO PICANTE COM JALAPEÑO

O frango desfiado é uma alternativa saudável à tradicional carne de porco desfiada dos norte-americanos.

★ **4 PORÇÕES**
★ **PREPARO** 30 minutos
★ **COZIMENTO** 25-30 minutos

Ingredientes
175 g de peito de frango desossado sem pele
uma pitada de pimenta-calabresa
220 g de chips de tortilha
250 g de feijão-preto cozido e escorrido
sal e pimenta-do-reino moída na hora

Para o pico de gallo
2 tomates vermelhos sem sementes cortados em cubos
1 cebola roxa cortada em cubos
um punhado de coentro picado, mais um pouco para decorar
suco de 1 limão-taiti

Para o picles
1 cebola roxa cortada em fatias finas
1 pimenta jalapeño ou outra pimenta verde suave cortada em fatias de 0,5 cm
250 ml de vinagre de maçã
1 colher (chá) de sal marinho

Para o creme de queijo
125 ml de creme de leite light
225 g de queijo jack spicy ou ricota defumada ralada
azeite
1 cebola cortada em cubos
2 dentes de alho amassados
1 pimenta jalapeño ou outra verde suave picadinha

1 Comece pelo pico de gallo, misturando os tomates e a cebola com o coentro e o suco de limão. Tempere a gosto e reserve.

2 Para o picles, misture a cebola e a pimenta jalapeño com o vinagre e o sal em uma panela não reativa (que não seja nem de alumínio nem de ferro fundido). Cozinhe em fogo baixo por 5 minutos, até a pimenta ficar verde-escura e a cebola, translúcida. Retire do fogo e reserve.

3 Para o creme de queijo, coloque o creme de leite e o queijo em uma tigelinha refratária. Encaixe a tigelinha nas bordas da panela com água fervente (sem deixar a tigela encostar na água) e cozinhe por 10 minutos, mexendo de vez em quando, até o queijo derreter.

4 Enquanto isso, aqueça em fogo médio um pouco de azeite em uma panela pequena e refogue a cebola e o alho. Adicione a pimenta jalapeño. Quando ela estiver um pouco mais macia e a cebola estiver translúcida, acrescente o queijo derretido. Reduza o fogo e mexa de vez em quando.

5 Polvilhe o frango com sal, pimenta-do-reino e pimenta-calabresa e grelhe por 5-6 minutos de cada lado. Deixe esfriar um pouco e depois desfie-o com um garfo.

6 Disponha metade dos chips de tortilha em um prato grande e despeje metade do creme de queijo por cima, seguido do feijão-preto. Faça uma segunda camada com os chips e o creme de queijo restantes. Cubra com o frango, o pico de gallo e o picles escorrido. Decore com coentro antes de servir.

DICA DO COZINHEIRO Se o tempo for curto, experimente usar um molho comprado pronto e cebola roxa em fatias finas, como alternativa rápida e saborosa ao pico de gallo e ao picles.

ENTRADAS, SOPAS E SALADAS

CAVIAR TROPICAL TEXANO

Saudável e saboroso, vai bem tanto para comer junto com chips de tortilha como para acompanhar carne ou peixe grelhados.

★ **4-6 PORÇÕES**

★ **PREPARO** 15 minutos, mais descanso

Ingredientes

1 pimenta jalapeño ou outra pimenta verde suave sem sementes picadinha
1 manga descascada e picada
½ abacaxi (ou 200 g de abacaxi em conserva) cortado em cubos
2 dentes de alho amassados
1 pimentão vermelho sem sementes picado
1 pimentão verde sem sementes picado
1 cebola roxa picada
1 tomate picado
340 g de milho-verde em lata escorrido
250 g de feijão-fradinho cozido e escorrido
suco de 4 limões-taiti
sal e pimenta-do-reino moída na hora
chips de tortilha, para servir

1 Em uma tigela grande, misture a pimenta jalapeño, a manga, o abacaxi, o alho, os pimentões, a cebola e o tomate. Acrescente o milho-verde e o feijão-fradinho e misture tudo.

2 Adicione o suco de limão, tempere bem com sal e pimenta e cubra. Deixe descansar por 1 hora para os sabores se desenvolverem.

3 Sirva gelado ou à temperatura ambiente, com chips de tortilha para acompanhar.

QUAL É A HISTÓRIA?

O caviar texano é um prato frio de feijão-fradinho cozido, embebido em vinagrete e reforçado com vários legumes e ervas picados. O feijão-fradinho, leguminosa que adora o calor, cresce por todo o Texas. Foi lá que Helen Corbett, chef e escritora de livros de receitas que defendia o uso de ingredientes frescos, popularizou esse prato, na década de 1950.

A **manga**, com sua cor viva e sabor adocicado, cria um bom contraste para muitas saladas salgadas.

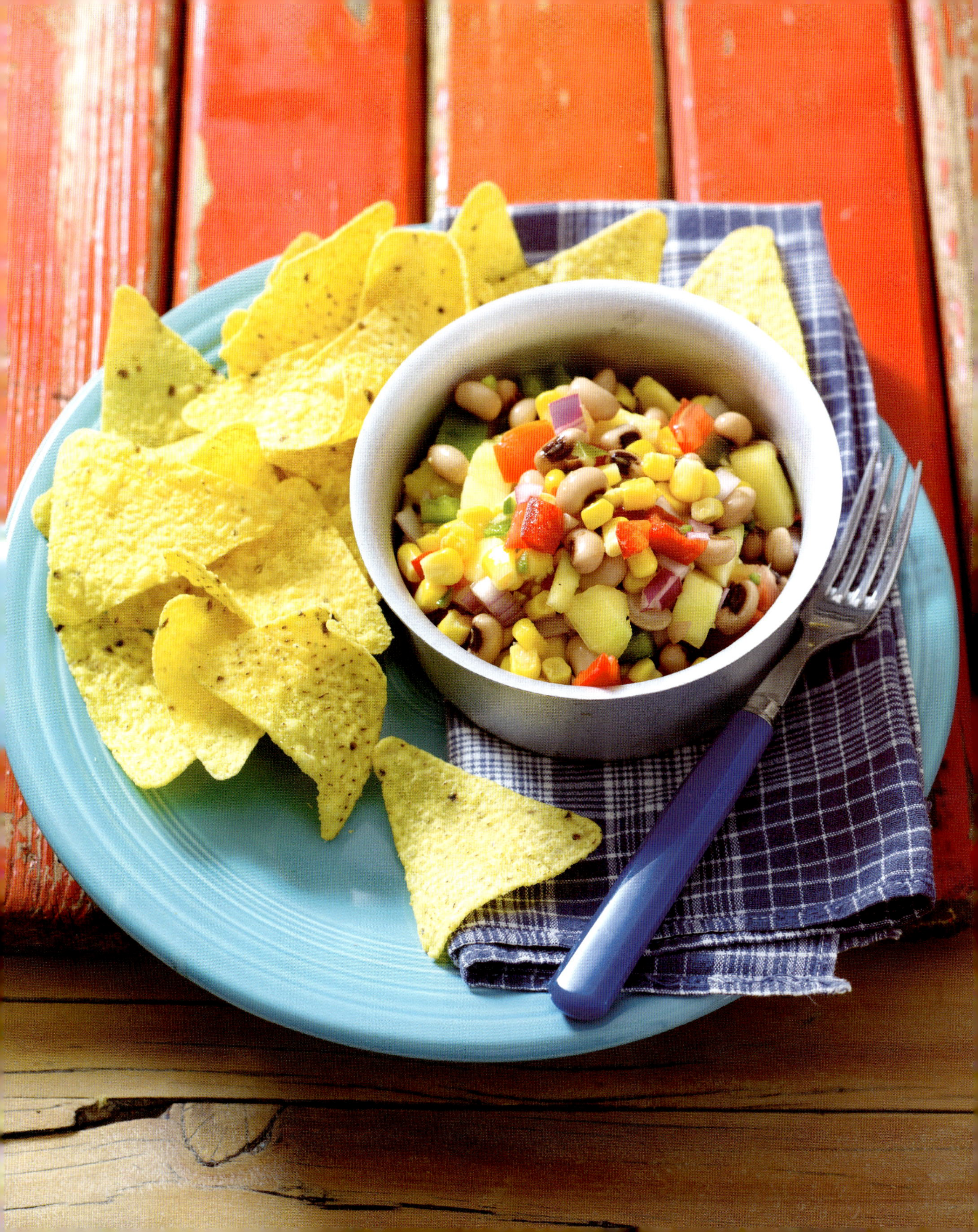

ENTRADAS, SOPAS E SALADAS

OVO DE PATA COM SALMÃO DEFUMADO

Com limão, endro e salmão defumado, um simples ovo cozido vira entrada generosa, prato de piquenique ou recheio de sanduíche.

- ★ **8 UNIDADES**
- ★ **PREPARO** 15 minutos, mais esfriamento
- ★ **COZIMENTO** 15 minutos

Ingredientes
4 ovos de pata
1 colher (sopa) bem cheia de soured cream (p. 12)
1 colher (sopa) de endro picado, mais um pouco para enfeitar
1 colher (sopa) de cebolinha francesa picada
raspas de ½ limão-siciliano
1 colher (chá) de suco de limão--siciliano
30 g de salmão defumado cortado em cubinhos
sal e pimenta-do-reino moída na hora

1 Coloque os ovos em uma panela média de fundo grosso e cubra com água fria. Deixe ferver, reduza o fogo e cozinhe os ovos por 15 minutos, para ficarem firmes. Retire a panela do fogo, passe os ovos na água fria corrente e deixe-os esfriar.

2 Quando os ovos estiverem frios, descasque-os, corte-os ao meio na horizontal e, com uma colher de chá, retire cuidadosamente as gemas e coloque-as em uma tigelinha, deixando as claras intactas. Cubra as claras com filme plástico e leve à geladeira até a hora de usar.

3 Amasse bem as gemas com as costas de um garfo. Adicione o restante dos ingredientes, exceto o salmão defumado, e amasse até ficar homogêneo. Tempere a gosto.

4 Com uma colher, faça um montinho com o recheio e coloque-o no meio das claras reservadas. Outra opção é transferir o recheio para um saco de confeitar e espremer um pouco sobre cada metade de ovo. Complete com o salmão em cubos e decore com endro.

O **ovo de pata** tem um sabor especial e uma bela gema amarela-escura.

ENTRADAS, SOPAS E SALADAS

ROLINHO DE LINGUIÇA COM MASSA DE PARMESÃO

Os *pigs in blankets* ("porquinhos de cobertor") são um sucesso entre as famílias norte-americanas.

★ **12 UNIDADES**
★ **PREPARO** 30 minutos, mais resfriamento
★ **COZIMENTO** 25-30 minutos

Ingredientes
150 g de farinha de trigo, mais um pouco para polvilhar
½ colher (chá) de páprica
½ colher (chá) de sal
pimenta-do-reino moída na hora
115 g de manteiga sem sal gelada
15 g de parmesão ralado
12 linguiças finas (use as que preferir)
1 colher (sopa) de mostarda de Dijon
1 ovo batido para pincelar
ketchup e molho de pimenta picante ou coalhada com um pouco mostarda, para servir

1 Peneire a farinha, a páprica, o sal e uma boa pitada de pimenta em uma tigela grande. Rale grosseiramente a manteiga gelada sobre a mistura de farinha (passe a manteiga na farinha primeiro, para não grudar no ralador). Adicione o parmesão e misture bem, para a manteiga ficar distribuída na farinha de maneira uniforme.

2 Faça uma cova no meio da mistura de farinha e adicione 3-4 colheres (sopa) de água gelada. Amasse até agregar, embrulhe em filme plástico e leve à geladeira por 30 minutos.

3 Preaqueça o forno a 200°C. Em uma superfície levemente enfarinhada, abra a massa em um retângulo de 30 cm x 25 cm. Corte o retângulo em 12 tiras, cada uma medindo 2 cm x 30 cm. Se você não conseguir fazer 12 tiras, junte os restos de massa, abra novamente e corte até obter a quantidade necessária.

4 Pincele a superfície das linguiças com um pouco de mostarda de Dijon e enrole as tiras de massa nas linguiças criando uma espiral, sobrepondo um pouco a massa e apertando de leve nas extremidades para selar. As pontinhas das linguiças podem ficar de fora. Coloque as linguiças enroladas em uma assadeira. Pincele-as com um pouco de ovo batido e leve ao forno por 25-30 minutos, até dourarem.

5 Deixe esfriar sobre uma grade por pelo menos 5 minutos antes de servir, seja quente, morno ou à temperatura ambiente. Um pouco de ketchup misturado com molho de pimenta-malagueta ou um pouco de coalhada com mostarda podem ser os acompanhamentos ideais para esse lanchinho.

ENTRADA CLÁSSICA

CAMARÃO FRITO COM AÏOLI DE LIMÃO

A farinha panko deixa esse camarão supercrocante. Pão amanhecido ralado também funciona bem.

- **4 PORÇÕES**
- **PREPARO** 10 minutos
- **COZIMENTO** 12-16 minutos

Ingredientes
500 ml de óleo de girassol ou canola, para fritar
1 ovo
130 g de farinha de trigo
1 colher (chá) de páprica
½ colher (chá) de pimenta-de-caiena
½ colher (chá) de sal
75 g de farinha panko ou pão amanhecido ralado
24 camarões-rosa sem as vísceras, descascados

Para o aïoli de limão
110 g de maionese
suco de ½ limão-siciliano
3 cebolinhas picadas
2 dentes de alho amassados
sal e pimenta-do-reino moída na hora

1 Em uma panela grande de fundo grosso ou em uma fritadeira, aqueça o óleo a 190ºC, como mostra a técnica na p. 144.

2 Quebre o ovo em uma tigela, adicione 1 colher (sopa) de água e bata com um garfo. Em uma tigela grande separada, misture a farinha, a páprica, a pimenta-de-caiena, o sal e a farinha panko.

3 Mergulhe os camarões na mistura de ovo e depois passe-os na mistura de farinha, cobrindo todos eles por igual. Frite os camarões em lotes de 6 por 3-4 minutos, ou até dourarem.

4 Para o aïoli, misture a maionese, o suco de limão, a cebolinha e o alho em uma tigelinha e tempere a gosto. Sirva com os camarões.

DICA DO COZINHEIRO Ao fritar, cuidado para não encher demais a panela com os camarões – assim eles não douram direito.

Existem **camarões** de muitas formas e tamanhos. Se possível, tente achar camarões selvagens.

PROVE...

MOLHO PICANTE
Misture 110 g de **maionese**, 2 colheres (sopa) de **molho de pimenta picante**, 1 colher (sopa) de **shoyu** e 1 colher (chá) de **pasta de pimenta vermelha**. Passe os camarões no molho e sirva com palitinhos.

MOLHO ASIÁTICO
Misture 2 colheres (sopa) de **mel**, 2 colheres (sopa) de **shoyu** e ½ colher (sopa) de **gengibre em pó** para fazer um molho de estilo asiático.

OPÇÃO ASSADA
Para uma alternativa mais leve à fritura, adicione 75 g de **parmesão** ralado à mistura de empanar e asse os camarões a 230°C por 5-7 minutos, ou até dourarem, virando uma vez para garantir cor uniforme.

ENTRADAS, SOPAS E SALADAS

BOLINHO DE SIRI COM LIMÃO E ECHALOTA

Esses famosos bolinhos da região de Maryland, na Costa Leste, são feitos com siris frescos pescados na baía de Chesapeake.

★ **4 UNIDADES**
★ **PREPARO** 15 minutos
★ **COZIMENTO** 6-10 minutos

Ingredientes
300 g de carne de siri branca e escura cozida (para retirar a carne de siri da casca, veja a técnica na p. 24)
1 ovo
100 g de biscoito de água e sal triturado ou farinha de rosca seca
suco de 1 limão-siciliano, mais um pouco para servir
raspas de 2 limões-sicilianos
1 echalota picadinha
2 dentes de alho amassados
óleo de girassol ou canola, para fritar
sal e pimenta-do-reino moída na hora

Para o aïoli
220 g de maionese
suco de 1 limão-siciliano
um punhado de cebolinha picadinha
1 dente de alho amassado

1 Enxague e vasculhe a carne de siri, retirando todos os pedacinhos de casca, depois escorra bem. Em uma tigela, misture o siri, o ovo, o biscoito triturado, o suco e as raspas de limão e tempere a gosto. Adicione a echalota e o alho e misture bem.

2 Pegue um quarto da mistura e forme um bolinho com cerca de 7,5 cm de diâmetro; reserve em um prato. Repita o procedimento para fazer mais três bolinhos.

3 Despeje uma camada de óleo de pelo menos 2,5 cm em uma frigideira grande e pesada. Aqueça a 190°C e frite os bolinhos por 3-5 minutos de cada lado, ou até dourarem.

4 Enquanto isso, faça o aïoli. Misture a maionese, o suco de limão, a cebolinha e alho em uma tigela. Tempere a gosto. Sirva os bolinhos de siri quentes, com o aïoli e um pouco de suco de limão por cima.

DICA DO COZINHEIRO Adicione uma pimenta jalapeño picadinha ou outra pimenta verde suave na etapa 1 para dar um toque picante.

O **limão** espremido na hora dá uma acidez que ilumina o rico sabor dos frutos do mar.

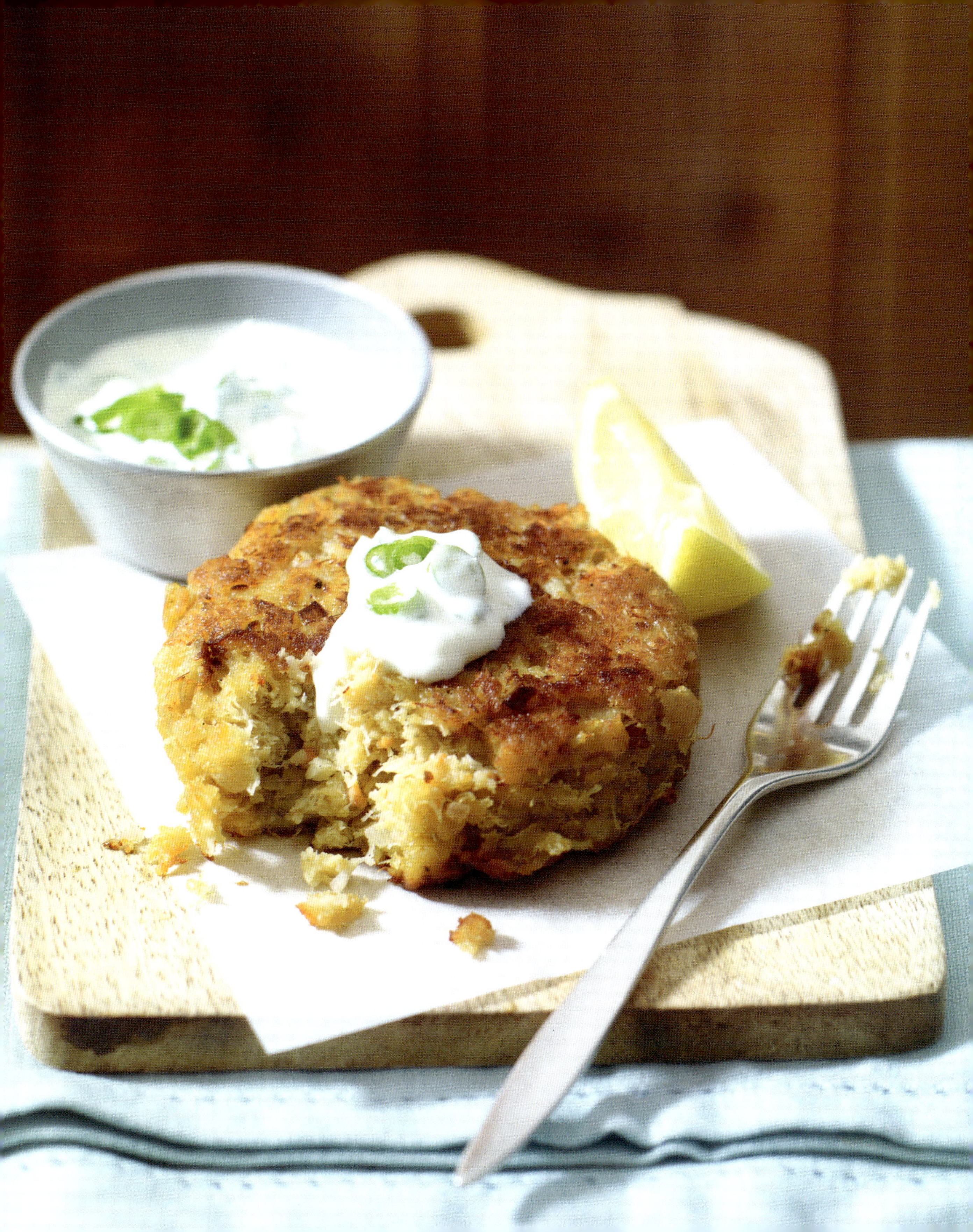

PATÊ DE CARANGUEJO DA NOVA INGLATERRA

O iogurte misturado com a maionese confere a esse patê um sabor leve e fresco, reforçado pelo limão e pelas ervas.

★ **6 PORÇÕES**
★ **PREPARO** 5 minutos

Ingredientes
450 g de carne branca de caranguejo cozido ou enlatado
4 colheres (sopa) de iogurte de consistência firme
2 colheres (sopa) de maionese
1 colher (sopa) de endro picadinho
1 colher (sopa) de cebolinha francesa picadinha
raspas de ½ limão-siciliano
¼ de colher (chá) de pimenta-de-caiena
sal e pimenta-do-reino moída na hora

1 Se você usar um caranguejo cozido inteiro, extraia a carne branca como mostra a técnica abaixo. Coloque-a em uma tigela e amasse-a bem com as costas de um garfo, para quebrar todos os pedaços grandes.

2 Misture bem o iogurte e a maionese e junte delicadamente essa mistura à carne de caranguejo.

3 Adicione o endro, a cebolinha, as raspas de limão e a pimenta-de-caiena e misture bem. Tempere a gosto. Sirva com biscoito salgado ou bruschetta de baguete feita em casa (veja a receita de patê de espinafre e alcachofra na p. 26).

COMO RETIRAR CARNE DE CARANGUEJO COZIDO

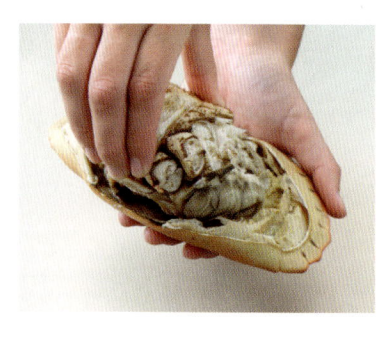

1 Torça e retire as pinças e as pernas; reserve-as. Retire a ponta da cauda e descarte. Quebre e separe o corpo da carapaça. Descarte as brânquias e a bolsa do estômago.

2 Corte o corpo em quatro e retire a carne branca com um garfo. Usando um quebra-nozes, parta a casca das pinças e das pernas na parte mais estreita e extraia a carne branca.

3 Usando uma colher, retire a carne branca da casca. Extraia e reserve a carne escura para outra receita; descarte os pedaços de casca ou membranas.

ENTRADAS, SOPAS E SALADAS ★ 25

BOLINHO PICANTE DE MILHO-VERDE

Se você usar um milho bem novo e macio, não será preciso cozinhá-lo para preparar essa saborosa receita.

★ **4 PORÇÕES**
★ **PREPARO** 20 minutos
★ **COZIMENTO** 10 minutos

Ingredientes
2 espigas de milho (cerca de 250 g de grãos)
100 g de farinha com fermento
1 colher (chá) de fermento em pó
2 ovos grandes
4 colheres (sopa) de leite
1 colher (chá) de páprica defumada ou pimenta ancho em pó
2 cebolinhas picadinhas, partes verde e branca separadas
4 colheres (sopa) de coentro picado
1 pimenta vermelha sem sementes picadinha (opcional)
2 colheres (sopa) de óleo de girassol ou canola

Para o molho
2 tomates maduros sem pele picados
2 colheres (sopa) de azeite extravirgem
algumas gotas de tabasco ou molho de pimenta
sal e pimenta-do-reino moída na hora

1 Segure a espiga de milho de pé sobre uma tábua de corte e, com uma faca afiada, corte até embaixo para retirar os grãos (veja técnica na p. 152).

2 Peneire a farinha e o fermento em uma tigela e faça uma cova. Misture os ovos com o leite em uma vasilha e, aos poucos, acrescente à farinha, batendo até formar uma massa grossa. Adicione o milho, a páprica, a parte branca das cebolinhas, 2 colheres (sopa) do coentro e a pimenta (se for usar). Misture bem e tempere.

3 Aqueça o óleo de girassol ou canola em uma frigideira grande e adicione colheradas (sopa) da mistura. Use as costas de uma colher para espalhar um pouco a massa e frite por 2-3 minutos de cada lado, até inchar e dourar. Frite em lotes até usar toda a mistura, colocando um pouco mais de óleo se necessário.

4 Para fazer o molho, coloque os tomates, o coentro e a cebolinha restantes, o azeite e o tabasco ou molho de pimenta em um processador de alimentos e bata até combinar bem, mas deixando alguns pedaços grandes. Verifique o tempero do molho e sirva-o acompanhando os bolinhos quentes.

ENTRADA CLÁSSICA

PATÊ DE ESPINAFRE E ALCACHOFRA

Essa receita fica ótima servida quentinha como cobertura de bruschetta ou com fatias de baguete.

★ **4-6 PORÇÕES**
★ **PREPARO** 15 minutos
★ **COZIMENTO** 30 minutos, mais esfriamento

Ingredientes
1 baguete amanhecida cortada em fatias finas
1 colher (sopa) de azeite, mais um pouco para pincelar
25 g de manteiga sem sal
2 dentes de alho amassados
175 g de folhas de espinafre baby
175 g de coração de alcachofra em conserva, peso sem o óleo
200 g de cream cheese
50 g de parmesão ralado
100 g de soured cream (p. 12)
1 colher (sopa) de farinha de trigo
150 g de gruyère ralado
pimenta-do-reino moída na hora

1 Preaqueça o forno a 180ºC. Disponha as fatias de baguete em uma só camada em uma ou duas assadeiras e pincele dos dois lados com um pouco de azeite. Asse na parte de cima do forno por cerca de 5 minutos de cada lado, até ficarem douradas e crocantes. Deixe esfriar.

2 Derreta a manteiga e o azeite em uma panela grande em fogo médio. Junte o alho e refogue por 2 minutos até dourar. Acrescente o espinafre e continue refogando por 2-3 minutos, mexendo sempre até murchar. Transfira o espinafre para uma peneira e aperte-o com as costas de uma colher para retirar o excesso de líquido. Deixe-o esfriar e depois pique-o grosseiramente.

3 Lave as alcachofras em água fria corrente; seque-as com papel-toalha. Pique-as grosseiramente e reserve. Coloque o cream cheese, o parmesão, o soured cream, a farinha e 100 g do gruyère em um processador de alimentos e bata até ficar homogêneo.

4 Adicione o espinafre e a alcachofra à mistura, tempere com pimenta-do-reino e pulse mais um pouco, até a mistura se amalgamar, mas ainda apresentando alguns pedacinhos de legumes visíveis.

5 Despeje a mistura em forminhas individuais ou em um refratário de 20 cm. Espalhe o restante do gruyère por cima e asse na parte de cima do forno por 25-30 minutos, até a superfície dourar e o queijo borbulhar nas laterais. Deixe esfriar por 10 minutos antes de servir com as fatias de baguete.

As **alcachofras**, mesmo enlatadas ou congeladas, dão um sabor especial e voluptuoso a esse patê.

PROVE...

À ORIENTE MÉDIO
Adicione ao queijo ½ colher (chá), de cada, de **cominho** em pó e semente de **coentro** moída e sirva com **tortilhas** crocantes – pinceladas com azeite, polvilhadas com **sementes de gergelim** e assadas em forno quente.

COUVE REFOGADA
O espinafre pode ser facilmente substituído por **couve refogada**, que tem um sabor mais forte e precisa ser cozida por 1-2 minutos a mais.

COM IOGURTE
Para um patê mais simples e fresco, não use o gruyère e substitua o soured cream pela mesma quantidade de **iogurte de consistência firme**. Sirva sem assar.

ENTRADAS, SOPAS E SALADAS

PATÊ PICANTE DE PIMENTÃO E QUEIJO

Versátil, essa receita pode ter textura fina, para acompanhar biscoitos ou batata frita, ou espessa, para rechear sanduíches.

★ **6 PORÇÕES**

★ **PREPARO** 10 minutos, mais resfriamento

Ingredientes

250 g de cheddar inglês ralado
4 colheres (sopa) de soured cream (p. 12)
4 colheres (sopa) de maionese
4 colheres (sopa) de pimentão vermelho assado em conserva picadinho
2 cebolinhas grandes limpas e picadinhas
1 colher (chá) de páprica defumada
1 colher (chá) de pimenta-de-caiena
sal e pimenta-do-reino moída na hora
biscoitos salgados ou bruschettas de baguete, para servir

1 Coloque todos os ingredientes em um processador de alimentos e pulse até formar uma mistura pedaçuda.

2 Transfira a mistura para um recipiente hermético e leve à geladeira por pelo menos 1 hora, para os sabores se desenvolverem.

3 Sirva com biscoitos ou bruschettas de baguete (veja o Patê de espinafre e alcachofra na p. 26).

DICA DO COZINHEIRO Esse patê saboroso rende uma deliciosa opção de recheio para um sanduíche de queijo quente (p. 90), com camadas crocantes de presunto cru grelhado ou bacon defumado.

SIRVA COM

ASA DE FRANGO À MODA DE BUFFALO
p. 12

PALITO DE QUEIJO
p. 230

ENTRADAS, **SOPAS** E SALADAS

CANJA ASIÁTICA COM MACARRÃO BIFUM

Prepare essa sopa com um bom caldo de galinha caseiro e você terá uma refeição deliciosa a partir das sobras de frango assado.

- ★ **4 PORÇÕES**
- ★ **PREPARO** 20 minutos
- ★ **COZIMENTO** 25 minutos

Ingredientes
2 colheres (sopa) de azeite
2 talos de capim-limão limpos
1 maço de cebolinha limpo e picado grosseiramente
2 pimentas vermelhas sem sementes e cortadas ao meio
5 cm de gengibre fresco fatiado
1 maço pequeno de coentro, folhas e caules separados
1,2 litro de caldo de frango quente
200 g de frango cozido desfiado
150 g de macarrão tipo bifum
sal e pimenta-do-reino moída na hora

1 Aqueça o azeite em uma panela grande. Amasse um pouco o capim-limão com um rolo de macarrão. Adicione à panela o capim-limão, a cebolinha, a pimenta, o gengibre e os talos de coentro e frite em fogo médio por 2 minutos, para liberar o aroma.

2 Acrescente o caldo e deixe ferver. Reduza o fogo para borbulhar de leve em fogo brando e cozinhe por cerca de 20 minutos, até os vegetais ficarem macios. Retire a panela do fogo e passe o caldo por uma peneira para reter os vegetais. Limpe a panela com papel-toalha e recoloque o caldo no fogo.

3 Adicione o frango e o macarrão e continue a cozinhar até o macarrão ficar pronto (siga as instruções da embalagem). Verifique o tempero. Pique as folhas de coentro grosseiramente, espalhe sobre a sopa quente e sirva imediatamente.

DICA DO COZINHEIRO Se você tiver caldo sobrando, dobre as quantidades e cozinhe até o passo 3. Adicione o frango, mas deixe o macarrão de fora. Congele em porções. Depois, quando necessário, descongele as porções, leve à fervura, adicione o macarrão e cozinhe até ficar macio.

QUAL É A HISTÓRIA?

A canja com macarrãozinho é uma sopa muito reconfortante, feita tradicionalmente cozinhando-se em fogo baixo um frango inteiro. Existem várias versões desse prato em muitas tradições culinárias do mundo todo (como a brasileira), e a da cozinha judaica da Costa Leste norte-americana é uma das mais conhecidas nos EUA. A canja conquistou um status quase mítico como cura para resfriado, entre outros males.

ENTRADAS, **SOPAS** E SALADAS

SOPA DE FRANGO COM TORTILHA

Repleta dos sabores vibrantes do Sudoeste norte-americano, essa sopa colorida e saudável rende uma refeição completa.

★ **6 PORÇÕES**
★ **PREPARO** 20 minutos
★ **COZIMENTO** 45 minutos

Ingredientes
3 colheres (sopa) de azeite
2 dentes de alho amassados
1 pimenta jalapeño ou outra verde suave picadinha
1 cebola roxa cortada em cubos
1 pimentão verde sem sementes, picado
1 pimentão vermelho sem sementes, picado
340 g de milho-verde cozido ou enlatado e escorrido
250 g de feijão-preto cozido e escorrido
3 colheres (sopa) de fubá pré-cozido
2 latas de 400 g de tomate picado
2 colheres (chá) de pasta de pimenta chipotle
1,25 litro de caldo de frango quente
2 peitos de frango (350 g ao todo)
sal e pimenta-do-reino moída na hora

Para acompanhar
3 tortilhas cortadas em tiras de 1 cm
um punhado de folhas de coentro picadas
115 g de cheddar inglês ralado
suco de 1 limão-taiti

1 Em uma panela grande para sopa, aqueça 1 colher (sopa) de azeite em fogo médio. Adicione o alho, a pimenta jalapeño e a cebola e refogue ainda em fogo médio por 3-4 minutos. Junte os pimentões, o milho, o feijão e o fubá. Refogue, mexendo de vez em quando, por mais 2-3 minutos.

2 Junte os tomates com seu suco, um pouco de sal, 1 colher (chá) de pasta de chipotle e o caldo. Abaixe o fogo e cozinhe por 35 minutos.

3 Enquanto isso, tempere o frango dos dois lados com sal e pimenta-do-reino e esfregue-o com a pasta de chipotle restante. Aqueça 1 colher (sopa) de azeite em uma frigideira e frite os peitos de frango por 8-10 minutos de cada lado. Depois, corte-os em fatias de 1 cm e adicione à sopa.

4 Aqueça o azeite restante em uma frigideira grande em fogo médio-baixo. Frite as tiras de tortilha por 2-3 minutos, ou até ficarem crocantes e douradas. Sirva a sopa quente, acompanhada de coentro, queijo, suco de limão-taiti e tiras de tortilha.

As **pimentas chipotle**, comuns na cozinha mexicana, são pimentas jalapeño secas e defumadas.

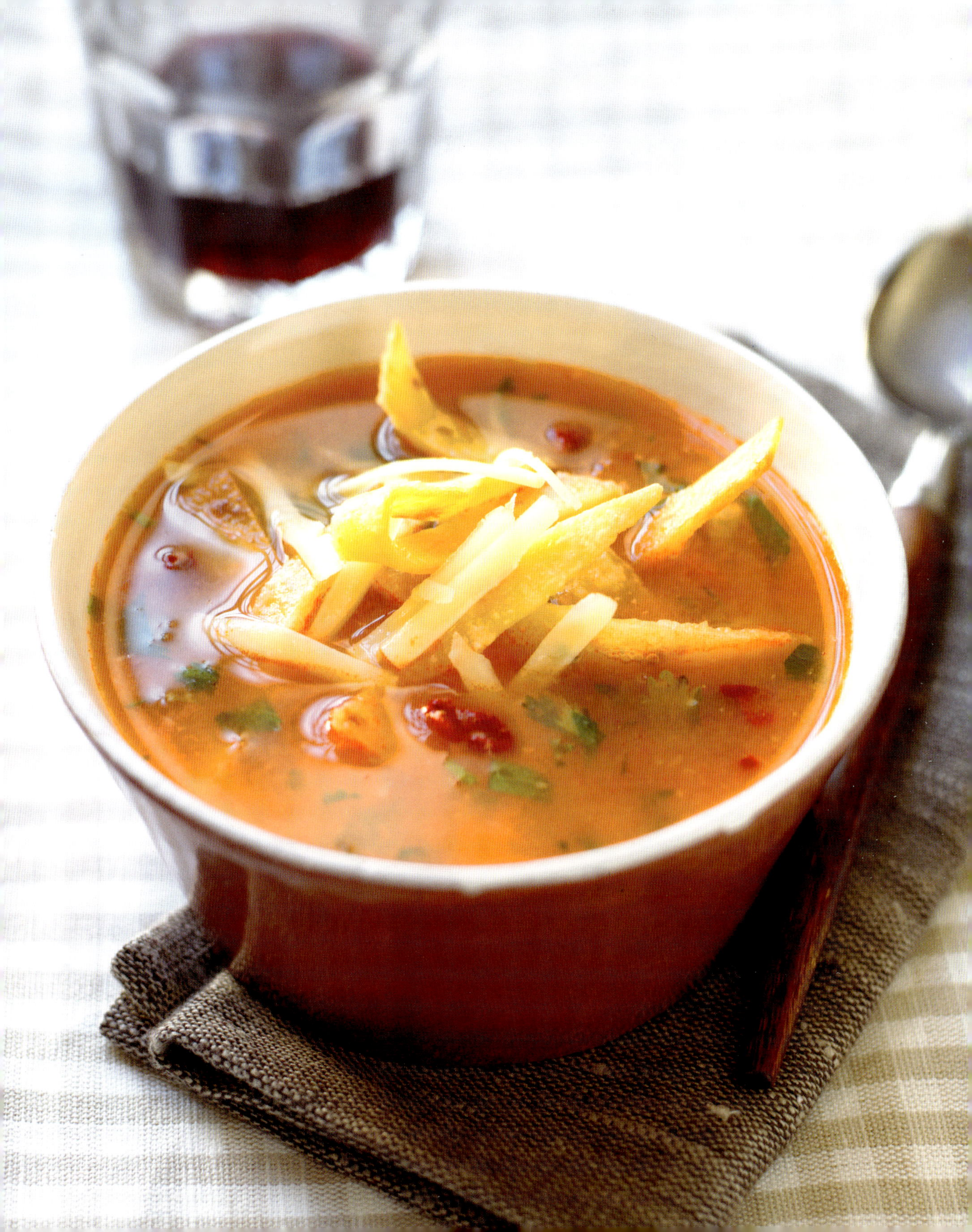

MINESTRONE PICANTE COM LINGUIÇA DEFUMADA

O minestrone italiano clássico ganha um tempero extra com a linguiça defumada.

★ **8-10 PORÇÕES**
★ **PREPARO** 20 minutos
★ **COZIMENTO** 2 horas

Ingredientes

1 colher (sopa) de azeite
3 dentes de alho amassados
250 g de cebola roxa picada
225 g de pimentão verde sem sementes picado
250 g de aipo picado
200 g de cenoura em rodelas
225 g de abobrinha picada com casca
2 latas de 400 g de tomate picado
400 g de grão-de-bico em lata (ou 250 g de grão-de-bico cozido)
750 ml de caldo de frango quente
225 g de tomate-cereja
600 g de linguiça defumada
100 g de casca de parmesão
60 g de couve sem talo picada
225 g de macarrão orecchiette
175 g de cogumelo portobello fatiado
sal e pimenta-do-reino moída na hora

1 Em uma panela grande para sopa, aqueça o azeite em fogo médio e adicione o alho. Junte a cebola, o pimentão, o aipo, a cenoura e a abobrinha. Refogue por 5 minutos. Adicione o tomate picado, o grão-de-bico com seu caldo, o caldo de frango e o tomate-cereja. Tempere e deixe levantar fervura.

2 Retire a pele da linguiça e esmigalhe o recheio em uma frigideira. Frite por 5-7 minutos, até dourar. Reserve a gordura e transfira a linguiça para a panela de sopa juntamente com a casca de parmesão. Mexa, reduza o fogo e deixe cozinhar sem tampa por 1h45.

3 Junte a couve e o macarrão. Cozinhe por mais 15-20 minutos, ou até o macarrão ficar macio.

4 Enquanto isso, refogue o cogumelo portobello em fogo médio na frigideira com a gordura da linguiça, por 3-5 minutos, até dourar. Tempere a gosto. Sirva a sopa quente, coberta com o portobello fatiado.

As **cenouras** são ricas em vitaminas e funcionam como bom complemento para praticamente qualquer sopa ou guisado.

ENTRADAS, **SOPAS** E SALADAS

SOPA DE TOMATE COM MILHO E PIMENTÃO

Essa sopa cremosa e delicada reúne em uma tigela o melhor da safra do verão.

- **8 PORÇÕES**
- **PREPARO** 20 minutos
- **COZIMENTO** 1h30

Ingredientes
3 colheres (sopa) de azeite
2 dentes de alho amassados
1 cebola picada
175 g de purê de tomate
4 latas de 400 g de tomate picado
1 pimentão vermelho sem sementes cortado em cubos
340 g de milho-verde em lata escorrido
250 ml de creme de leite fresco
sal e pimenta-do-reino moída na hora
pão crocante ou um sanduíche de queijo quente (p. 90), para servir

1 Em uma panela grande para sopa, aqueça 1 colher (sopa) de azeite em fogo médio. Adicione o alho e a cebola e tempere. Acrescente o purê de tomate e mexa por 2-3 minutos.

2 Adicione 500 ml de água, os tomates e sal. Tampe e cozinhe por 45 minutos.

3 Passe o pimentão no azeite restante. Grelhe em fogo bem baixo por 3-4 minutos, ou até o pimentão ficar tostado.

4 Com um mixer, bata a mistura de tomate na panela. Junte o milho-verde e o pimentão, reservando um pouco dos dois para enfeitar a sopa depois. Adicione o creme de leite e deixe borbulhar em fogo baixo, destampado, por mais 30-45 minutos. Retire do fogo, decore com o milho e o pimentão reservados e sirva quente com pão crocante ou um sanduíche de queijo grelhado (p. 90).

DICA DO COZINHEIRO Quando for época, em vez de usar enlatados, aproveite os grãos de 2 espigas de milho-verde frescas.

SOPA CLÁSSICA

CLAM CHOWDER DA NOVA INGLATERRA

Os vôngoles, antigamente abundantes na Costa Leste, são o ingrediente principal dessa famosa sopa.

- ★ **4 PORÇÕES**
- ★ **PREPARO** 15 minutos
- ★ **COZIMENTO** 1 hora

Ingredientes

350 g de bacon picado em cubos
3 dentes de alho amassados
1 cebola grande picada
3 colheres (sopa) de farinha de trigo
1 talo de aipo fatiado
100 ml de vinho branco
600 g de vôngoles frescos, com as conchas escovadas
500 g de batata da variedade Desirée (ou outra comprida, com alto teor de amido) cortada em três
1 litro de caldo de frango quente
250 ml de creme de leite fresco
suco de 1 limão-siciliano
sal e pimenta-do-reino moída na hora
salsinha, para guarnecer
pão crocante, para servir

1 Em uma panela grande de fundo grosso ou em uma panela de sopa, frite o bacon por 3-5 minutos, até chiar e amaciar. Adicione o alho, a cebola, a farinha e o aipo. Refogue até as cebolas ficarem translúcidas.

2 Em uma panela wok (ou frigideira funda) com tampa, coloque 100 ml de vinho branco, 100 ml de água e os vôngoles. Tampe e leve ao fogo médio por 3-5 minutos para cozinhar os vôngoles no vapor. Eles estarão prontos quando a concha abrir (descarte os que permanecerem fechados). Retire os vôngoles cozidos com uma escumadeira e deixe esfriar para poder abri-los com as mãos. Quando estiverem frios, retire os vôngoles de suas conchas e reserve. Reserve também o caldo formado dentro das conchinhas, pois ele dará sabor à sopa.

3 Acrescente a batata junto com o caldo de frango, os vôngoles e o creme de leite. Cozinhe por 50-60 minutos, ou até a batata ficar macia.

4 Adicione o suco de limão e tempere a gosto. Decore com a salsinha e sirva quente com pão crocante.

Os **vôngoles** devem ser manuseados da mesma forma que os mexilhões – descarte os que permanecerem fechados após o cozimento.

PROVE...

CHOWDER DE MILHO
Para uma versão vegetariana, use **caldo de legumes** em vez do de frango, substitua o bacon por 200 g de **champignon** cortado ao meio e troque o vôngole por 340 g de **milho-verde** em lata.

FRUTOS DO MAR
Para uma sopa de frutos do mar autêntica, use 225 g de **vôngole fresco**, 450 g de **cauda de lagosta** e 12 **camarões grandes cozidos**. Junte-os nos últimos 10 minutos do passo 2 e deixe a tampa entreaberta.

COM LEITE
Para uma sopa mais leve, substitua o creme de leite por **leite semidesnatado** ou **leite de arroz** e bata em um processador de alimentos.

ENTRADAS, **SOPAS** E SALADAS

SOPA DE ERVILHA

Os croûtons e o bacon defumado e crocante dão uma textura deliciosa a essa sopa substanciosa e reconfortante.

- **6-8 PORÇÕES**
- **PREPARO** 5 minutos
- **COZIMENTO** 1h10

Ingredientes
10 fatias de bacon defumado
1 cebola picada
2 dentes de alho picados
2 cenouras cortadas em fatias grossas
2 batatas da variedade Desirée cortadas em quatro (p. 34)
3 talos de aipo picados
1 colher (sopa) de alecrim picado
1 colher (sopa) de tomilho picado
1 colher (sopa) de orégano picado
2 litros de caldo de frango quente
450 g de ervilha partida seca
sal e pimenta-do-reino moída na hora

Para os croûtons
2 colheres (sopa) de azeite
2 dentes de alho amassados
2-3 fatias de pão amanhecido cortado em cubos

1 Em uma panela de sopa de fundo grosso ou caçarola refratária, doure o bacon em fogo médio. Retire uma pequena quantidade do bacon e reserve para guarnecer.

2 Adicione a cebola e o alho. Junte a cenoura, a batata, o aipo e as ervas. Cozinhe em fogo baixo até as cebolas ficarem translúcidas, depois junte o caldo de frango e a ervilha. Tampe e cozinhe em fogo baixo por 45min-1h, ou até as ervilhas ficarem macias.

3 Transfira a mistura para um liquidificador, ou use um mixer, e bata até obter um purê homogêneo. Tempere a gosto.

4 Para os croûtons, aqueça o azeite em uma panela pequena em fogo médio-alto. Adicione o alho e o pão e mexa até dourar. Esmigalhe ou pique finamente o bacon reservado. Sirva a sopa quente coberta com os croûtons e o bacon picado.

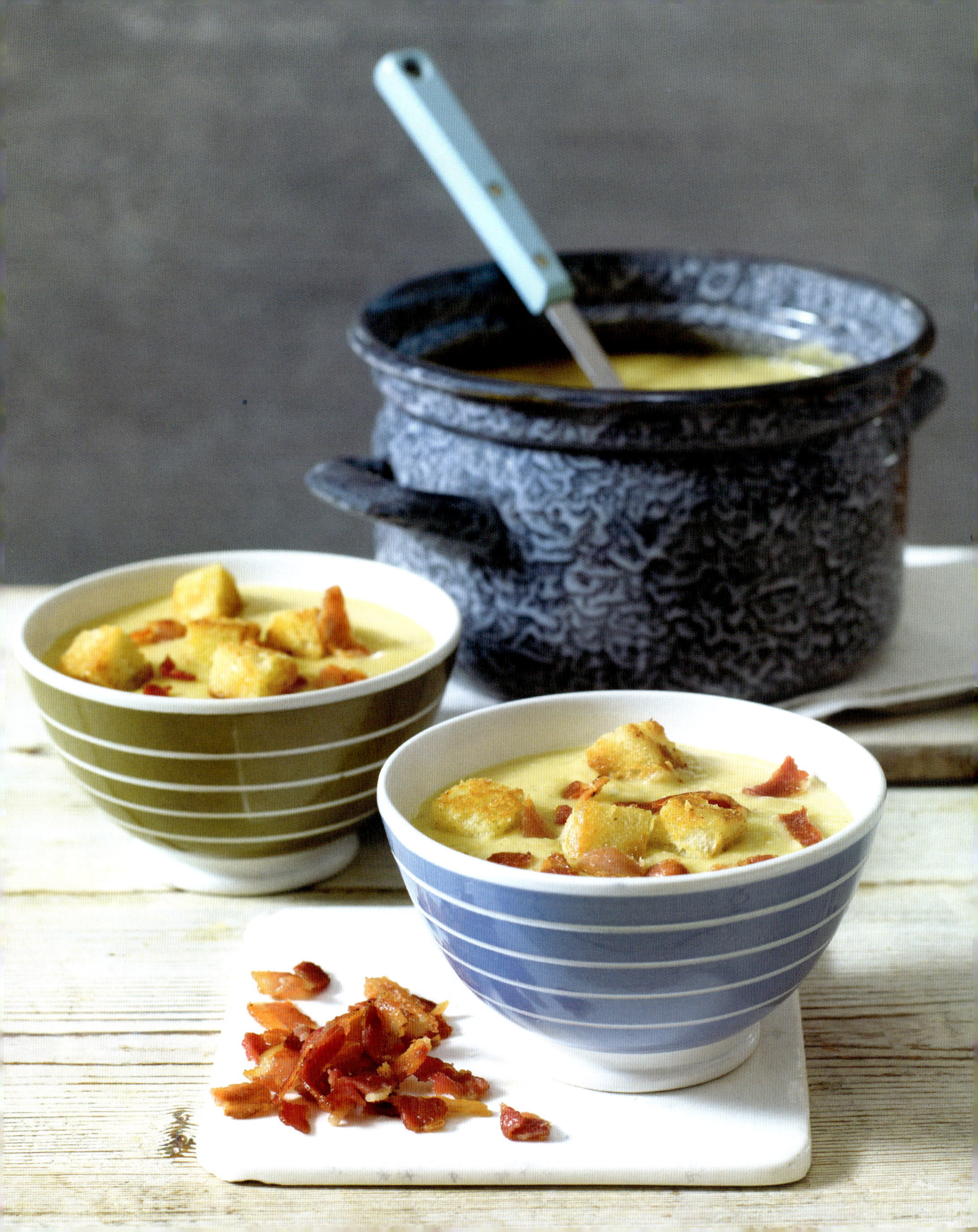

SOPA DE FEIJÃO-PRETO E CHIPOTLE

O feijão-preto constitui boa fonte de fibras e proteína, e essa sopa é em si uma refeição saudável e gratificante.

★ **4 PORÇÕES**
★ **PREPARO** 15 minutos
★ **COZIMENTO** 2-3 horas

Ingredientes
250 g de bacon picado
3 dentes de alho amassados
1 cebola cortada em cubos
500 g de feijão-preto cozido sem sal
175 g de tomate-cereja cortado ao meio
700 ml de caldo de frango quente
1 colher (sopa) de cominho em pó
½ colher (chá) de pasta de pimenta chipotle
sal e pimenta-do-reino moída na hora

Para guarnecer
2 fatias de bacon defumado
4 colheres (sopa) de soured cream (p. 12)
1 avocado maduro sem caroço e fatiado (veja técnica na p. 11)
um punhado de folhas de coentro picadas

1 Coloque o bacon, o alho e a cebola em uma panela grande e leve ao fogo médio. Refogue, mexendo sempre, até o bacon começar a fritar e as cebolas, a amolecer.

2 Junte o feijão (com seu caldo), o tomate, o caldo de frango, o cominho e a pasta de chipotle. Tempere a gosto e espere ferver. Abaixe o fogo e cozinhe, sem tampar, por 2-3 horas, ou até a sopa engrossar e reduzir pela metade.

3 Em uma frigideira, frite o bacon a seco até ficar crocante. Retire da frigideira e deixe esfriar, depois quebre-o em pedacinhos.

4 Sirva a sopa quente coberta com o bacon, uma colherada de soured cream, avocado e coentro.

ENTRADAS, SOPAS E **SALADAS**

SALADA CAESAR COM LASCAS DE SALMÃO

Essa salada usa uma versão mais fácil do molho Caesar clássico, em substituição à tradicional receita com ovo cru.

★ **4 PORÇÕES**
★ **PREPARO** 20 minutos
★ **COZIMENTO** 20 minutos

Ingredientes
1 colher (sopa) de azeite
2 filés de salmão de 150 g
óleo de girassol ou canola, para fritar
3 colheres (sopa) cheias de alcaparra escorrida e enxaguada
sal e pimenta-do-reino moída na hora
1 alface grande com as folhas rasgadas, para servir
2 avocados maduros cortados ao meio, sem caroço e fatiados (veja técnica na p. 11), para servir

Para o molho
100 ml de azeite extravirgem
1 colher (sopa) de mostarda de Dijon
3 colheres (sopa) de maionese
4 filés de anchova picados
½ colher (chá) de molho inglês
1 dente de alho amassado
2 colheres (sopa) de parmesão ralado
uma pitada de açúcar

1 Leve uma chapa com grelha ao fogo alto ou preaqueça o grill do forno na potência máxima. Esfregue o azeite no salmão, tempere bem e grelhe – ou na chapa ou sob o grill quente – por 3-4 minutos de cada lado. Deixe esfriar e, com as mãos, desfie o salmão em lascas grandes.

2 Despeje o óleo de girassol ou canola em uma panela pequena de fundo grosso até formar uma camada de 1 cm; aqueça em fogo alto. Enquanto isso, seque bem a alcaparra com papel-toalha. Quando o óleo estiver quente, coloque a alcaparra (cuidado, vai espirrar) e frite-a por 1 minuto, até ficar inchada e crocante. Retire do óleo com uma escumadeira e deixe esfriar sobre uma folha limpa de papel-toalha.

3 Para fazer o molho, coloque todos os ingredientes em um miniprocessador de alimentos, ou em um recipiente adequado para um mixer, e bata até a mistura emulsionar e virar um molho cremoso e espesso. Tempere com pimenta-do-reino.

4 Para servir, coloque as folhas de alface em uma tigela grande e misture-as com o molho. Distribua com cuidado as fatias de avocado, disponha o salmão em flocos por cima da salada e finalize espalhando as alcaparras fritas.

Avocados são ricos em gorduras monoinsaturadas, essenciais para uma dieta saudável.

Um gosto do NORDESTE

A cozinha desse canto dos Estados Unidos reflete tanto a herança cultural – o local recebeu os primeiros colonos britânicos e europeus – como a geografia variada e fértil.

Apesar dos invernos rigorosos e do litoral inóspito, a região Nordeste dos EUA é há muito um local de fartura. Durante centenas de anos, os nativos norte-americanos cultivaram o bordo – um dos esteios locais –, árvore cuja seiva doce e pegajosa é fervida para fazer xarope. Isso logo virou uma prática generalizada entre os primeiros colonos, que também extraíam o máximo dos solos férteis da região, cultivando o feijão e a abóbora dos nativos e as plantas trazidas da Europa. Os caçadores não demoraram a aprender a melhor forma de capturar os perus selvagens que havia na área, e os pescadores se reuniam nas águas ao redor de Cape Cod para explorar os mares generosos. Embora menos abundante do que já foi um dia, a costa da Nova Inglaterra ainda fornece boa quantidade de ostras, mariscos e lagostas.

Em Nova York, imigrantes do mundo inteiro ajudaram a ampliar a gama de comidas – dos sanduíches de vários andares das delis judaicas às delícias picantes de Chinatown.

COMIDAS E SABORES

★ Chesapeake Bay, em Maryland, é famosa pelo **siri-azul** e por frutos do mar variados. Os **bolinhos de siri** (p. 22) são um dos quitutes da área.

★ A **clam chowder da Nova Inglaterra** (p. 34) combina o **creme de leite** untuoso das fazendas leiteiras de Vermont com os **vôngoles** frescos apanhados na costa.

★ O **feijão assado de Boston** (p. 146), criado pelos primeiros colonizadores, é a interpretação de um prato nativo norte-americano. Tradicionalmente preparado no sábado e guardado durante a noite em um forno de tijolo, mantinha-se quente até a manhã seguinte, permitindo que os colonos o apreciassem sem quebrar as regras estritas do sabá, o dia de descanso.

★ Um **jantar de Ação de Graças típico** na Nova Inglaterra conta com o **succotash**, mistura tradicional de milho e feijão dos nativos norte-americanos. Há muitas variações modernas e inovadoras dessa receita (p. 145).

O Reuben é o sanduíche típico das delis nova-iorquinas, repleto de recheios saborosos.

Agridoce e crocante, a salada Waldorf surgiu em Nova York e é conhecida no mundo inteiro.

Os bolinhos de siri (crab cakes) de Maryland são tradicionalmente preparados com os fabulosos crustáceos apanhados na região.

A clam chowder leva vôngoles frescos. Mas os enlatados e defumados também vão bem.

Chinatown, em Nova York, oferece enorme variedade de frutos do mar frescos.

Camden Harbour é um dos muitos lugares no Maine que produz frutos do mar excelentes.

As lagostas da Costa Leste, às vezes chamadas de lagostas do Maine, são uma iguaria regional. As melhores são pequenas e adocicadas.

SALADA CLÁSSICA

SALADA WALDORF

Criada no hotel Waldorf Astoria, em Nova York, essa receita é apreciadíssima há mais de cem anos.

★ **4 PORÇÕES**
★ **PREPARO** 15 minutos

Ingredientes
2 maçãs grandes
4 talos de aipo cortados em fatias finas
25 uvas vermelhas sem sementes e cortadas ao meio
2 colheres (sopa) de nozes tostadas e picadas
60 g de maionese
suco de 1 limão-siciliano
2 pés de alface romana
sal e pimenta-do-reino moída na hora

1 Retire o miolo das maçãs usando uma faquinha. Em seguida, corte as frutas em fatias de espessura uniforme. Empilhe as fatias, poucas por vez, e corte a pilha, fazendo cubinhos de tamanhos iguais.

2 Coloque as maçãs, o aipo, as uvas e as nozes em uma tigela. Adicione a maionese e suco de limão e misture bem. Tempere a gosto.

3 Pique a alface grosseiramente e divida entre quatro pratos. Sirva a mistura de frutas e nozes sobre uma camada de alface com um pouco de limão.

A **maçã vermelha**, com sua cor viva e textura firme, é uma boa pedida em qualquer salada.

PROVE...

OUTROS SABORES
Em lugar de maçã, aipo, uva e nozes, experimente misturar 2 **peras**, 350 g de **amora** e 30 g de **noz-pecã torrada**.

IOGURTE
Para uma versão mais leve da salada, substitua a maionese pela mesma quantidade de **iogurte de consistência firme**.

BACON DEFUMADO
Adicione **pedacinhos de bacon defumado** para um toque doce e esfumaçado. Em uma frigideira, frite a seco oito **fatias de bacon defumado**, até ficarem crocantes. Retire, deixe esfriar, quebre em pedaços e junte na salada.

SALADA COBB COM FRANGO FRITO

Servida como prato principal, essa salada é acompanhada de um molho salgado de sabor marcante feito com queijo azul.

- ★ **4 PORÇÕES**
- ★ **PREPARO** 20 minutos, mais demolha
- ★ **COZIMENTO** 20 minutos

Ingredientes

2 peitos de frango desossados e sem pele
1 colher (chá) de pimenta-de-caiena
250 ml de leite integral
8 fatias de bacon defumado
75 g de farinha de trigo
75 g de farinha de rosca
1 colher (sopa) de pasta de pimenta chipotle
1 litro de óleo de girassol ou canola, para fritar
1 maço de folhas de espinafre ou rúcula
300 g de tomate-cereja cortado ao meio
1 avocado maduro sem caroço, descascado e picado (veja técnica na p. 11)
4 ovos cozidos e picados
sal

Para o molho de queijo azul

60 g de maionese
100 ml de soured cream (p. 12)
90 ml de leitelho (ou faça o seu, p. 12)
115 g de queijo azul amassado
2 colheres (sopa) de vinagre de maçã

1 Coloque o frango em uma panela junto com a pimenta-de-caiena e 1 colher (chá) de sal. Despeje o leite e deixe o frango de molho por 2 horas na geladeira.

2 Em uma frigideira, frite o bacon a seco em fogo médio até ficar crocante. Retire da frigideira e deixe esfriar sobre uma grade. Reserve.

3 Em uma tigela rasa, misture a farinha de trigo, a farinha de rosca, a pasta de chipotle e 1 colher (sopa) de sal. Escorra e descarte o leite e passe o frango na mistura de farinha até ficar bem revestido.

4 Despeje o óleo em uma panela grande de fundo grosso ou fritadeira. Aqueça a 190ºC, como mostra a técnica na p. 144. Frite o frango por 5-7 minutos, ou até dourar. Retire com uma escumadeira e deixe esfriar sobre uma grade. Reserve.

5 Espalhe o espinafre de maneira uniforme sobre uma travessa grande. Faça uma fileira com os tomates por cima das folhas. Junte o avocado, colocando-o ao lado dos tomates, depois faça uma fileira com os ovos. Pique o frango em pedacinhos e distribua de maneira uniforme ao redor da salada. Pique o bacon e espalhe-o por cima.

6 Para fazer o molho, misture a maionese, o soured cream, o leitelho, o queijo azul e o vinagre. Sirva a salada com o frango ainda quente e o molho para acompanhar. Sobras de molho duram até 3 dias na geladeira em um recipiente hermético.

QUAL É A HISTÓRIA?

Conta-se que a primeira salada Cobb foi feita no restaurante The Brown Derby, em Hollywood, no início do século XX, batizada em homenagem ao então proprietário do local, Bob Cobb. Não se sabe quem a criou, nem exatamente quando, mas não há dúvidas de que essa receita, com ingredientes frescos e coloridos organizados em faixas, é um grande clássico norte-americano.

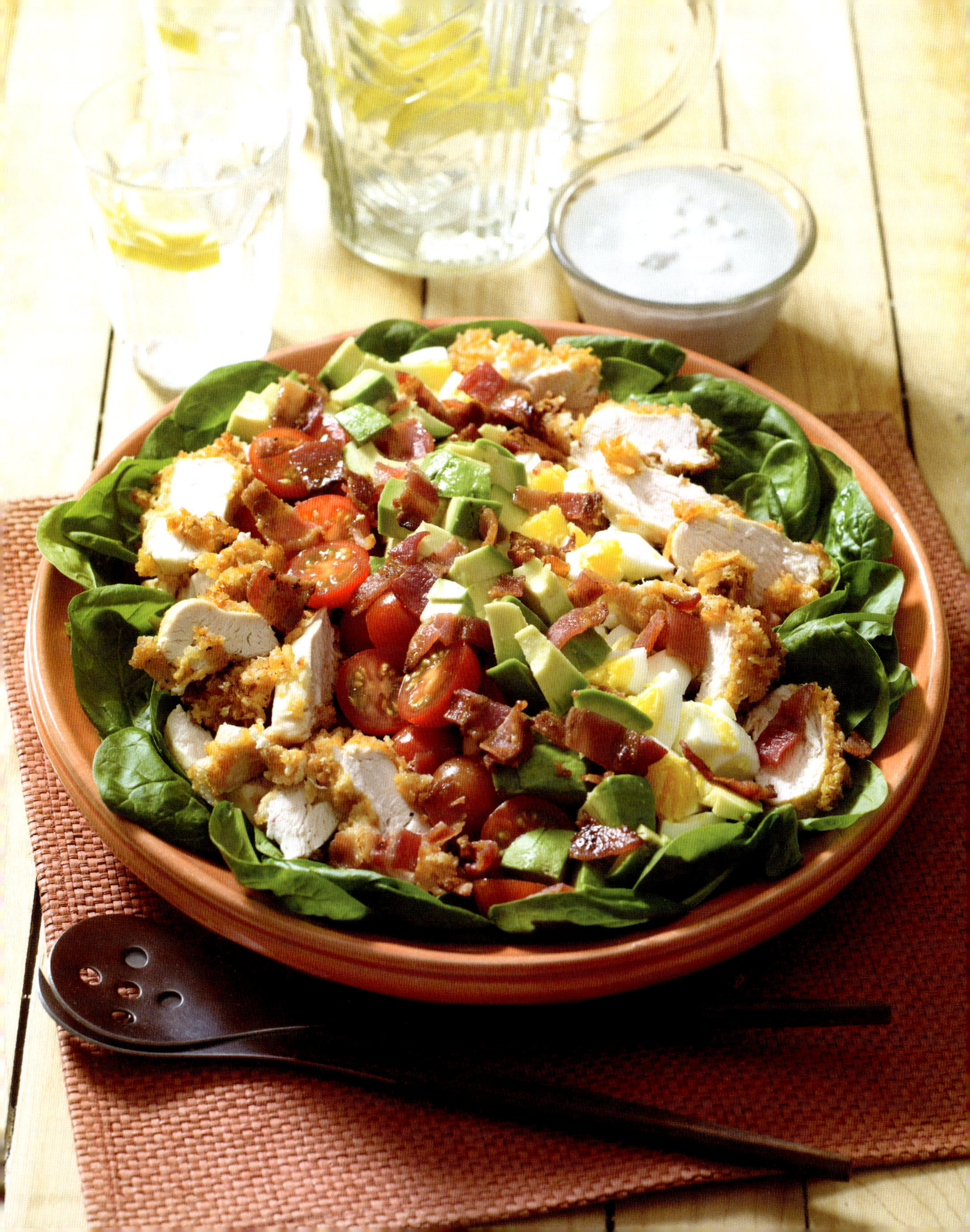

SALADA DE OVO COM AIPO, ALCAPARRA E ENDRO

Essa versão da maionese tradicional de ovos tem algo a mais. Com torradas integrais, rende uma refeição rápida e deliciosa.

- ★ 2-3 PORÇÕES
- ★ **PREPARAÇÃO** 10 minutos, mais esfriamento
- ★ **COZIMENTO** 10 minutos

Ingredientes

6 ovos
6 colheres (sopa) de maionese
1 colher (sopa) de suco de limão-siciliano
1 talo de aipo picadinho
1 colher (sopa) bem cheia de endro picadinho
1 colher (sopa) bem cheia de mostarda de Dijon
1 cebolinha grande picadinha
1 colher (sopa) bem cheia de alcaparra escorrida e picada
uma pitada de sal e de pimenta-do-reino moída na hora
uma pitada de páprica defumada, para servir

1 Ferva uma panela de água, coloque os ovos com cuidado usando uma colher grande e deixe cozinhar por 8 minutos. Retire com uma escumadeira, passe pela água fria e deixe esfriar. Quando estiverem frios o suficiente para manusear, descasque-os.

2 Em uma tigela grande, bata os ingredientes restantes, exceto a páprica, até misturar bem.

3 Pique os ovos cozidos e misture-os delicadamente na mistura de maionese, tomando cuidado para não quebrá-los demais. Sirva polvilhado com páprica defumada.

DICA DO COZINHEIRO Experimente usar a receita como recheio de um sanduíche leve e saboroso para as crianças. Essa salada também é uma boa fonte de proteína.

A **páprica defumada**, conhecida na Espanha como pimentón, tem um sabor defumado, profundo e picante que é imbatível.

SALADA DE CAMARÃO, MILHO E AVOCADO

Saudável, serve de prato principal e é cheia de cores e sabores. Experimente-a com espinafre ou couve crua em fatias finas.

★ **2 PORÇÕES**
★ **PREPARO** 15 minutos, mais marinada
★ **COZIMENTO** 20 minutos, mais esfriamento

Ingredientes

1 espiga grande de milho-verde
200 g de camarão cru sem as vísceras, descascado
5 colheres (sopa) de coentro picadinho
suco de 1 limão-taiti
3 colheres (sopa) de azeite extravirgem
2 colheres (sopa) de semente de abóbora
1 colher (sopa) de molho tailandês de pimenta agridoce
sal e pimenta-do-reino moída na hora
salada verde mista (cerca de 100 g)
12 tomates-cereja cortados ao meio
1 avocado maduro sem caroço, descascado e cortado em fatias grossas (veja técnica na p. 11)

1 Aqueça uma chapa com grelha em fogo alto. Esfregue um pouco de azeite no milho e leve-o para grelhar na chapa por 5-10 minutos, virando de vez em quando, até chamuscar em alguns pontos e os grãos ficarem macios. Reserve. Quando a espiga estiver fria o suficiente para manusear, corte os grãos com uma faca afiada, como mostra a técnica na p. 152.

2 Enquanto isso, coloque o camarão em uma tigela pequena de material não reativo (que não seja nem de alumínio nem de ferro fundido) junto com 1 colher (sopa), de cada, de coentro, suco de limão-taiti e azeite. Misture bem para incorporar e leve à geladeira por 30 minutos.

3 Aqueça uma frigideira de fundo grosso em fogo médio e adicione a semente de abóbora. Toste-a por 2-3 minutos, mexendo sempre, até começar a corar e pipocar. Reserve e deixe esfriar.

4 Para fazer o molho, coloque em um liquidificador ou processador de alimentos o molho de pimenta agridoce e o restante do coentro, do suco de limão-taiti e do azeite. Tempere bem e bata até emulsionar e virar um creme grosso, de cor verde viva.

5 Reaqueça a chapa em fogo alto e grelhe o camarão marinado por 1-2 minutos de cada lado, até ficar inteiramente rosado e chamuscado em alguns pontos. Deixe esfriar.

6 Depois que tudo esfriar, monte a salada. Coloque as folhas em uma tigela e misture no molho. Adicione o tomate-cereja e os grãos de milho e misture novamente. Disponha por cima as fatias de avocado e o camarão grelhado, espalhe a semente de abóbora tostada e sirva.

O **milho-verde** é melhor quando recém-colhido – grãos amarelo-claros indicam frescor.

MOLHOS PARA SALADA

Do Green Goddess, untuoso e herbáceo, ao vinagrete de framboesa e nozes, leve e elegante, esses molhos realçam qualquer salada.

Green Goddess

★ **RENDIMENTO** 300 g
★ **PREPARO** 10 minutos

3 filés de anchova enlatados ou 2 colheres (chá) de pasta de anchova
2 dentes de alho amassados
110 g de maionese
110 g de soured cream (p. 12)
30 g de salsinha picada
15 g de estragão picado
3 colheres (sopa) de cebolinha picada
suco de 1 limão-siciliano
sal e pimenta-do-reino moída na hora

Coloque todos os ingredientes em um processador e bata até ficar homogêneo. Tempere a gosto.

Thousand Island

★ **RENDIMENTO** 300 g
★ **PREPARO** 10 minutos

110 g de maionese
2 colheres (sopa) de ketchup
2 colheres (sopa) de picles (veja a receita de chow chow picante, p. 246)
2 colheres (chá) de cebola roxa picadinha
sal e pimenta-do-reino moída na hora

Coloque todos os ingredientes em um processador e bata até ficar homogêneo. Tempere a gosto.

Buttermilk ranch

★ **RENDIMENTO** 300 g
★ **PREPARO** 10 minutos

50 g de maionese
90 ml de leitelho (p. 12)
100 g de soured cream
½ colher (chá) de cebola em pó
½ colher (chá) de pimenta-do-reino moída na hora
½ colher (chá) de alho em pó
½ colher (chá) de tomilho seco
1 colher (sopa) de salsinha picada

Coloque todos os ingredientes em um processador e bata até ficar homogêneo. Tempere a gosto.

Vinagrete de framboesa e nozes

★ **RENDIMENTO** 300 g
★ **PREPARO** 10 minutos

½ colher (chá) de mostarda com mel
1 colher (chá) de açúcar
60 ml de vinagre de vinho tinto
5-7 framboesas
1 echalota com cerca de 60 g
120 ml de óleo de nozes
sal e pimenta-do-reino moída na hora

Coloque a mostarda, o açúcar, o vinagre, as framboesas e a echalota em um processador de alimentos e pulse até obter um purê. Batendo em velocidade alta, derrame o óleo em fio pela abertura do processador (no alto), até formar um creme. Tempere a gosto.

Catalina

★ **RENDIMENTO** 300 g
★ **PREPARO** 10 minutos

1 cebola grande com cerca de 350 g picada
3 colheres (sopa) de ketchup
1 colher (sopa) de açúcar
2 colheres (sopa) de açúcar mascavo claro
60 ml de vinagre de vinho tinto
1 colher (chá) de molho inglês
1 colher (chá) de páprica defumada ou pimenta ancho em pó
120 ml de azeite ou óleo vegetal
sal e pimenta-do-reino moída na hora

Coloque a cebola, o ketchup, os açúcares, o vinagre, o molho inglês e a páprica defumada em um processador de alimentos. Batendo em velocidade alta, derrame o óleo em fio pela abertura do processador (no alto), até formar um creme. Tempere a gosto.

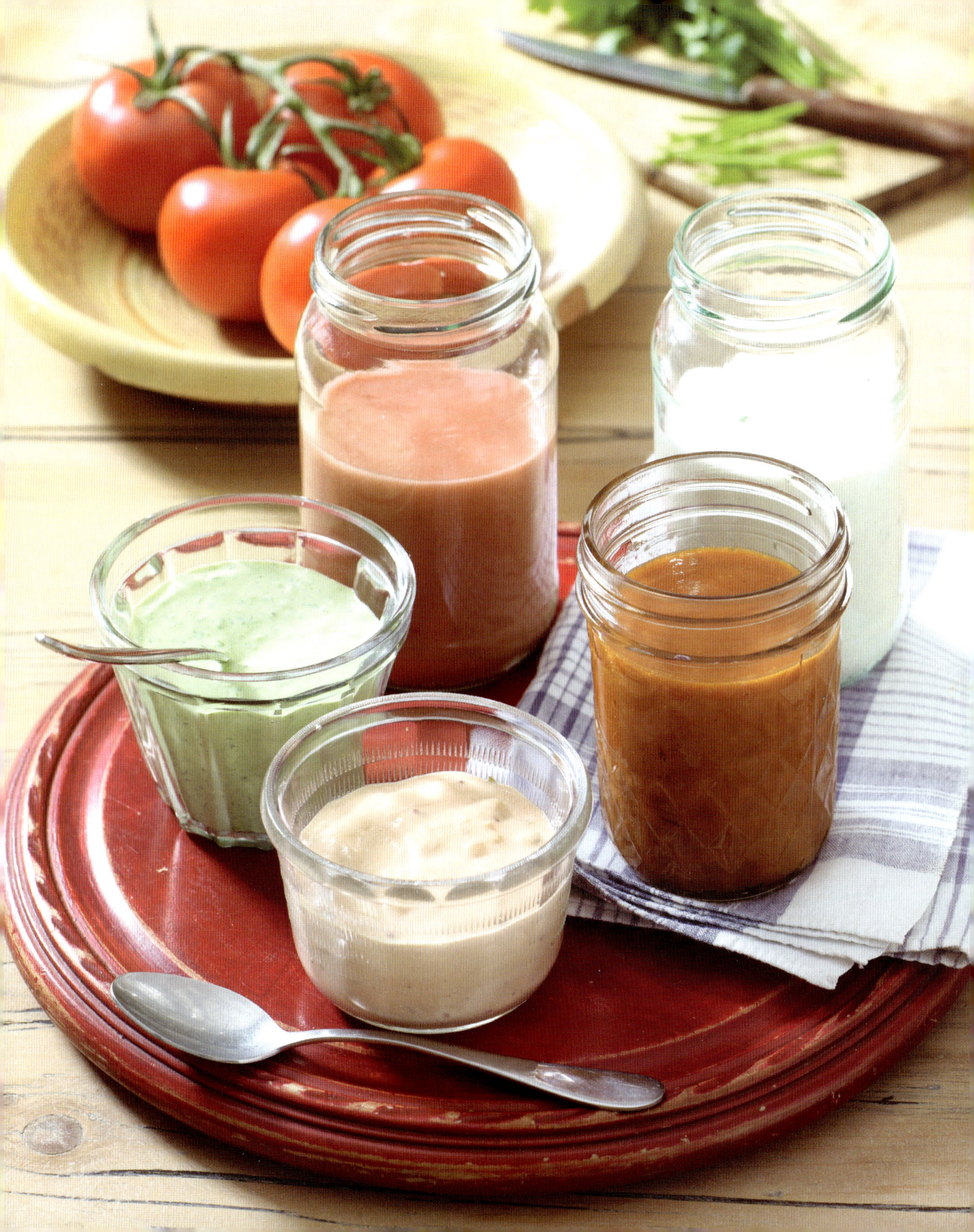

SALADA CLÁSSICA

SALADA DE BATATA CASEIRA

Essa é a saborosa versão do Centro-Oeste norte-americano para uma receita muito conhecida.

- **6 PORÇÕES**
- **PREPARO** 10 minutos
- **COZIMENTO** 20-25 minutos, mais esfriamento

Ingredientes
1 kg de batata farinhenta descascada
4 colheres (sopa) bem cheias de maionese
2 colheres (chá) de mostarda de Dijon
1 talo de aipo picadinho
um punhado de cebolinha, só a parte branca e verde-clara, picadinha
1 colher (sopa) de alcaparra escorrida ou enxaguada picadinha
1 colher (sopa) de suco de limão-siciliano
sal e pimenta-do-reino moída na hora

1 Cozinhe as batatas inteiras em uma panela grande com água fervente e sal por 20-25 minutos, até ficarem macias. Escorra e deixe esfriar. Descasque-as e corte-as com cuidado em cubos de 3 cm.

2 Em uma tigela, misture a maionese, a mostarda, o aipo, a cebolinha, a alcaparra e o suco de limão; tempere bem.

3 Coloque as batatas em uma tigela grande de servir e junte delicadamente a mistura de maionese, com cuidado para não quebrar as batatas.

O **aipo**, com seu sabor fresco e marcante, ilumina uma salada simples de batata.

PROVE...

ESTILO FRANCÊS
Experimente fazer uma salada morna de batata-bolinha no estilo francês: coloque 1 kg de **batata-bolinha** ainda quente e cortada ao meio em um **vinagrete francês**, com um punhado de **cebolinha** bem picada.

BATATA-DOCE
Para uma variação interessante, substitua a batata farinhenta pela mesma quantidade de **batata-doce**. Siga a receita principal, levando em conta que a batata-doce cozinhará em apenas 10 minutos, aproximadamente, e que deve ser usada ainda ligeiramente crua.

OVO E ATUM
Junte 2 **ovos** cozidos picados e 1 lata de **atum** escorrido e transforme esse prato de acompanhamento em atração principal.

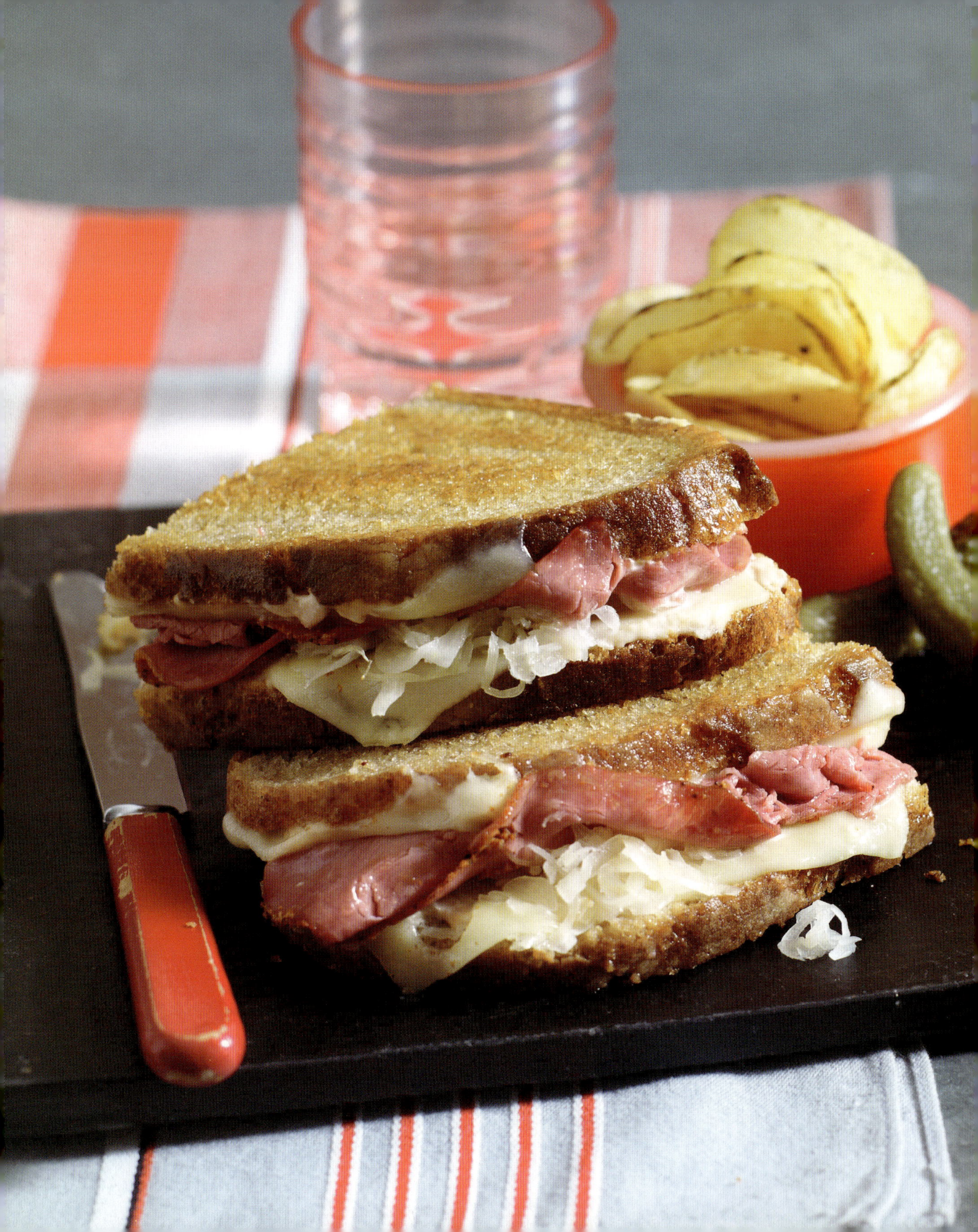

CAFÉ DA MANHÃ E REFEIÇÕES LEVES

WAFFLE COM CALDA DE BACON E MAPLE SYRUP

Versáteis e fáceis de fazer, esses waffles de fubá são perfeitos para um café da manhã, um lanche leve ou uma sobremesa.

- ★ 6-8 UNIDADES
- ★ PREPARAÇÃO 5 minutos
- ★ COZIMENTO 20-25 minutos

Ingredientes
125 g de farinha de trigo
50 g de fubá pré-cozido ou farinha de milho
1 colher (chá) de fermento em pó
2 colheres (sopa) de açúcar
300 ml de leite
75 g de manteiga sem sal em temperatura ambiente
1 colher (chá) de extrato de baunilha
2 ovos grandes, clara e gema separadas
4 fatias de bacon defumado
100 ml de maple syrup
geleia, frutas frescas, creme adoçado ou sorvete, para servir (opcional)

1 Coloque a farinha de trigo, o fubá, o fermento e o açúcar em uma tigela. Faça uma cova no meio e despeje o leite, a manteiga, o extrato de baunilha e as gemas. Misture aos poucos.

2 Preaqueça a máquina ou fôrma de waffles. Bata as claras em neve em uma tigela grande e limpa, até formar picos moles. Junte as claras à massa delicadamente com uma espátula de silicone.

3 Preaqueça o forno a 130°C. Despeje uma conchinha da massa na máquina ou fôrma de waffles e espalhe até quase a borda. Feche a tampa e asse até dourar. Mantenha aquecido em uma única camada dentro do forno enquanto faz o resto dos waffles.

4 Em uma frigideira, frite o bacon a seco até ficar crocante. Quando estiver frio o bastante para manusear, despedace-o. Aqueça o maple syrup em fogo baixo em uma panela pequena de fundo grosso. Adicione o bacon ao maple syrup quente antes de derramar sobre os waffles. Sirva imediatamente com geleia, frutas frescas, creme de leite adoçado ou sorvete, se desejar.

DICA DO COZINHEIRO Embora o melhor seja comer os waffles na hora, você pode prepará-los com um dia de antecedência e reaquecê-los em uma torradeira.

O **maple syrup**, quando puro, tem um sabor forte e doce, profundo, quase defumado.

CAFÉ DA MANHÃ E REFEIÇÕES LEVES ★ 55

FRENCH TOAST COM RECHEIO DE MORANGO

Rabanada é sempre uma delícia, mas essa versão com cream cheese e morango abrilhanta ainda mais qualquer mesa de brunch.

★ **4 UNIDADES**
★ **PREPARO** 10 minutos
★ **COZIMENTO** 30 minutos

Ingredientes
8 colheres (sopa) de cream cheese
8 fatias de pão challah ou brioche, cada uma com 4 cm de espessura
8-12 morangos limpos e cortados em fatias grossas
4 ovos
100 g de açúcar mascavo
125 ml de leite
1 colher (chá) de extrato de baunilha
1 colher (chá) de canela em pó
4 colheres (sopa) de manteiga
mel, para servir

1 Preaqueça o forno a 190°C. Espalhe 1 colher (sopa) de cream cheese sobre cada fatia de pão. Cubra quatro fatias com dois ou três morangos cada, depois cubra com a outra metade do pão, fazendo quatro sanduíches.

2 Em uma tigela, misture com um fouet os ovos, o açúcar, o leite, o extrato de baunilha e a canela. Mergulhe completamente os sanduíches na mistura de ovos.

3 Derreta 1 colher (sopa) de manteiga em uma frigideira em fogo médio. Frite os sanduíches por 3-4 minutos de cada lado, ou até dourar. Se necessário, adicione o restante da manteiga à frigideira para fritar os sanduíches restantes. Transfira para uma assadeira e leve os sanduíches ao forno preaquecido por 5 minutos. Sirva quente e regado com mel.

COMO PREPARAR MORANGOS

1 Para preparar um morango, deite a fruta na tábua de cortar. Usando uma faca afiada, corte a parte de cima sem remover muita fruta.

2 Corte o morango pela metade. Coloque cada metade com o lado do corte para baixo e fatie em pedaços de espessura uniforme.

CAFÉ DA MANHÃ CLÁSSICO

PANQUECA DE LEITELHO

Você pode fazer essas panquecas com leite integral, mas com leitelho, mais ácido, elas ficam mais leves.

★ **10 UNIDADES**
★ **PREPARO** 5 minutos
★ **COZIMENTO** 20 minutos

Ingredientes
300 g de farinha com fermento
60 g de açúcar
1 colher (chá) de fermento em pó
250 ml de leitelho (ou faça o seu, p. 12)
2 ovos
60 g de manteiga sem sal derretida e resfriada, mais um pouco para fritar e servir
3-4 colheres (sopa) de leite (opcional)
maple syrup, para servir
frutas frescas em cubos, para servir

1 Coloque a farinha, o açúcar e o fermento em pó em uma tigela grande e misture bem com um fouet. Em outra tigela, misture o leitelho, os ovos e a manteiga derretida. Faça uma cova no meio da mistura de farinha e junte gradualmente a mistura de leitelho, até formar uma massa macia e espessa. Se a massa não ficar com uma consistência espessa, acrescente 3-4 colheres (sopa) de leite.

2 Em uma frigideira antiaderente de 15 cm, aqueça cerca de ½ colher (sopa) de manteiga em fogo médio, até começar a espumar. Despeje apenas o suficiente de massa para revestir a base da frigideira.

3 Frite a panqueca em fogo médio, até as bordas firmarem e aparecerem pequenas bolhas na superfície da massa. Elas vão estourar e deixar alguns buraquinhos.

4 Vire a panqueca e frite por 1-2 minutos do outro lado. Sirva imediatamente ou mantenha aquecido em forno baixo enquanto cozinha as panquecas restantes. Sirva com manteiga sem sal, maple syrup e uma tigela de frutas vermelhas frescas ou salada de frutas em cubos, para um delicioso café da manhã de fim de semana.

PROVE...

CANELA E BANANA
Adicione 1 colher (chá) de **canela em pó** à farinha. Após despejar a massa na frigideira, fatie fino metade de uma **banana** e disponha-a por cima da panqueca, depois cozinhe conforme o indicado na receita principal.

COMPOTA DE MIRTILO
Para fazer uma ótima panqueca com mirtilo, prepare uma compota espessa para acompanhar. Cozinhe 150 g de **mirtilo** maduro com 2 colheres (sopa) de **água** e 1 colher (sopa) de **açúcar** por 5 minutos, ou até estourarem.

TOQUE SULISTA
Para uma variação de inspiração sulista, substitua 150 g da farinha com fermento por **fubá pré-cozido** ou **farinha de milho**.

CAFÉ DA MANHÃ E REFEIÇÕES LEVES

BISCOITO COM MOLHO CREMOSO DE LINGUIÇA

O creme de leite torna esse clássico do Sul – por tradição, servido com um molho espesso – um prato consistente, mas ainda leve.

- ★ **4 PORÇÕES**
- ★ **PREPARO** 15 minutos
- ★ **COZIMENTO** 20 minutos

Ingredientes

300 g de farinha com fermento, mais um pouco para polvilhar
1 colher (chá) de fermento em pó
1 colher (chá) de páprica defumada ou pimenta ancho em pó
½ colher (chá) de sal
85 g de manteiga sem sal gelada
60 g de queijo amarelo forte ralado grosso
225 ml de leitelho (ou faça o seu, p. 12)
1 ovo batido com 1 colher (sopa) de água gelada
pimenta-do-reino moída na hora

Para o molho de linguiça

1 colher (sopa) de óleo de girassol ou canola, para fritar
cerca de 250 g de linguiça artesanal apimentada
1 colher (sopa) de farinha de trigo
250 ml de caldo de frango quente
125 ml de creme de leite light

1 Preaqueça o forno a 230ºC. Peneire a farinha, o fermento em pó, a páprica defumada e o sal em um processador de alimentos. Adicione a manteiga e bata até obter uma farofa fina. Junte o queijo ralado, uma boa pitada de pimenta e pulse um pouco para amalgamar. Transfira a mistura para uma tigela grande e acrescente o leitelho. Mexa com uma colher de pau, até a massa ficar macia e grudenta.

2 Vire a massa sobre uma superfície levemente enfarinhada e bata nela delicadamente, até formar um bloco liso, depois abra-a delicadamente até a espessura de 3 cm. Corte discos de 6 cm com um cortador de biscoito e coloque-os em uma assadeira. Reúna os restos e amasse-os delicadamente. Abra a massa de novo e corte mais alguns discos.

3 Pincele a parte de cima dos biscoitos com um pouco de ovo batido. Asse em forno preaquecido por 10-12 minutos, até crescer e dourar. Retire os biscoitos do forno e deixe-os descansar na assadeira por 5 minutos antes de transferi-los para uma grade. Espere esfriar completamente.

4 Enquanto isso, prepare o molho. Aqueça o óleo em uma frigideira de fundo grosso. Retire a pele das linguiças e esmigalhe o recheio na frigideira. Frite em fogo alto por 3-5 minutos, virando com frequência, até a carne ficar dourada e crocante. Reduza o fogo e polvilhe a farinha sobre a carne. Mexa e depois adicione o caldo, um pouco por vez, sem parar de mexer. Por último, acrescente o creme de leite e reduza o fogo. Cozinhe por 5 minutos, até o molho engrossar. Despeje sobre os biscoitos para servir.

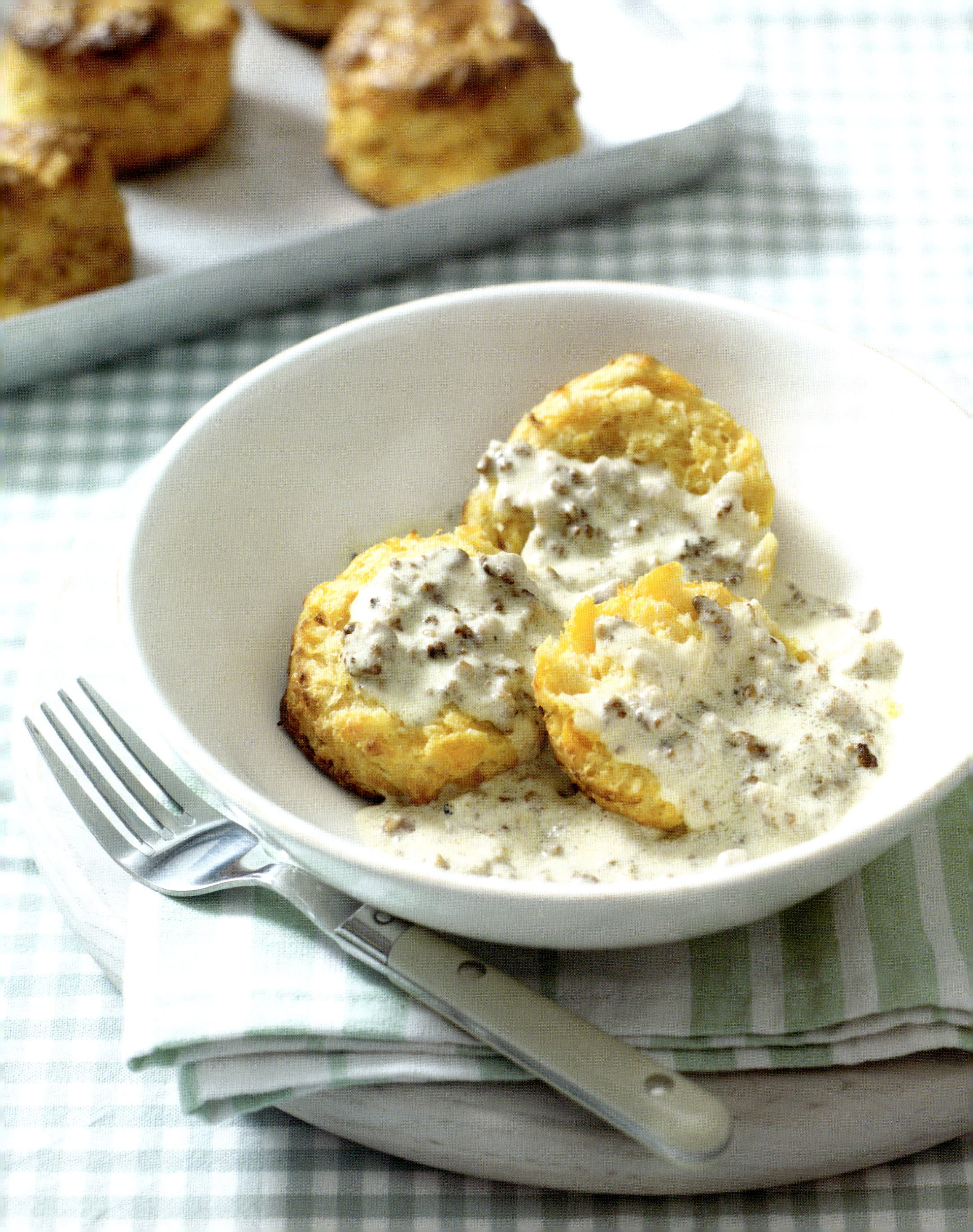

CAFÉ DA MANHÃ E REFEIÇÕES LEVES

GRANOLA COM COMPOTA DE FRUTAS SECAS

Fazer a própria granola é uma maneira econômica de garantir que seu cereal tenha exatamente o que você quer e gosta.

★ **4-6 PORÇÕES**
★ **PREPARO** 10-15 minutos
★ **COZIMENTO** 45 minutos, mais esfriamento

Ingredientes
125 g de aveia em flocos finos
50 g de sementes variadas, como girassol, gergelim, abóbora e linhaça dourada
50 g de oleaginosas e frutas secas sem sal variadas, como castanhas-de-caju, amêndoas, avelãs e nozes
1 colher (sopa) de azeite, mais um pouco para untar
2 colheres (sopa) de mel
3½ colheres (sopa) de maple syrup
25 g de mirtilo seco
25 g de cranberry seco
25 g de cereja seca
15 g de coco seco ralado
iogurte grego ou leite, para servir

Para a compota
100 g de maçã seca
100 g de figo seco
100 g de ameixa seca
1 pau de canela
½ fava de baunilha dividida ao meio no sentido do comprimento
raspas da casca e suco de 1 laranja
1 colher (sopa) de açúcar demerara

1 Preaqueça o forno a 150ºC. Coloque a aveia, as sementes, as oleaginosas e as frutas secas em uma tigela grande. Adicione o azeite, o mel e o maple syrup e mexa bem para misturar.

2 Transfira a mistura para uma assadeira grande levemente untada e espalhe formando uma camada uniforme. Leve ao forno por 15 minutos. Acrescente o mirtilo com o cranberry, a cereja e o coco. Distribua pela assadeira e asse por mais 15 minutos. Deixe na assadeira para esfriar completamente. Quando estiver frio o bastante para manusear, quebre a granola em pedacinhos e transfira para um recipiente hermético.

3 Para a compota, coloque todas as frutas secas em uma tigela. Adicione a canela, a fava de baunilha e as raspas e o suco de laranja. Despeje 200 ml de água fervente. Cubra a tigela e reserve por uma noite.

4 Transfira o conteúdo do recipiente para uma panela. Adicione o açúcar e 150 ml de água fria e leve à fervura. Abaixe o fogo e cozinhe em fogo muito baixo, destampado, por 15 minutos. Retire a fava de baunilha e o pau de canela.

5 Coloque a granola em taças individuais, despeje a compota por cima e sirva com iogurte grego ou leite.

DICA DO COZINHEIRO Qualquer combinação de frutas secas funciona bem – experimente usar damascos, pêssegos, tâmaras ou uma mistura de frutas vermelhas secas. Para uma compota de inverno reconfortante, adicione 2 pedacinhos de gengibre em calda picado e 2 colheres (sopa) de xarope de gengibre.

CAFÉ DA MANHÃ E REFEIÇÕES LEVES ★ 61

CAÇAROLA DE CAFÉ DA MANHÃ AO ESTILO SULISTA

Clássico de brunch norte-americano recém-chegado a mesas europeias, esse prato é rápido de preparar e delicioso.

- ★ **4-6 PORÇÕES**
- ★ **PREPARO** 15 minutos, mais descanso
- ★ **COZIMENTO** 40 minutos

Ingredientes
1 colher (sopa) de azeite
200 g de linguiça de porco grossa e apimentada, estilo chouriço, sem pele
manteiga para untar
100 g de baguete amanhecida ou outro pão branco com casca crocante, sem casca e cortado em cubos de 1 cm
4 cebolinhas cortadas em fatias finas
1 tomate maduro grande sem pele, sem sementes e picado
1 pimenta jalapeño ou outra pimenta verde suave sem sementes picadinha
75 g de queijo forte ralado, como parmesão ou provolone
6 ovos
100 ml de creme de leite light
100 ml de leite integral
1 colher (chá) de páprica defumada ou pimenta ancho em pó
sal e pimenta-do-reino moída na hora

1 Aqueça o azeite em uma frigideira antiaderente. Adicione o recheio de linguiça e cozinhe. Corte com uma espátula, vire e mexa, até a carne ficar dividida em pedaços grandes e bem dourada de todos os lados. Retire a frigideira do fogo.

2 Preaqueça o forno a 180°C. Unte um refratário de 25 cm com a manteiga. Espalhe o pão em uma única camada e depois distribua o recheio de linguiça de maneira uniforme. Polvilhe por cima a cebolinha, o tomate e a pimenta jalapeño, depois cubra com o queijo.

3 Em uma tigela, bata ligeiramente os ovos, o creme de leite, o leite e a páprica defumada e tempere bem. Despeje a mistura de ovos no refratário de maneira uniforme e reserve para descansar por cerca de 15 minutos.

4 Asse no forno por 30-40 minutos, até inchar e dourar. Estará pronto quando, ao enfiar um palito, ele sair limpo.

CAFÉ DA MANHÃ E REFEIÇÕES LEVES

OVO RANCHEIRO COM TORTILHA

Essa receita de café da manhã mexicana é cheia de sabores frescos e vibrantes, boa para comer a qualquer hora do dia.

- ★ **4 PORÇÕES**
- ★ **PREPARO** 20 minutos
- ★ **COZIMENTO** 15-30 minutos

Ingredientes
250 g de feijão-preto cozido com caldo
1 colher (chá) de páprica defumada ou pimenta ancho em pó
uma pitada de pimenta-calabresa
azeite, para regar
4 tortilhas grandes de trigo
225 g de cheddar inglês ralado na hora
4 ovos
1 avocado maduro sem caroço, cortado em fatias grossas (veja técnica na p. 11)
sal e pimenta-do-reino moída na hora

Para o pico de gallo
3 tomates grandes sem sementes, cortados em cubos
1 pimenta jalapeño ou outra pimenta verde suave picadinha
1 cebola roxa pequena picada
2 dentes de alho amassados
2 colheres (sopa) de coentro picado
suco de 2 limões-taiti grandes

1 Para o pico de gallo, coloque em uma tigela os tomates, a pimenta jalapeño, a cebola, o alho, o coentro e o suco de limão. Tempere, misture bem e reserve.

2 Em uma panela média, aqueça levemente o feijão-preto com seu caldo. Misture a páprica defumada e a pimenta-calabresa e tempere bem.

3 Enquanto isso, aqueça o azeite em fogo médio em uma frigideira antiaderente de fundo grosso. Quando o azeite estiver quente, coloque uma tortilha no meio da frigideira. Usando um quarto do queijo ralado, faça um anel dentro da tortilha e quebre um ovo no meio, com cuidado para ele ficar contido dentro do anel de queijo.

4 Tampe e frite por 3-4 minutos, até o ovo começar a firmar e o queijo derreter, depois use uma espátula para virar a tortilha junto com o ovo. Frite por 1-2 minutos para obter uma gema mole; e por 3-4 minutos para uma gema firme. Use uma espátula para levantar a tortilha e o ovo e vire-os sobre um prato com o ovo para cima. Limpe o queijo da frigideira e repita a operação para preparar as tortilhas restantes.

5 Retire o feijão-preto do fogo e escorra. Sirva a tortilha e o ovo cobertos com o feijão-preto, o pico de gallo e as fatias de avocado.

DICA DO COZINHEIRO Use uma espátula bem larga para virar a tortilha, assim o ovo fica bem seguro. Vire com rapidez e confiança, para manter tudo junto.

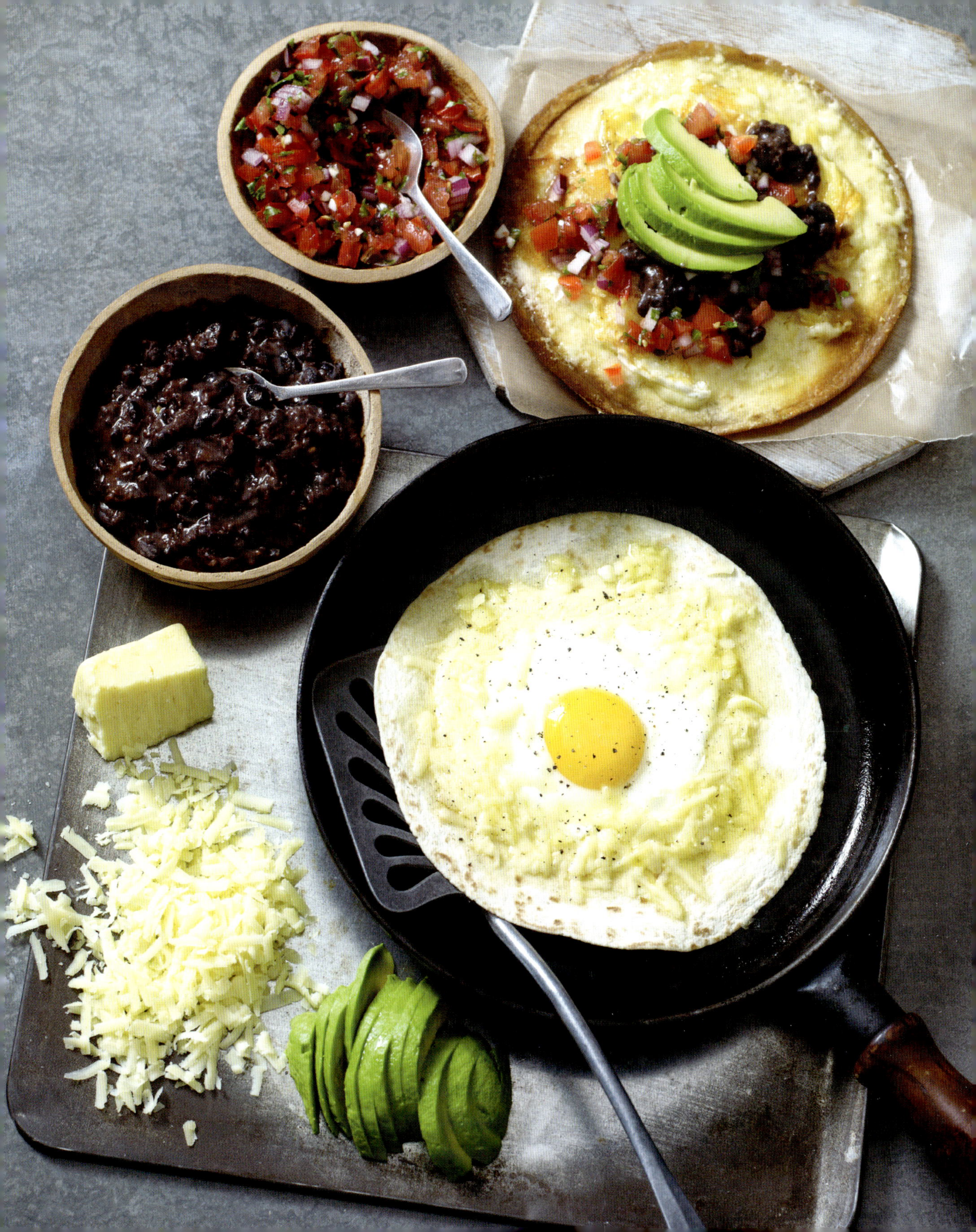

CAFÉ DA MANHÃ CLÁSSICO

OVO BENEDICT COM SALMÃO DEFUMADO

Uma proteína salgada e untuosa combinada com um molho cremoso torna irresistível essa receita.

- **4 UNIDADES**
- **PREPARO** 15 minutos
- **COZIMENTO** 10 minutos

Ingredientes
4 ovos
2-4 minipães de hambúrguer
150 g de salmão defumado

Para o molho
100 g de manteiga sem sal
1 gema de ovo grande
½ colher (sopa) de suco de limão
sal e pimenta-do-reino moída na hora

1 Para fazer o molho holandês, derreta a manteiga em fogo brando, com cuidado para não deixar talhar. Coloque a gema de ovo, o suco de limão, o sal e a pimenta em um liquidificador e bata um pouquinho. Com o motor em funcionamento, despeje a manteiga derretida gota a gota, depois acelerando para formar um fio, até o molho emulsionar e engrossar.

2 Leve uma panela grande de água salgada à fervura, depois abaixe o fogo para ferver em borbulhas finas. Quebre um ovo em uma xícara de chá e deixe-o escorregar suavemente na água borbulhante. Repita com os outros ovos. Escalde por 3 minutos, até a clara firmar, a gema ainda mole. Retire com uma escumadeira.

3 Ao mesmo tempo, toste os pãezinhos. Se você gosta de fatias grossas, use quatro unidades e corte uma fatia fina de cada um para adicionar o ovo – caso contrário, divida dois pãezinhos na horizontal para fazer quatro metades. Quando tostarem, reparta o salmão entre eles e cubra cada um com um ovo cozido e um pouco de molho holandês.

QUAL É A HISTÓRIA?

As origens da conhecida versão com bacon desse prato são nebulosas. Dois livros de culinária diferentes, ambos publicados na década de 1890, apresentam receitas de ovos poché com presunto e torrada envoltos em molho holandês. Outras fontes afirmam que o local de nascimento do prato foi o famoso restaurante Delmonico ou o Waldorf Hotel, ambos em Nova York.

PROVE...

OUTRO PÃO
Para um toque mais rústico, sirva 2 ovos lado a lado sobre uma fatia de **pão de fermentação natural** tostado, coberto com fatias de **bacon crocante** e molho holandês.

OVO À FLORENTINA
Para ovos à florentina, murche 250 g de **espinafre** em 1 colher (sopa) de **azeite** e escorra bem. Misture com uma colherada do molho holandês e use no lugar do salmão.

BATATA RÖSTI
Para uma opção sem glúten, sirva os ovos e o molho holandês com **batata rösti**. Siga a receita para os ninhos dourados na p. 66, mas use a mistura para formar 8 panquecas. Frite em 2 colheres (sopa) de óleo de girassol ou canola em fogo médio por 5 minutos de cada lado, até ficarem crocantes e cozidas.

NINHO DE BATATA COM OVO AO FORNO

Perfeitos para um brunch, esses ninhos dourados podem ser pré-cozidos, depois recheados e finalizados no último minuto.

- ★ **8 UNIDADES**
- ★ **PREPARO** 20 minutos
- ★ **COZIMENTO** 25-35 minutos

Ingredientes

175 g de batata farinhenta ralada
75 g de batata-doce ralada
1 cebola roxa pequena picadinha
50 g de pancetta picadinha
50 g de cheddar inglês ralado grosso
2 colheres (sopa) de azeite, mais um pouco para untar
8 ovos
sal e pimenta-do-reino moída na hora

1 Preaqueça o forno a 200°C. Coloque as batatas raladas em um recipiente grande com água fria e deixe-as de molho por 5 minutos para retirar o excesso de amido. Escorra, coloque sobre um pano de prato limpo e torça para remover o máximo de umidade.

2 Coloque as batatas, a cebola, a pancetta e o queijo em uma tigela grande e misture. Adicione o azeite, tempere bem e misture novamente.

3 Unte levemente uma fôrma para doze muffins. Divida a mistura de maneira uniforme entre oito dos buracos. Use as costas de uma colher de sopa para apertar a mistura até o fundo da assadeira, depois para os lados. Tome cuidado para deixar uma quantidade de massa suficiente na parte de baixo, que será a base para os ovos. As laterais devem ser tão altas quanto possível, pois os ninhos vão encolher um pouquinho à medida que assarem.

4 Asse no meio do forno durante 15-20 minutos, até as bordas ficarem douradas e um pouco crocantes. Retire do forno e reduza a temperatura para 180°C.

5 Quebre 1 ovo em cada um dos ninhos, com cuidado, depois polvilhe um pouco de pimenta por cima e volte ao forno por mais 10-15 minutos (depende de quão firmes você deseja seus ovos). Retire do forno e deixe esfriar na assadeira por 2 minutos (os ovos vão continuar a cozinhar mais um pouco). Passe uma faca ao redor da borda de cada ninho para soltar e remover da assadeira. Sirva imediatamente.

DICA DO COZINHEIRO Esses ninhos deliciosos também podem ser recheados com cogumelo frito, espinafre cozido ou bacon crocante picado, antes de receber a cobertura de ovos.

A **pancetta**, um tipo de toucinho italiano curado, pode ser substituída por um pedaço grosso de bacon defumado.

OMELETE COM CLARAS, ESPINAFRE E SALMÃO

Rica em proteínas e com pouca gordura, essa omelete rápida e fácil é uma escolha saudável para o café da manhã.

- ★ **1 PORÇÃO**
- ★ **PREPARO** 10 minutos
- ★ **COZIMENTO** 4-7 minutos

Ingredientes
3 claras
15 g de manteiga sem sal
50 g de espinafre picado
30 g de salmão defumado em lascas
uma pitada de noz-moscada
pimenta-do-reino moída na hora

1 Coloque as claras em uma tigela grande e bata com um fouet ou batedeira de mão elétrica, até ficarem leves e espumosas (veja a técnica abaixo). Derreta a manteiga em fogo médio em uma frigideira grande de fundo grosso ou em uma frigideira de omelete. Adicione o espinafre, tempere com um pouco de noz-moscada ralada e pimenta-do-reino e cozinhe por 2-3 minutos, mexendo sempre, até murchar e o líquido evaporar.

2 Distribua o espinafre de maneira uniforme na frigideira e despeje as claras em neve por cima. Usando uma espátula à prova de fogo, mexa-as um pouco para incorporar o espinafre na clara. Deixe a omelete fritar em fogo baixo por 1-2 minutos, até as bordas firmarem e a parte de baixo dourar. Não se preocupe se em cima ainda parecer espumoso.

3 Disponha o salmão defumado sobre metade da omelete. Com uma espátula, dobre delicadamente a omelete ao meio e cubra o salmão. Cozinhe a omelete por mais 1 minuto de cada lado, apertando levemente com a espátula, até o meio ficar leve e macio, mas firme.

COMO BATER CLARA EM NEVE

1 Coloque as claras em uma vasilha grande, limpa e seca e comece a batê-las lentamente, com movimentos curtos.

2 Continue batendo, com movimentos cada vez mais amplos, até as claras perderem a transparência e começarem a espumar.

3 Incorpore tanto ar quanto possível, aumentando a velocidade e a amplitude de movimento, até as claras ficarem leves e espumosas.

CAFÉ DA MANHÃ CLÁSSICO

BURRITO DE CAFÉ DA MANHÃ

Recheados com ingredientes picantes e substanciosos, esses wraps são perfeitos para quem tem pressa.

- ★ **4 PORÇÕES**
- ★ **PREPARO** 20 minutos
- ★ **COZIMENTO** 50 minutos

Ingredientes
2 batatas de casca vermelha
1 colher (chá) de azeite
1 cebola cortada em pedaços grandes
1 pimentão vermelho cortado em pedaços grandes
1 pimentão verde cortado em pedaços grandes
1 pimenta jalapeño ou outra pimenta verde suave picadinha
450 g de linguiça defumada, sem a pele e cortada em fatias grossas
8 ovos
1 colher (chá) de pasta de pimenta chipotle
175 g de cheddar inglês ralado
4 tortilhas grandes
60 ml de soured cream (p. 12)
sal e pimenta-do-reino moída na hora

Para o guacamole
1 avocado maduro sem caroço e fatiado (veja técnica na p. 11)
suco de 2 limões-taiti
12 tomates-cereja cortados ao meio
um punhado de coentro picado

1 Cozinhe as batatas em uma panela de água fervente durante 10 minutos. Escorra e deixe esfriar. Sem tirar a casca, corte cada batata em pedaços e reserve.

2 Aqueça o azeite em uma frigideira grande de fundo grosso. Adicione a cebola, os pimentões e a pimenta jalapeño e mexa em fogo médio por aproximadamente 10 minutos, até começar a amolecer. Adicione as batatas e tempere bem. Cozinhe por 15-20 minutos, mexendo ocasionalmente, até tudo ficar macio, podendo ser facilmente furado com um garfo.

3 Enquanto isso, em outra frigideira grande, frite a linguiça em fogo médio por 4-5 minutos, ou até dourar. Retire da frigideira com uma escumadeira e junte às batatas no final do tempo de cozimento.

4 Coloque os ovos em uma tigela junto com 60 ml de água e a pasta de pimenta chipotle. Tempere bem. Bata bem a mistura com um fouet ou uma batedeira de mão elétrica. Transfira para a frigideira usada para a linguiça. Frite a mistura, mexendo e inclinando a frigideira de vez em quando, por 3-4 minutos, ou até ficar firme. Adicione o queijo e agite enquanto ele derrete, de modo a incorporá-lo bem.

5 Para o guacamole, amasse o avocado e misture com o suco de limão, os tomates e o coentro.

6 Coloque cada tortilha em um prato e espalhe 1 colher (sopa) de soured cream ao longo do meio de cada tortilha. Cubra com a mistura de batata, os ovos mexidos e o guacamole. Para fazer os burritos, dobre as extremidades mais curtas sobre o recheio. Aperte e dobre as extremidades mais longas sobre o recheio, virando o burrito para baixo para manter o formato. Sirva quente.

PROVE...

VERSÃO VEGETARIANA
Substitua a linguiça por 250 g de **feijão-preto** cozido e escorrido e 1 **cogumelo portobello** fatiado. Misture o cogumelo e o feijão com 1 colher (sopa) de azeite, tempere bem e prepare em uma frigideira, como indicado no passo 3.

HOMUS DE JALAPEÑO
Bata 250 g de **grão-de-bico** cozido e escorrido com 1 **cebola** picada, 2 **dentes de alho**, 4 colheres (sopa) de **tahine**, 1 **jalapeño** sem sementes e picado, um punhado de **coentro**, uma pitada de **sal** e o suco de 2 **limões-taiti**. Espalhe generosamente sobre as tortilhas.

OVO FRITO
Faça ovos fritos em vez de mexidos. Para cada porção, frite 2 **ovos** por 5-7 minutos, depois tempere. Outra opção para um café da manhã clássico norte-americano é servir a batata sem a tortilha, com um ovo frito e **bacon**.

SANDUÍCHE DE BANANA PBJ

Esse é um sanduíche doce clássico norte-americano, com manteiga de amendoim e geleia (daí o PBJ: *peanut butter and jam*).

- ★ **4 UNIDADES**
- ★ **PREPARO** 10 minutos
- ★ **COZIMENTO** 20 minutos

Ingredientes
300 g de geleia de amora
8 fatias de pão crocante
250 g de manteiga de amendoim
2 bananas cortadas em fatias de 0,5 cm
4 colheres (sopa) de manteiga

1 Despeje a geleia de amora em uma panela e leve ao fogo baixo até aquecer. Retire do fogo e reserve.

2 Espalhe uma quantidade generosa de manteiga de amendoim nas fatias de pão. Cubra quatro fatias de pão com quatro fatias de banana cada, depois cubra com as fatias de pão restantes para fazer quatro sanduíches.

3 Derreta 1 colher (sopa) de manteiga em uma frigideira. Frite os sanduíches por 2-3 minutos de cada lado em fogo médio, até ficarem crocantes. Se necessário, adicione mais manteiga à frigideira durante a fritura dos sanduíches restantes. Transfira os sanduíches para um prato e cubra-os com a geleia. Sirva quente.

Bananas ficam mais doces ao serem cozidas. Para cozinhar, prefira aquelas ligeiramente verdes.

CAFÉ DA MANHÃ E **REFEIÇÕES LEVES**

SANDUÍCHE DE TOMATES VERDES FRITOS BLT

A versão gourmet do BLT – bacon, alface *(letuce)* e tomate – leva tomates fritos crocantes e maionese com limão e manjericão.

- ★ **1 UNIDADE**
- ★ **PREPARO** 5 minutos
- ★ **COZIMENTO** 10 minutos, mais 15 minutos para os tomates verdes fritos

Ingredientes
3 fatias de bacon defumado
2 colheres (sopa) de manteiga sem sal em temperatura ambiente
2 fatias grossas de pão branco
2 folhas grandes de alface, sem o talo e picadas
4 fatias de tomates verdes fritos (p. 164)

Para a maionese com limão e manjericão
2 colheres (sopa) de maionese
2 colheres (chá) de suco de limão
1 colher (sopa) de folhas de manjericão picadinhas
sal e pimenta-do-reino moída na hora

1 Preaqueça o grill do forno na potência máxima. Enquanto isso, misture a maionese, o suco de limão e o manjericão. Tempere bem e reserve.

2 Preaqueça uma chapa com grelha ou uma frigideira grande de ferro fundido. Enquanto ela esquenta, coloque o bacon sob o grill por 2-3 minutos de cada lado, até ficar crocante. Escorra em papel-toalha e mantenha aquecido.

3 Espalhe um pouco de manteiga nos dois lados das fatias de pão e coloque na chapa por 2 minutos de cada lado, até tostarem bem.

4 Retire as fatias de pão do fogo. Espalhe um pouco de maionese de um lado das fatias, depois cubra com alface, tomates verdes fritos e bacon. Finalize com mais uma camada de maionese e cubra com a segunda fatia de pão. Corte ao meio e sirva.

O **manjericão**, erva suave e perfumada, pode ser utilizado para aromatizar azeites e maioneses.

Um gosto do
SUDESTE

Abrangendo tradições culinárias da costa e da montanha, além das fortes influências vindas da África, do Caribe e de Cuba, essa região tem uma das cozinhas mais complexas e variadas dos EUA.

O clima quente e úmido da região Sudeste permite duas épocas de colheita distintas – uma na primavera e outra no outono. A colheita variada é ainda reforçada por solos extremamente férteis, onde cresce de tudo, de batata-doce e cana-de-açúcar a limão e caqui.

O Sudeste, antigamente o centro do comércio de escravos, adotou muitas das tradições culinárias chegadas da África e do Caribe durante o século XVIII. No grande centro gastronômico de Nova Orleans, por exemplo, a sofisticada culinária crioula (uma mistura da cozinha espanhola, francesa e africana) chama a atenção ao lado da cajun, mais simples.

Mais recentemente, na década de 1950, imigrantes de Cuba levaram seus próprios alimentos e sabores à região da Flórida.

O guisado de Brunswick – prato de origens bem enraizadas no Sudeste – é tradicionalmente feito com carne barata e fácil de caçar, como esquilo e coelho. Variações modernas (p. 131) são geralmente substituídas por frango.

O frango frito, bastião da gastronomia sulista, tem um sabor fantástico quando é feito em casa.

COMIDAS E SABORES

★ O **churrasco** é sinônimo do Sudeste, e cada estado tem seu próprio prato clássico – as Carolinas, por exemplo, são especializadas em **carne de porco desfiada** (p. 130).

★ O **gumbo**, um guisado de frutos do mar ou carne (p. 112), simboliza a rica herança culinária de Nova Orleans.

★ **Frutos do mar**, como o **camarão** de Pamlico Sound, ao norte, e os caranguejos da Flórida, capturados mais ao sul, são parte integrante das tradições culinárias da região.

★ O **milho**, cultura importante para o Sudeste, pode ser comido cru em saladas, quando novo; cozido em bolinhos (p. 25); e, moído para fazer a farinha de milho, em forma de pão (p. 228) ou angu (p. 110).

★ Os **biscuits**, típicos do Sul, podem acompanhar qualquer refeição, mas são tradicionalmente servidos no café da manhã (abaixo e p. 58).

Um angu cremoso, feito com farinha de milho-branco ou amarelo, fica perfeito com o camarão da Costa Leste.

Leves e delicados, os beignets descendem de uma versão francesa dos donuts.

O limão das Keys, embora não seja nativo da Flórida, é hoje uma cultura especializada que ocupa toda a região.

O longo rio Mississipi percorre toda a região que vai do norte do Wisconsin até o golfo do México.

Nova Orleans, caldeirão das culturas crioula e cajun, possui um cenário gastronômico vibrante e diversificado.

REFEIÇÃO LEVE CLÁSSICA

PO' BOY DE CAMARÃO FRITO

Camarões ou ostras brilham nessa receita saborosa e substanciosa de Nova Orleans.

★ **4 PORÇÕES**
★ **PREPARO** 10 minutos
★ **COZIMENTO** 18-24 minutos

Ingredientes
2 pães franceses
8 folhas de alface
1 tomate vermelho maduro fatiado

Para os camarões
500 ml de óleo de girassol ou canola, para fritar
1 ovo
130 g de farinha de trigo
1 colher (chá) de páprica
½ colher (chá) de pimenta-de-caiena
½ colher (chá) de sal
75 g de farinha panko ou pão amanhecido ralado
48 camarões grandes sem as vísceras, descascados

Para a remoulade
220 g de maionese
125 g de mostarda
suco de ½ limão-siciliano
30 ml de vinagre de sidra
1 colher (chá) de páprica
1 colher (sopa) de creme de raiz-forte

1 Em uma panela grande de fundo grosso ou em uma fritadeira, aqueça o óleo a 190°C, como mostra a técnica na p. 144.

2 Quebre o ovo em uma tigela, adicione 1 colher (sopa) de água e bata com um garfo. Em outra tigela grande, misture a farinha, a páprica, a pimenta-de-caiena, o sal e a farinha panko. Mergulhe os camarões no ovo batido e passe-os na mistura de farinha, cobrindo cada um deles de maneira uniforme.

3 Frite no óleo quente em lotes de 8 unidades por 3-4 minutos, ou até dourar. Retire os camarões fritos com uma escumadeira e deixe esfriar sobre uma grade.

4 Para a remoulade, misture em uma tigela a maionese, a mostarda, o suco de limão, o vinagre, a páprica e a raiz-forte.

5 Corte cada pão ao meio no sentido do comprimento, sem separar as duas metades, e espalhe a remoulade dos dois lados. Sobre cada metade dos pães, faça camadas com a alface, as fatias de tomate e os camarões fritos. Para uma experiência bem típica de Nova Orleans, sirva com batatas fritas polvilhadas com tempero cajun.

QUAL É A HISTÓRIA?

O prato de "garoto pobre" ("po' boy", em inglês) foi criado por Clovis e Benjamin Martin, donos de restaurantes em Nova Orleans, cujo trabalho anterior era conduzir bondes. Quando os motoristas de bonde entraram em greve em 1929, os irmãos serviram esse sanduíche de graça para os trabalhadores desempregados. A cada pedido, gritavam na cozinha "sai mais um de garoto pobre!".

PROVE...

PEIXE GRELHADO
Tente fazer essa receita com peixe branco grelhado, como o da p. 106, em vez de usar camarões.

OPÇÃO VEGETARIANA
Faça um po' boy vegetariano com 1 **berinjela**, 1 **pimentão vermelho**, 1 **cebola** e um punhado **champignon fresco**, tudo picado e salteado, e tempere com páprica, pimenta-de-caiena e sal.

PEIXE E FUBÁ
Em vez de camarão, use um peixe branco de carne firme, como robalo fresco, e substitua a farinha panko por 150 g de **fubá**, para fazer uma crosta de polenta.

CAFÉ DA MANHÃ E **REFEIÇÕES LEVES**

SANDUÍCHE DE CARNE E LEGUMES DA FILADÉLFIA

Dê um toque mais leve ao clássico *Philly cheese steak* acrescentando alguns legumes salteados.

- ★ **4 PORÇÕES**
- ★ **PREPARO** 10 minutos, mais resfriamento
- ★ **COZIMENTO** 30 minutos

Ingredientes

2 colheres (sopa) de manteiga
1 cebola picada em pedaços grandes
1 pimentão verde picado em pedaços grandes
1 berinjela pequena picada em pedaços grandes
12 champignons frescos
½ colher (chá) de pimenta-calabresa
2 dentes de alho amassados
500 g de contrafilé, congelado por 45 minutos para tornar o corte mais fácil
4 ciabattas
8 fatias de provolone ou jarlsberg
sal e pimenta-do-reino moída na hora
mostarda, para servir

1 Em uma frigideira de fundo grosso, derreta em fogo médio-baixo 1 colher (sopa) de manteiga. Adicione a cebola, o pimentão, a berinjela, o champignon, a pimenta-calabresa e o alho. Tempere bem. Cozinhe tudo, mexendo de vez em quando, por 15-20 minutos, ou até ficar macio.

2 Enquanto isso, corte a carne em fatias bem finas. Em outra frigideira de fundo grosso, aqueça a manteiga restante e frite a carne em fogo médio-alto. Adicione uma pitada de sal e frite, mexendo ocasionalmente, por 3-5 minutos, ou até dourar.

3 Corte cada ciabatta ao meio no sentido do comprimento, sem separar as duas metades, e coloque duas fatias de queijo em cada uma. Adicione a mistura de legumes e cubra com a carne. Sirva quente com mostarda.

As melhores **berinjelas** são aquelas com casca bem lisa e mais pesadas em relação a seu tamanho.

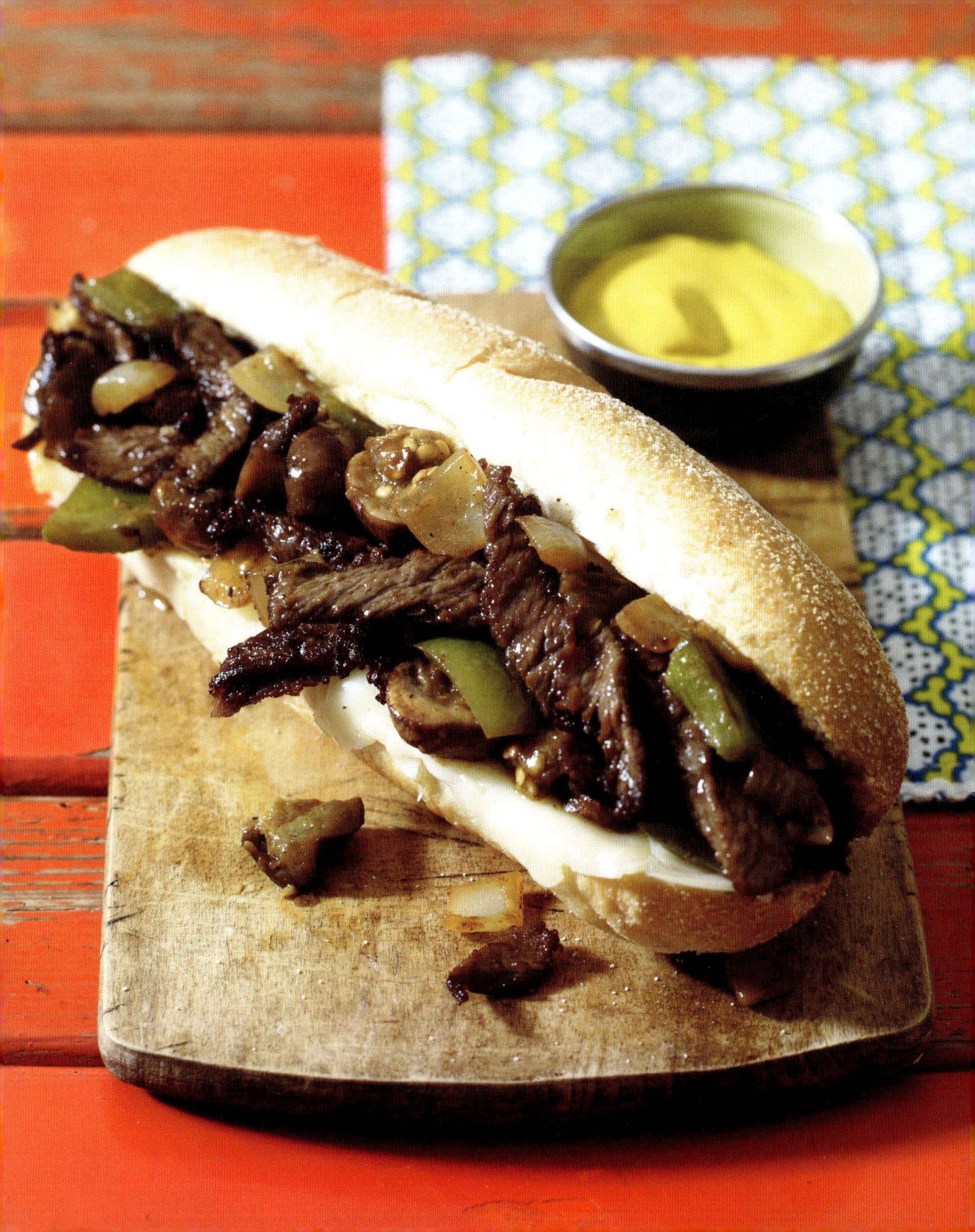

QUESADILLA DE CAMARÃO E BATATA-DOCE

Esse sanduíche quente estilo tortilha, de inspiração mexicana, é rápido e fácil de preparar – e deixa um gosto de quero mais.

- ★ **4 UNIDADES**
- ★ **PREPARO** 20 minutos
- ★ **COZIMENTO** 45 minutos

Ingredientes
2 batatas-doces grandes
3 colheres (sopa) de azeite
1 dente de alho amassado
600 g de camarões grandes cozidos, descascados
8 tortilhas grandes de 30 cm
225 g de muçarela ou cheddar inglês ralado
1 colher (chá) de páprica defumada ou pimenta ancho em pó
1 avocado maduro sem caroço e descascado (veja técnica na p. 11)
115 g de soured cream (p. 12)
suco de 1 limão-taiti
um punhado de folhas de coentro picadas
sal e pimenta-do-reino moída na hora

1 Cozinhe as batatas com casca em uma panela de água fervente por 20 minutos. Escorra-as e reserve para esfriar. Quando estiverem frias o bastante para manusear, descasque-as, corte-as em cubos e reserve.

2 Aqueça 1 colher (sopa) de azeite em uma frigideira funda. Adicione o alho junto com as batatas e refogue em fogo médio por 5-10 minutos, ou até as batatas dourarem. Adicione os camarões e reduza o fogo. Mexa.

3 Disponha 4 tortilhas sobre uma superfície e espalhe sobre elas porções iguais da mistura de batata e camarão; cubra com o queijo ralado. Polvilhe cada uma com sal, pimenta-do-reino e páprica defumada. Cubra com as tortilhas restantes para fazer 4 "sanduíches" ou quesadillas.

4 Aqueça outra colher (sopa) de azeite em uma frigideira grande de fundo grosso e antiaderente. Cozinhe a quesadilla por 2-3 minutos de cada lado, ou até dourar e o queijo derreter. Se necessário, adicione o azeite restante durante o cozimento das quesadillas restantes.

5 Em uma tigela, amasse o avocado com as costas de um garfo até atingir a consistência desejada. Misture o soured cream, o avocado, o suco de limão e o coentro. Cubra as quesadillas com o creme de avocado, corte cada uma em quatro pedaços e sirva quente.

As **tortilhas**, sejam de trigo ou de milho, são uma ótima alternativa aos pães mais tradicionais.

CAFÉ DA MANHÃ E **REFEIÇÕES LEVES**

BURRITO DE CARNE E QUEIJO

Repletos de carne, legumes, arroz, feijão e queijo, esses burritos são uma refeição completa em um formato bem prático.

- **4 UNIDADES**
- **PREPARO** 20 minutos
- **COZIMENTO** 20 minutos

Ingredientes

150 g de pimentão verde sem sementes fatiado
250 g de cebola fatiada
1 colher (sopa) de azeite
450 g de bife de fraldinha
1 colher (sopa) de pasta de pimenta chipotle
4 tortilhas grandes de 30 cm
200 g de arroz branco cozido
200 g de feijão-preto cozido
200 g de cheddar inglês esmigalhado
2 avocados maduros sem caroço e descascados (veja técnica na p. 11)
sal e pimenta-do-reino moída na hora

Para a salsa verde

200 g de tomate verde picado
1 cebola com cerca de 150 g cortada em cubos
40 g de coentro
30 g de pimenta jalapeño ou outra pimenta verde suave sem sementes e picada
2 dentes de alho picados
suco de 2 limões-taiti

1 Primeiro, faça a salsa verde. Em um processador de alimentos, pulse o tomate com a cebola, o coentro, a pimenta jalapeño, o alho, o suco de limão, o sal e a pimenta-do-reino, até formar um purê liso. Reserve.

2 Em uma frigideira grande, refogue o pimentão e a cebola em ½ colher (sopa) de azeite em fogo alto. Cozinhe por 5-7 minutos, mexendo sempre ou até ficar macio e crocante. Retire da frigideira e reserve.

3 Polvilhe o sal e a pimenta e espalhe a pasta de pimenta chipotle de maneira uniforme nos dois lados dos bifes. Frite em fogo médio-alto no azeite restante por 4-10 minutos de cada lado, dependendo de como você prefere sua carne. Para malpassado, deixe 4-6 minutos de cada lado; ao ponto, 6-8 minutos; para bem-passado, 8-10 minutos. Retire da panela e deixe descansar por 5 minutos antes de fatiar.

4 Disponha as tortilhas sobre uma superfície. Sobre cada uma, faça camadas de arroz, feijão, vegetais, carne, cheddar e salsa verde, mantendo os ingredientes empilhados no meio. Para formar os burritos, dobre as extremidades menores sobre o recheio, depois aperte e enrole as extremidades maiores, virando o burrito para dar o formato. Recoloque os burritos na frigideira, com a junta virada para baixo, e frite por 2-3 minutos de cada lado.

5 Em uma chapa com grelha, grelhe o avocado em fogo médio-alto por 3-4 minutos. Sirva os burritos quentes com a salsa verde e o avocado para acompanhar.

REFEIÇÃO LEVE CLÁSSICA

REUBEN

Esse sanduíche é o melhor exemplo dos recheios clássicos de uma deli nova-iorquina.

- ★ **4 PORÇÕES**
- ★ **PREPARO** 10 minutos
- ★ **COZIMENTO** 10 minutos

Ingredientes
8 fatias de pão de centeio
16 fatias de queijo suíço ou emmenthal
450 g de pastrami
8 colheres (sopa) de chucrute (p. 245)
4 bolinhas de manteiga

Para o molho russo
60 g de maionese
2 colheres (sopa) de raiz-forte em conserva, ralada
1 colher (sopa) de ketchup
1 colher (chá) de molho inglês
sal e pimenta-do-reino moída na hora

1 Em uma tigela misture a maionese, a raiz-forte, o ketchup e o molho inglês. Tempere bem.

2 Espalhe o molho sobre cada fatia de pão. Cubra quatro fatias de pão com duas fatias de queijo, três a cinco fatias de pastrami, chucrute e mais duas fatias de queijo. Finalize com as fatias de pão restantes.

3 Derreta uma bolinha de manteiga em uma frigideira em fogo médio. Frite cada sanduíche por 1-2 minutos de cada lado, ou até dourar. Sirva seu Reuben quente com picles de geladeira (p. 249) e batata frita caseira.

QUAL É A HISTÓRIA?

Há muitas histórias sobre quem inventou esse sanduíche. Dois candidatos fortes são Arnold Reuben, da Reuben's Delicatessen de Nova York, e Reuben Kulakofsky, dono de uma mercearia em Omaha, no Nebraska. O primeiro sanduíche reuben foi provavelmente feito no início do século XX. Em 1956 ele recebeu o prêmio de "melhor sanduíche" em um concurso promovido pela Associação Nacional de Restaurantes.

PROVE...

PASTRAMI
Prepare um sanduíche com pão de centeio intercalando camadas de **pastrami**, **queijo suíço** e **mostarda escura**. Derreta **manteiga** em uma frigideira e frite o sanduíche para derreter o queijo e aquecer o pastrami.

PERU
Transforme seu Reuben em um "Rachael" ao substituir o pastrami pela mesma quantidade de **peru**.

A CAVALO
Complete o seu Reuben com um **ovo frito** sobre as fatias de queijo.

MUFFULETTA DE SALAME COM PIMENTÃO

Esse sanduíche clássico de Nova Orleans recebe um toque mediterrâneo com uma camada de tapenade de pimentão assado.

★ **4 PORÇÕES**

★ **PREPARO** 30 minutos, mais marinada

Ingredientes
1 ciabatta
250 g de muçarela
100 g de provolone ou jarlsberg
85 g de salame cortado em fatias finas
100 g de mortadela cortada em fatias finas
85 g de presunto cru cortado em fatias finas

Para a tapenade
100 g de azeitona verde sem caroço picada
2 pimentões vermelhos assados (veja técnica à direita) picados
1 echalota cortada em fatias
2 colheres (sopa) de azeite
2 colher (chá) de vinagre de vinho tinto
1 colher (sopa) de alcaparra
uma pitada, de cada, de tomilho, alecrim e orégano picados
sal e pimenta-do-reino moída na hora

1 Para a tapenade, misture as azeitonas, o pimentão, a echalota, o azeite, o vinagre, a alcaparra e as ervas em uma tigela média. Tempere bem. Deixe marinar por 10 minutos.

2 Corte o pão ao meio, na horizontal. Retire um terço do miolo das metades de cima e de baixo. Espalhe a mistura de azeitona de maneira uniforme nas duas metades.

3 Faça camadas com os queijos e os frios sobre a metade de baixo do pão. Feche com a parte de cima e aperte bem. Embrulhe em filme de PVC e deixe o sanduíche descansar por pelo menos 1 hora, ou mantenha na geladeira por até 1 dia. Corte em quatro fatias para servir.

COMO ASSAR E PELAR UM PIMENTÃO

1 Com uma pinça, segure o pimentão diretamente sobre o fogo para carbonizar a pele. Gire-o para carbonizá-lo por inteiro, de maneira uniforme.

2 Coloque o pimentão em um saco plástico, vede e deixe a pele se soltar. Depois que o pimentão esfriar, retire a pele queimada.

CAFÉ DA MANHÃ E **REFEIÇÕES LEVES**

PRETZELDOG COM QUEIJO E CERVEJA

Esses pretzeldogs ficam bons tanto com um molho para os adultos como com um simples ketchup para as crianças.

★ **8 UNIDADES**
★ **PREPARO** 30 minutos, mais o tempo de crescimento da massa
★ **COZIMENTO** 30 minutos, mais esfriamento

Ingredientes
150 g de farinha de trigo branca especial para pães, mais um pouco para polvilhar
100 g de farinha de trigo
½ colher (chá) de sal
1 colher (sopa) de açúcar
1 colher (chá) de fermento seco
½ colher (sopa) de óleo de girassol ou canola, mais um pouco para untar
8 salsichas
mostarda (opcional)
sal grosso

Para o molho de queijo e cerveja
300 ml de cerveja pale ale
100 g cheddar inglês ralado
2 colheres (sopa) bem cheias de farinha de trigo
2 colheres (sopa) de creme de leite fresco
1 colher (sopa) bem cheia de mostarda de Dijon
1 colher (sopa) bem cheia de mel
sal e pimenta-do-reino moída na hora

1 Coloque as farinhas, o sal e o açúcar em uma tigela. Em outra tigela, polvilhe o fermento sobre 150 ml de água morna. Mexa uma vez, aguarde 5 minutos até dissolver, depois adicione o óleo.

2 Despeje o líquido sobre a mistura de farinha e misture tudo até formar uma massa macia. Sove-a por 10 minutos em uma superfície enfarinhada, até ficar elástica. Transfira para uma vasilha levemente untada com óleo, cubra com filme de PVC e deixe em um lugar aquecido por 1-2 horas, até quase dobrar de tamanho.

3 Desenforme a massa sobre uma superfície enfarinhada e sove-a novamente. Divida-a em oito pedaços iguais. Pegue cada pedaço de massa e role-a com a palma da mão até formar um rolinho. Com as mãos, continue a rolar a massa até ela ficar com cerca de 45 cm de comprimento de uma extremidade à outra. Se estiver difícil de esticar, segure-a por uma das pontas e gire-a com cuidado como se fosse uma corda de pular.

4 Pegue cada salsicha e pincele com um pouco de mostarda (se for usar). Começando de cima, enrole a massa em torno da salsicha como se desenhasse uma espiral, de modo que a salsicha fique completamente coberta, e apenas as pontinhas de um lado e de outro permaneçam visíveis. Aperte a massa nas duas extremidades para não desenrolar.

5 Coloque em assadeiras forradas com papel-manteiga, cubra com filme de PVC untado e um pano de prato e deixe em um lugar aquecido por aproximadamente 30 minutos, até crescer bem. Preaqueça o forno a 200°C. Polvilhe o sal sobre os pretzeldogs e leve-os ao forno por 15 minutos, até ficarem dourados e brilhantes. Retire do forno e deixe esfriar sobre uma grade por 5 minutos antes de servir.

6 Para o molho, leve a cerveja à fervura em uma panela média de fundo grosso. Enquanto isso, misture bem o cheddar ralado com a farinha (isso vai ajudar a engrossar o molho). Quando a cerveja começar a ferver, abaixe o fogo e junte o queijo com a farinha, mexendo. Cozinhe em fogo baixo, mexendo sempre, até o queijo derreter. Adicione o creme de leite, a mostarda e o mel e tempere a gosto. Cozinhe por mais 3-5 minutos, mexendo sempre, até o molho engrossar. Sirva quente com os pretzeldogs.

CACHORRO-QUENTE COM BACON, CEBOLA E QUEIJO

A cebola caramelizada, o queijo derretido e uma conserva de pepino elevam o cachorro-quente normal à categoria gourmet.

- ★ **4 UNIDADES**
- ★ **PREPARO** 10 minutos
- ★ **COZIMENTO** 45-50 minutos

Ingredientes

3 colheres (sopa) de azeite
2 cebolas roxas cortadas em fatias finas
1 colher (sopa) de açúcar
3 colheres (sopa) de vinagre balsâmico
4 fatias de bacon defumado, sem o couro
4 salsichas viena ou linguiças defumadas
4 colheres (sopa) de mostarda doce suave
60 g de gruyère ralado
4 pães grandes para cachorro-quente
sal e pimenta-do-reino moída na hora
4 colheres (sopa) de pepino em conserva picado em fatias finas (p. 249), para servir

1 Aqueça o azeite em uma frigideira média de fundo grosso sobre fogo baixo. Adicione a cebola e cozinhe por 15 minutos, até ficar macia, mas sem dourar. Adicione o açúcar, o vinagre e 2 colheres (sopa) de água e tempere bem. Continue a cozinhar por mais 15 minutos, ou até a cebola ficar macia e caramelizada. Reserve.

2 Preaqueça o grill do forno na potência máxima. Se as fatias de bacon estiverem grossas, passe a lâmina de uma faca grande ao longo da superfície de cada uma para esticá-las, o que ajudará a enrolá-las nas salsichas. Fatias finas podem ser usadas diretamente. Fure cada salsicha algumas vezes com um garfo, depois enrole uma fatia de bacon em volta de cada uma delas, formando uma espiral para toda a superfície ficar coberta.

3 Coloque as salsichas enroladas em uma assadeira, com a ponta do bacon virada para baixo, e leve sob o grill por 10-15 minutos; vire somente após ficar crocante e dourado em cima. Quando elas estiverem crocantes por inteiro, retire-as do forno. Espalhe 1 colher (sopa) de mostarda em cima de cada salsicha. Disponha-as em uma assadeira, uma encostada na outra, e polvilhe o queijo por cima, com cuidado para fazer um montinho sobre cada salsicha. Volte-as ao forno e asse rapidamente, até o queijo derreter.

4 Para servir, espalhe um quarto da cebola roxa caramelizada sobre cada pão de cachorro-quente, cubra com uma salsicha com bacon e queijo e salpique 1 colher (sopa) de pepino em conserva por cima.

DICA DO COZINHEIRO Esse sanduíche também fica bom com um pouco de chucrute (p. 245) em vez da cebola roxa caramelizada.

QUAL É A HISTÓRIA?

O cachorro-quente é simplesmente uma salsicha cozida em um pão cortado ao meio. As primeiras salsichas quentes foram vendidas nas ruas dos Estados Unidos por imigrantes alemães em meados do século XIX, embora as histórias divirjam quanto à identidade de seu criador. A maioria dos relatos concorda que os cachorros-quentes nasceram em Nova York.

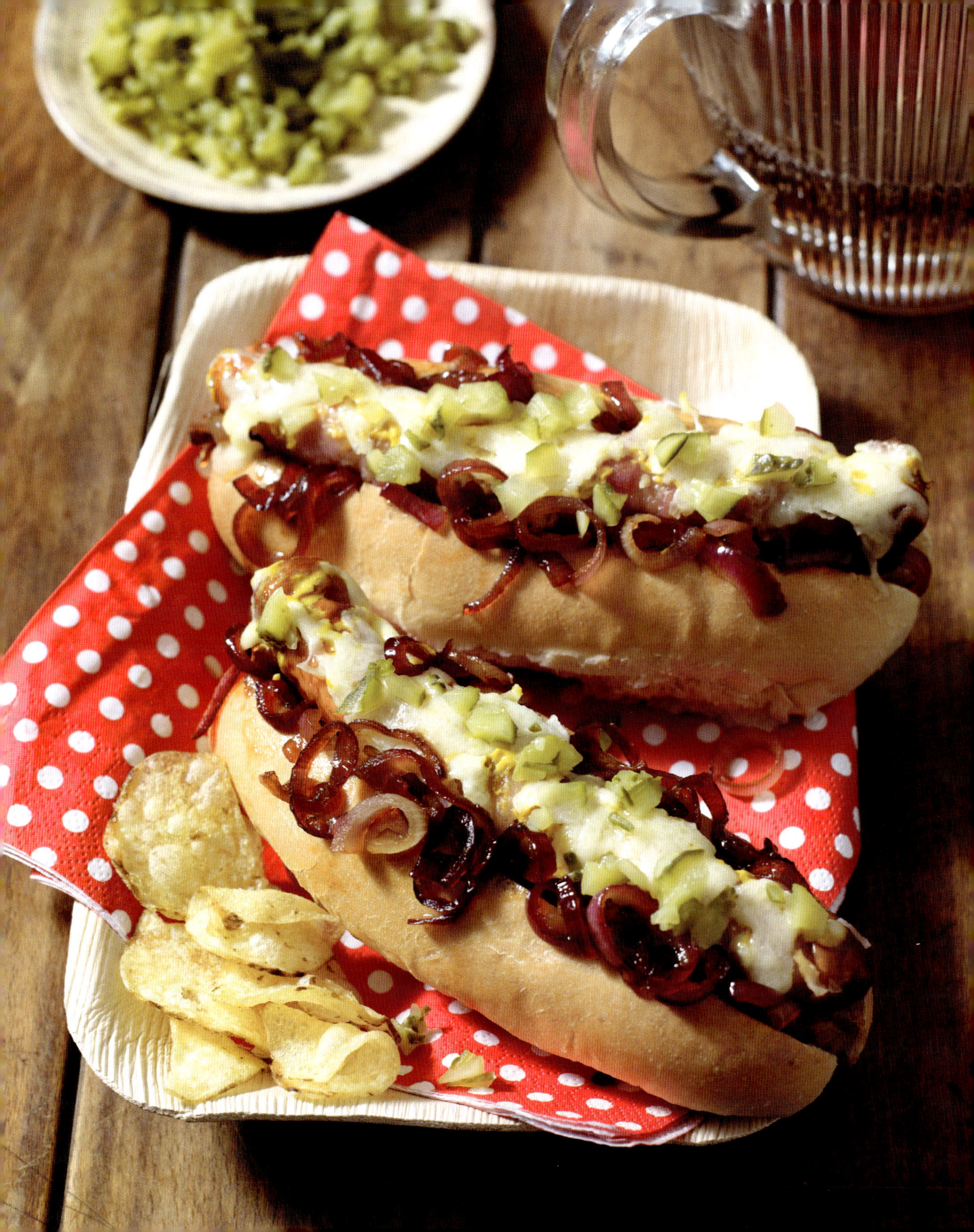

REFEIÇÃO LEVE CLÁSSICA

TACO DE FRANGO DESFIADO

Com um frango inteiro cozido, o resultado é suculento e apetitoso. Use as sobras em saladas ou wraps.

- **4 PORÇÕES**
- **PREPARO** 30-40 minutos
- **COZIMENTO** 1h30

Ingredientes
1 frango pequeno inteiro com cerca de 1,35 kg
30 ml de vinagre de maçã
1 colher (sopa) de pimenta-calabresa
1 cebola roxa pequena cortada em quatro
4 dentes de alho
8 tortilhas de milho
sal e pimenta-do-reino moída na hora

Para temperar o frango
60 ml de vinagre de maçã
uma pitada de pimenta-calabresa
1 colher (chá) de páprica defumada ou pimenta ancho em pó

Para o pico de gallo
3 tomates grandes sem sementes cortados em cubos
1 pimenta jalapeño ou outra pimenta verde suave picadinha
1 cebola roxa pequena picadinha
2 dentes de alho amassados
½ maço de coentro picado
suco de 2 limões-taiti grandes

Para a conserva de cebola
1 cebola roxa cortada em fatias finas
250 ml de vinagre de maçã

Para o creme de avocado
210 g de iogurte de consistência firme
½ avocado bem maduro sem casca
suco de 1 limão-taiti
um punhado de coentro picado

1 Preaqueça o forno a 160°C. Em uma caçarola refratária, coloque o frango (com o lado do peito para baixo), o vinagre, a pimenta-calabresa, 1 colher (sopa) de sal, a cebola e o alho. Adicione 1 litro de água e cozinhe no forno por 1h30.

2 Para o pico de gallo, misture em uma tigela os tomates, a pimenta jalapeño, a cebola, o alho, o coentro e o limão. Tempere com sal a gosto e reserve, para os sabores se misturarem.

3 Para fazer a conserva de cebola, coloque a cebola, o vinagre e 1 colher (sopa) de sal em uma panela não reativa (que não seja nem de alumínio nem de ferro fundido) em fogo médio. Cozinhe até a cebola ficar transparente e cor-de-rosa claro. Retire do fogo para esfriar.

4 Para fazer o creme de avocado, coloque o iogurte, o avocado, o suco de limão e o coentro em uma tigelinha. Amasse com um garfo até ficar cremoso. Tempere com uma pitada de sal.

5 Remova o frango do caldo de cozimento, retire a carne dos ossos e descarte a pele (reserve os ossos para fazer um caldo). Desfie o frango usando as mãos ou dois garfos. Misture com o vinagre, a pimenta-calabresa e a páprica. Tempere a gosto.

6 Escorra o pico de gallo em uma peneira de trama fina. Faça camadas sobre as tortilhas com o creme de avocado, o frango, pico de gallo e a conserva de cebola e sirva.

PROVE...

CAMARÃO E TEQUILA
Misture 400 g de **camarões grandes** com 30 ml de **tequila**, suco de 1 **limão-taiti** e uma pitada de **sal** e coloque sob o grill por 5-7 minutos, ou até ficar rosado.

TACOS DE CARNE
Experimente esses tacos com a **carne** da p. 128, em vez do frango.

COLESLAW
Faça uma salada de repolho rápida misturando ½ **repolho roxo** pequeno picado, 1 **cenoura** ralada, 1 **cebola roxa** fatiada, 3 colheres (sopa) de **vinagre** de maçã e uma pitada de **sal**. Faça dela um recheio para seus tacos.

SLOPPY JOE DE CORDEIRO NO PÃO SÍRIO

Essa versão inovadora de um velho favorito dos EUA tem recheio de cordeiro com tempero suave, molho de iogurte e ervas.

- ★ **4 PORÇÕES**
- ★ **PREPARO** 20 minutos
- ★ **COZIMENTO** 50 minutos

Ingredientes
2 colheres (sopa) de azeite
1 cebola pequena picadinha
1 cenoura cortada em cubos pequenos
½ talo de aipo picadinho
2 dentes de alho picadinhos
5 cm de gengibre picadinho
1 pimenta jalapeño ou outra pimenta verde suave sem sementes picadinha
500 g de carne de cordeiro moída
½ colher (chá) de semente de coentro moída
½ colher (chá) de pimenta-de-caiena
½ colher (chá) de canela em pó
1 colher (chá) de cominho em pó
1 colher (chá) de farinha de trigo
500 ml de caldo de frango quente
3 colheres (sopa) de folhas de hortelã picadas
3 colheres (sopa) de folhas de coentro picadas
6 colheres (sopa) bem cheias de iogurte de consistência firme
1 cebolinha limpa picadinha
4 pães naan ou sírios, quentes e cortados ao meio
sal e pimenta-do-reino moída na hora

1 Aqueça o azeite em uma frigideira grande de fundo grosso em fogo médio. Adicione a cebola, a cenoura e o aipo e refogue por 10 minutos, até tudo ficar macio, mas sem dourar. Adicione o alho, o gengibre e a pimenta jalapeño e cozinhe por mais 2 minutos.

2 Aumente o fogo e adicione a carne de cordeiro, quebrando-a com uma colher dentro da panela. Frite por 5 minutos, mexendo constantemente para soltar a carne, até dourar bem. Polvilhe os temperos secos em pó e a farinha e cozinhe por mais 1-2 minutos.

3 Adicione o caldo de frango e mexa bem. Leve à fervura, reduza o fogo para borbulhar suavemente e cozinhe sem tampar por 30-35 minutos, até o líquido evaporar e o cordeiro ficar macio. Tempere a gosto e retire do fogo. Junte 2 colheres (sopa), de cada, de hortelã e coentro picados.

4 Em uma tigelinha, misture o iogurte, a cebolinha e as ervas restantes e tempere a gosto. Para servir, coloque uma porção de carne sobre uma das metades do pão. Adicione uma colherada da mistura de iogurte e feche com a outra metade do pão.

DICA DO COZINHEIRO Esse curry de cordeiro também fica delicioso servido com arroz, salada de tomate e pepino picados com ervas e um pouco de suco de limão-taiti.

QUAL É A HISTÓRIA?

O tradicional sloppy joe (algo como "zé lambança", porque quem come geralmente se lambuza inteiro) é feito de carne moída, cebola, tomate e temperos, cozidos e usados como recheio para um pãozinho macio. Existem referências a esse sanduíche desde a época da Depressão nos anos 1930, quando a carne era algo bem caro; ele talvez tenha sido criado como uma forma de fazer render uma quantidade pequena de carne.

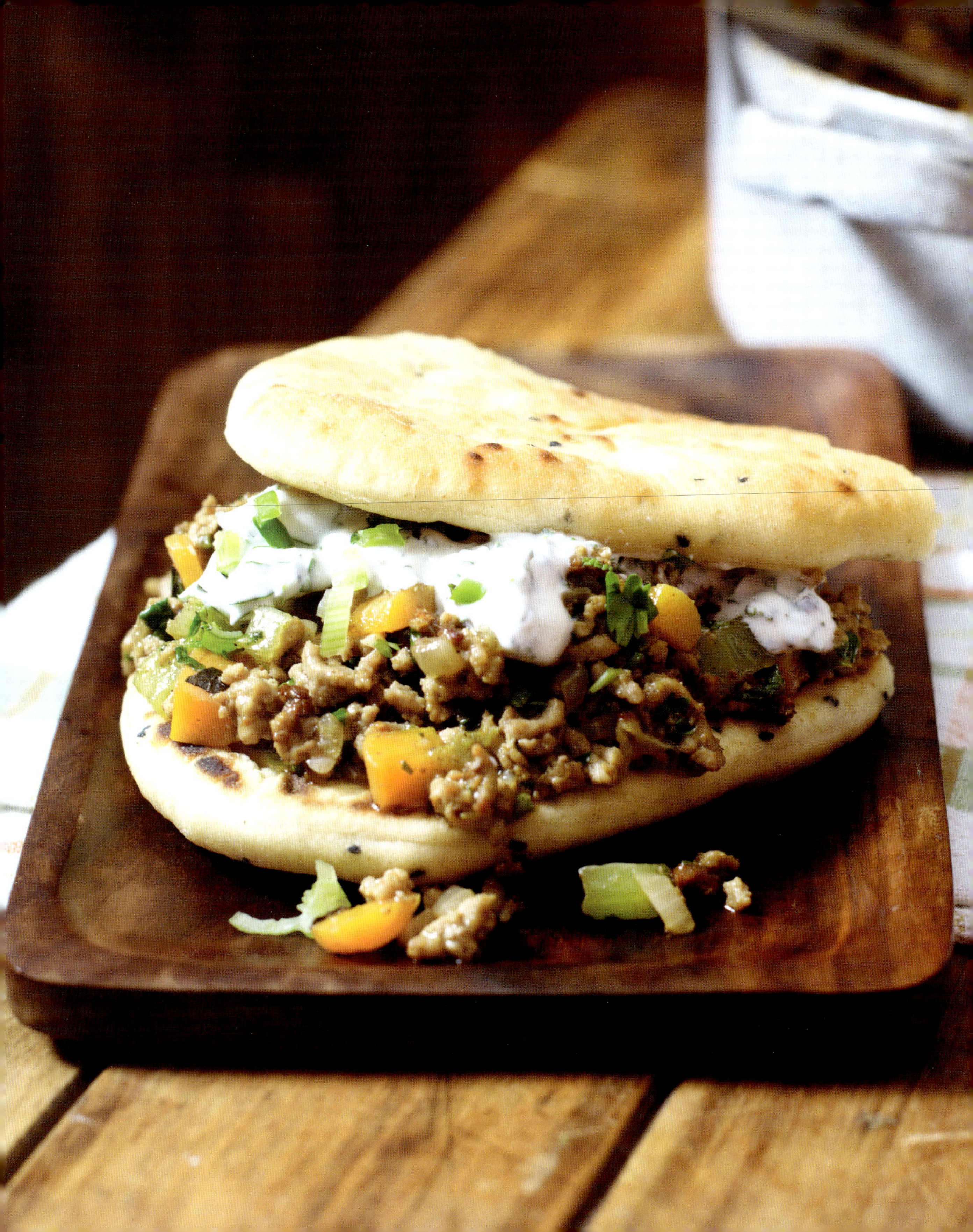

REFEIÇÃO LEVE CLÁSSICA

SANDUÍCHE DE QUEIJO QUENTE

A manteiga do lado de fora confere a crocância que contrasta bem com o recheio de queijo derretido.

- **1 UNIDADE**
- **PREPARAÇÃO** 5 minutos
- **COZIMENTO** 5 minutos

Ingredientes
2 fatias grossas de pão branco
2 colheres (sopa) de manteiga sem sal em temperatura ambiente
60 g de cheddar inglês ou parmesão ralado

1 Preaqueça uma chapa com grelha ou uma frigideira grande de ferro fundido. Espalhe um pouco de manteiga em um dos lados de cada fatia de pão e grelhe por 2 minutos, com o lado da manteiga virado para baixo, até o pão ficar levemente tostado.

2 Retire o pão do fogo. Passe um pouco de manteiga do outro lado, com o cuidado de espalhá-la bem até as bordas.

3 Vire o pão do outro lado e espalhe o queijo ralado de maneira uniforme sobre uma fatia, depois cubra com a outra, de modo que os lados pré-grelhados fiquem para dentro.

4 Volte o sanduíche à chapa por 2-3 minutos de cada lado, apertando um pouco com uma espátula para o queijo derreter bem. O sanduíche estará pronto quando o pão estiver dourado e crocante e o queijo, derretido. Sirva com uma sopa de tomate com milho e pimentão (p. 33).

DICA DO COZINHEIRO Ao grelhar, não mexa o sanduíche. Se você virá-lo mais de uma vez, será difícil deixar as marcas da grelha alinhadas.

Um **cheddar envelhecido**, com sabor acentuado e complexo, dá vida a um sanduíche simples.

PROVE...

MAÇÃ E MAPLE
Antes de grelhar o pão, descasque 1 **maçã verde**, retire o miolo, fatie e grelhe na chapa até dourar. Pincele-a com **maple syrup** e adicione-a ao sanduíche junto com três fatias de **bacon crocante**.

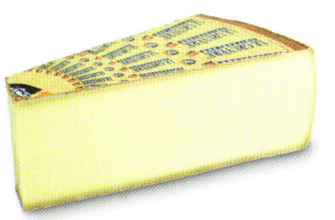

GRUYÈRE E PRESUNTO
Para um lanche rápido, coloque fatias de **gruyère** grelhado e 60 g de **presunto cru** em um **pão de fermentação natural** e cubra com um **ovo frito** crocante.

BRIE E CRANBERRY
Experimente fazer um sanduíche de queijo quente com **pão de nozes**, fatias grossas de **brie** (sem casca) e 1 colher (sopa) do **molho de cranberry** da p. 165.

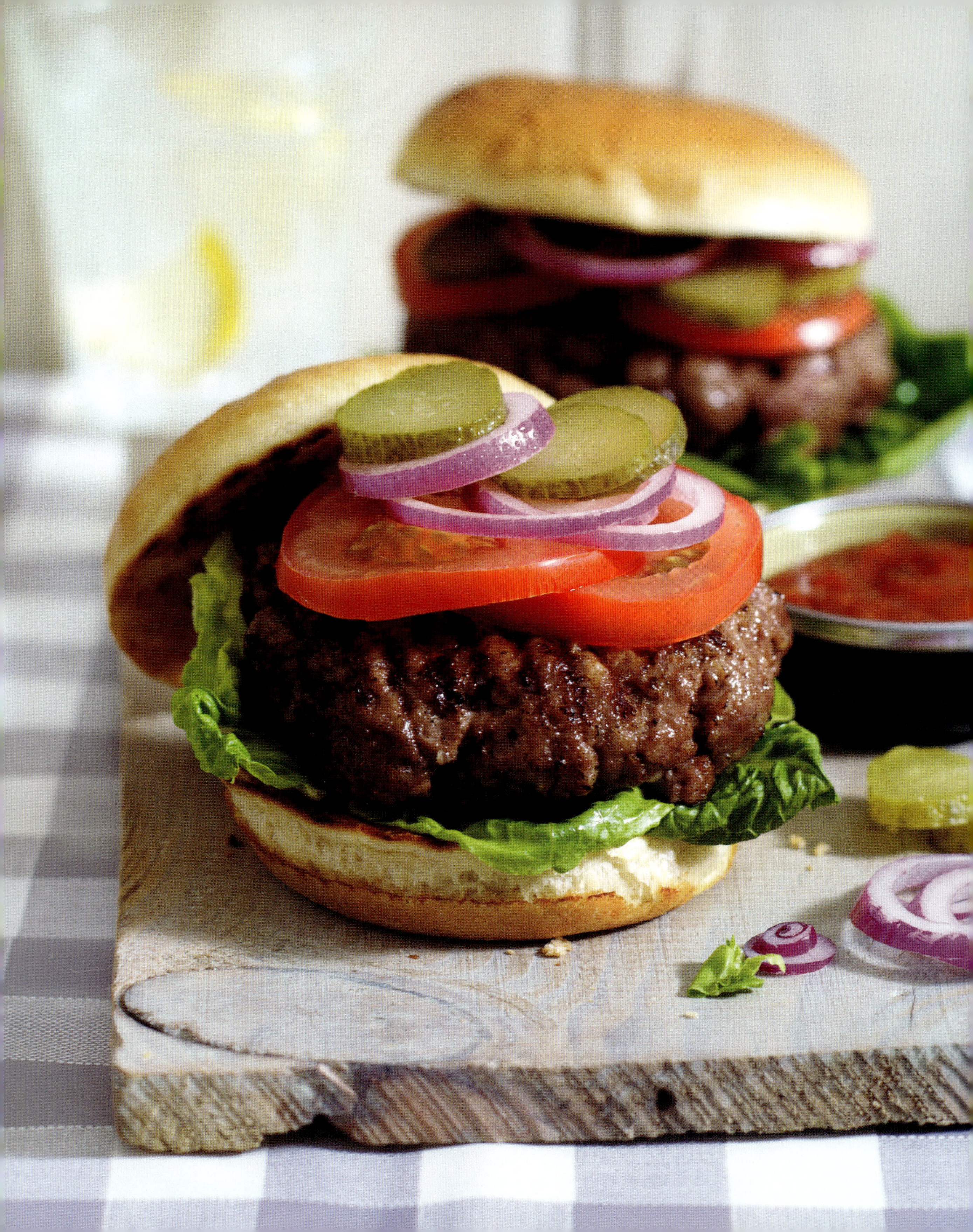

PRATOS PRINCIPAIS E ACOMPANHAMENTOS

PRATOS PRINCIPAIS E ACOMPANHAMENTOS

PERU ASSADO COM MANTEIGA E ALHO

A salmoura feita 24 horas antes de cozinhar deixa o peru mais suculento e saboroso.

- **6 PORÇÕES**
- **PREPARO** 10 minutos, mais salmoura
- **COZIMENTO** 2h30, mais descanso

Ingredientes
1 peru inteiro de 2,7-5 kg
2 cabeças de alho
225 g de manteiga em temperatura ambiente
sal e pimenta-do-reino moída na hora

Para a salmoura
175 g de sal marinho
2 folhas de louro
1 colher (sopa) de pimenta-da-jamaica
uma pitada de pimenta-de-caiena
5 dentes de alho amassados
4 limões-sicilianos fatiados

1 Prepare a salmoura um dia antes: encha uma panela grande ou uma caçarola refratária até a metade com água e adicione o sal, o louro, a pimenta-da-jamaica, a pimenta-de-caiena, o alho e o limão.

2 Coloque o peru na salmoura e deixe-o completamente submerso. Cubra a panela com uma tampa e leve à geladeira para descansar durante a noite.

3 No dia seguinte, preaqueça o forno a 240ºC. Retire o peru da salmoura e seque-o. Faça pequenas incisões com uma faquinha em toda a ave, especialmente no peito e nas coxas. Descasque uma cabeça de alho e coloque um dente em cada corte.

4 Com as mãos, massageie generosamente a manteiga na pele do peru. Se possível, levante a pele e espalhe a manteiga por baixo também. Corte a outra cabeça de alho ao meio e coloque-a dentro do peru. Tempere bem e ponha a ave em uma assadeira grande, com o peito voltado para cima.

5 Asse o peru por 20 minutos, depois abaixe a temperatura do forno para 190ºC. Asse-o por mais 2 horas, ou até que um termômetro inserido na carne indique 165ºC. Verifique a temperatura com frequência para evitar que a carne queime. Retire o peru do forno e deixe descansar por pelo menos 30 minutos antes de cortá-lo e servi-lo com outros pratos da festa de Ação de Graças, como a batata-doce com bacon (p. 162) ou a vagem ao forno (p. 149).

QUAL É A HISTÓRIA?

Na América do Norte, o peru assado virou sinônimo do Dia de Ação de Graças. Os alimentos servidos durante o jantar comemorativo tradicional pretendem imitar as refeições dos primeiros colonizadores, mas é provável que os pioneiros do século XVII comessem mais pato, ganso e carne de cervo do que peru. O Dia de Ação de Graças foi declarado feriado nacional por Abraham Lincoln em 1863.

PRATOS PRINCIPAIS E ACOMPANHAMENTOS

FRANGO COM BOURBON E AÇÚCAR MASCAVO

O molho barbecue clássico ganha cara nova com o bourbon, que depois de assado libera um sabor intenso e amadeirado.

- ★ **4 PORÇÕES**
- ★ **PREPARO** 5 minutos
- ★ **COZIMENTO** 30 minutos

Ingredientes
250 g de ketchup
200 ml de vinagre de maçã
60 ml de bourbon (ou uísque)
100 g de açúcar mascavo
1 colher (chá) de mostarda em pó
1 colher (chá) de pimenta-de-caiena ou páprica
1 colher (chá) de alho em pó
1 colher (chá) de sal marinho
8 sobrecoxas de frango com pele e osso
feijão assado de Boston (p. 146), espinafre e 4 espigas de milho-verde, para servir

1 Em uma tigela média, misture o ketchup, o vinagre, o bourbon, o açúcar, os temperos e o sal marinho. Separe um pouco do molho para pincelar e regue o frango generosamente com o restante.

2 Asse o frango sob um grill em potência médio-alta por 12-15 minutos de cada lado, ou até ficar cozido, pincelando regularmente com o molho da assadeira. Outra opção é preaquecer o forno a 180ºC e assar o frango por 25-30 minutos, ou até cozinhar. Com um pincel limpo, regue o frango cozido com o molho reservado e sirva quente com feijão assado de Boston (p. 146), espinafre e espigas de milho-verde.

PRATO PRINCIPAL CLÁSSICO

FRANGO FRITO À MODA SULISTA

O truque para deixar esse frango crocante, leve e suculento é manter o óleo na temperatura certa.

- **4 PORÇÕES**
- **PREPARO** 20 minutos, mais demolha e descanso
- **COZIMENTO** 15 minutos

Ingredientes

500 ml de leitelho (ou faça o seu, p. 12)
1 colher (sopa) de molho de pimenta picante
8 pedaços de frango com pele, de preferência coxas e sobrecoxas pequenas
150 g de farinha com fermento
25 g de maisena
1 colher (chá) de sal
1 colher (chá) de alho em pó
1 colher (chá) de pimenta-de-caiena
1 colher (chá) de páprica
1 colher (chá) de pimenta-do-reino
1 litro de óleo de girassol ou canola, para fritar

1 Misture o leitelho com o molho de pimenta picante e tempere bem. Coloque os pedaços de frango em um prato, em uma única camada, e despeje a marinada de leitelho por cima. Cubra o prato com filme de PVC e leve à geladeira por pelo menos 4 horas, ou de preferência durante a noite.

2 Quando estiver tudo pronto para fritar o frango, coloque todos os ingredientes secos em um saco plástico grande e sacuda bem, para misturar. Retire os pedaços de frango da marinada e elimine qualquer excesso. Coloque os pedaços de frango no saco, um de cada vez, e agite até que fiquem bem revestidos. Vá colocando os pedaços empanados sobre uma grade e deixe-os descansar por 30 minutos à temperatura ambiente (isso ajudará a fixar a crosta antes da fritura).

3 Em uma panela grande de fundo grosso ou uma fritadeira, aqueça o óleo a 190ºC e coloque com cuidado os pedaços de frango no óleo, sem encher muito a panela. Frite por 5-7 minutos de cada lado (dependendo do tamanho de cada pedaço) e vire de vez em quando, para dourar de maneira uniforme. A temperatura do óleo cai quando você coloca o frango, mas ela deve ser mantida a 150-160ºC. O frango estará pronto quando soltar um caldo transparente ao ser espetado na parte mais carnuda.

4 Retire os pedaços de frango da panela com uma escumadeira e escorra bem em papel-toalha. Se estiver fritando em mais de um lote, mantenha o frango frito aquecido no forno a 150ºC enquanto cuida dos outros pedaços.

PROVE...

FLOCOS DE MILHO
Substitua a maisena por 75 g de **flocos de milho**. Coloque-os no saco com as especiarias, amasse-os com um rolo de macarrão e proceda conforme a receita.

NUGGETS DE FRANGO
Para deleitar as crianças, corte 500 g de **peito de frango** em cubinhos, empane e frite como indicado por 5-7 minutos. Sirva com um **molho picante** para mergulhar.

FRANGO ASSADO
Substitua 100 g do fubá pela mesma quantidade de **farinha panko**. Aqueça 4 colheres (sopa) de óleo em uma assadeira a 180ºC no forno, até ficar bem quente. Coloque o frango, deixe no forno por 40 minutos, até dourar, e sirva com **batata frita**.

EMPADÃO DE FRANGO COM BISCOITO SALGADO

Os *biscuits* típicos dos EUA são uma alternativa rápida e fácil à massa podre na hora de cobrir uma torta.

★ **6-8 PORÇÕES**
★ **PREPARO** 30 minutos
★ **COZIMENTO** 1 hora

Ingredientes

3 colheres (sopa) de azeite
350 g de peito de frango desossado sem pele
3 dentes de alho amassados
1 colher (chá) de pasta de pimenta chipotle
1 cebola grande picadinha
3 cenouras, com cerca de 100 g cada, cortadas em fatias de 1 cm
2 batatas farinhentas, com cerca de 85 g cada, cortadas em cubos
1 batata-doce pequena, com cerca de 100 g, descascada e cortada em cubos pequenos
250 g de grãos de milho-verde, ou 340 g de milho-verde em lata escorrido
250 g de ervilha
3 colheres (sopa) de farinha de trigo
250 ml de leite integral
250 ml de caldo de frango quente
120 ml de creme de leite fresco
sal e pimenta-do-reino moída na hora

Para os biscoitos

300 g de farinha de trigo, mais um pouco para polvilhar
2 colheres (chá) de fermento em pó
1 colher (chá) de sal
115 g de cheddar inglês ralado
4 colheres (sopa) de gordura vegetal
250 ml de leite integral
1 ovo levemente batido, para pincelar

1 Em uma frigideira, aqueça 1 colher (sopa) de azeite e doure o peito de frango em fogo médio por 2-3 minutos de cada lado. Retire da panela e deixe esfriar. Quando estiver frio o bastante para manusear, corte o peito de frango em cubos.

2 Aqueça o azeite restante em uma caçarola refratária em fogo médio e refogue o alho. Adicione a pasta de pimenta chipotle, a cebola, a cenoura, as batatas, o milho e a ervilha. Tempere bem. Cozinhe, mexendo de vez em quando, até a cebola ficar translúcida.

3 Adicione a farinha e mexa, depois acrescente o frango, o leite, o caldo e o creme de leite. Mexa bem e deixe cozinhar por 15 minutos em fogo baixo até o molho engrossar.

4 Enquanto isso, preaqueça o forno a 180°C. Para os biscoitos, misture a farinha, o fermento em pó, o sal e o queijo em uma tigela grande. Com as mãos, esfregue a gordura vegetal na mistura de farinha até obter uma farofa. Faça uma cova no meio da mistura, despeje o leite e bata bem, até ficar homogêneo.

5 Sove delicadamente a massa sobre uma superfície enfarinhada, até que ela amacie. Abra-a até ficar com 1 cm de espessura. Corte discos com um cortador de biscoito de 6 cm.

6 Coloque os biscoitos sobre a mistura de torta na caçarola e pincele cada um deles com um pouco de ovo batido. Asse por 35-40 minutos, ou até os biscoitos dourarem e o recheio da torta borbulhar. Sirva quente.

PRATOS PRINCIPAIS E ACOMPANHAMENTOS

SOPA DE FRANGO COM QUENELLE DE ALECRIM

Adicione os legumes que você quiser a esse grande favorito para a família, e varie as ervas dos bolinhos conforme o gosto geral.

- **6-8 PORÇÕES**
- **PREPARO** 30 minutos
- **COZIMENTO** 3 horas

Ingredientes

1,25 kg de coxa de frango com osso e pele
1 colher (sopa) de azeite
3 dentes de alho amassados
300 g de cebola picada
3-4 talos de aipo fatiados
3 colheres (sopa) de farinha de trigo
200 g de champignon fresco cortado ao meio
250 ml de vinho branco seco
1 colher (sopa) de vinagre de maçã
200 g de ervilha
sal e pimenta-do-reino moída na hora

Para as quenelles

300 g de farinha de trigo
1 colher (chá) de fermento em pó
½ colher (chá) de sal
2 colheres (sopa) de manteiga em cubos
250 ml de leite integral
1 colher (sopa) de alecrim picado, mais um pouco para enfeitar

1 Se preferir, retire a pele das coxas de frango; em uma panela grande de sopa, doure o frango em fogo alto por 1 minuto de cada lado. Retire da panela e reserve.

2 Coloque o azeite na panela e adicione o alho, a cebola e o aipo. Refogue em fogo médio por 4-5 minutos, ou até a cebola e aipo amolecerem. Junte a farinha, o champignon, o sal e a pimenta. Acrescente o vinho, o vinagre e 1 litro de água e leve à fervura. Recoloque o frango na panela, abaixe o fogo e cozinhe, tampado, por 2h30-3h.

3 Quando o frango estiver soltando do osso, retire-o da panela com uma escumadeira e transfira-o para um prato. Descarte a pele (se já não foi retirada) e desfie o frango com um garfo. Descarte os ossos e volte o frango à panela. Tempere a gosto.

4 Para as quenelles, misture a farinha, o fermento e o sal. Esfregue a manteiga na mistura de farinha com as mãos, até obter uma farofa. Faça uma cova no meio, junte o leite e o alecrim e misture até formar uma massa úmida.

5 Com uma colher, faça 10-12 quenelles e coloque-as suavemente no caldo fervente, junto com as ervilhas. Tampe e cozinhe por 12-15 minutos, ou até as quenelles ficarem infladas e cozidas. Sirva quente em tigelas individuais decoradas com o alecrim restante.

O **alecrim** é mais duro que a maioria das ervas culinárias, portanto deve ser picado o mais fino possível.

HOPPIN' JOHN

A pimenta jalapeño e a couve rasgada dão ares novos a esse prato simples de arroz e feijão tradicional de Ano-Novo nos EUA.

★ **4-6 PORÇÕES**
★ **PREPARO** 15 minutos
★ **COZIMENTO** 2 horas

Ingredientes

8 fatias de bacon defumado
3 dentes de alho amassados
1 cebola picada
1 pimentão verde picado
3 talos de aipo picados
200 g de couve sem o talo picada
1 pimenta jalapeño ou outra pimenta verde suave picadinha
1 colher (chá) de pimenta-branca
1 colher (chá) de pimenta-calabresa
1 colher (chá) de orégano seco
½ colher (sopa) de manteiga
120 ml de vinagre de maçã
450 g de feijão-fradinho
400 g de arroz branco de grão longo
sal
1 cebolinha picada, para guarnecer

1 Frite o bacon em fogo médio em uma panela de sopa de fundo grosso ou em uma caçarola refratária. Junte o alho. Adicione a cebola, o pimentão, o aipo e a couve. Em seguida, adicione a pimenta jalapeño, a pimenta-branca, a pimenta-calabresa, o orégano e ½ colher (sopa) de sal, ou a gosto.

2 Refogue mexendo de vez em quando, por 7-10 minutos, até a cebola e o pimentão amolecerem. Se começar a pegar no fundo da panela, adicione um pouco de manteiga.

3 Adicione o vinagre, o feijão-fradinho e 1 litro de água. Deixe levantar fervura e depois abaixe o fogo. Cozinhe por 1-2 horas, até os grãos ficarem macios, mas não moles demais.

4 Cerca de 20 minutos antes do fim do tempo de cozimento, ferva 1 litro de água em uma panela grande de fundo grosso. Adicione uma pitada de sal e junte o arroz. Aumente o fogo para alto e deixe levantar fervura novamente. Tampe, passe para fogo baixo e cozinhe até o arroz absorver a água e ficar macio.

5 Coloque o arroz em uma travessa e cubra com o feijão. Decore com a cebolinha e sirva quente.

QUAL É A HISTÓRIA?

Servido no Ano-Novo na região Sul dos EUA, o "hoppin' John", segundo a tradição, traz prosperidade, pois o feijão se assemelha a moedas, enquanto a couve verde representa a cor do dólar. Já o nome ("João saltitante"), dizem alguns, surgiu porque as crianças saltitavam por perto, esperando serem servidas; outros dizem que o prato era vendido nas ruas de Charleston (Carolina do Sul) por um homem manco conhecido por esse nome.

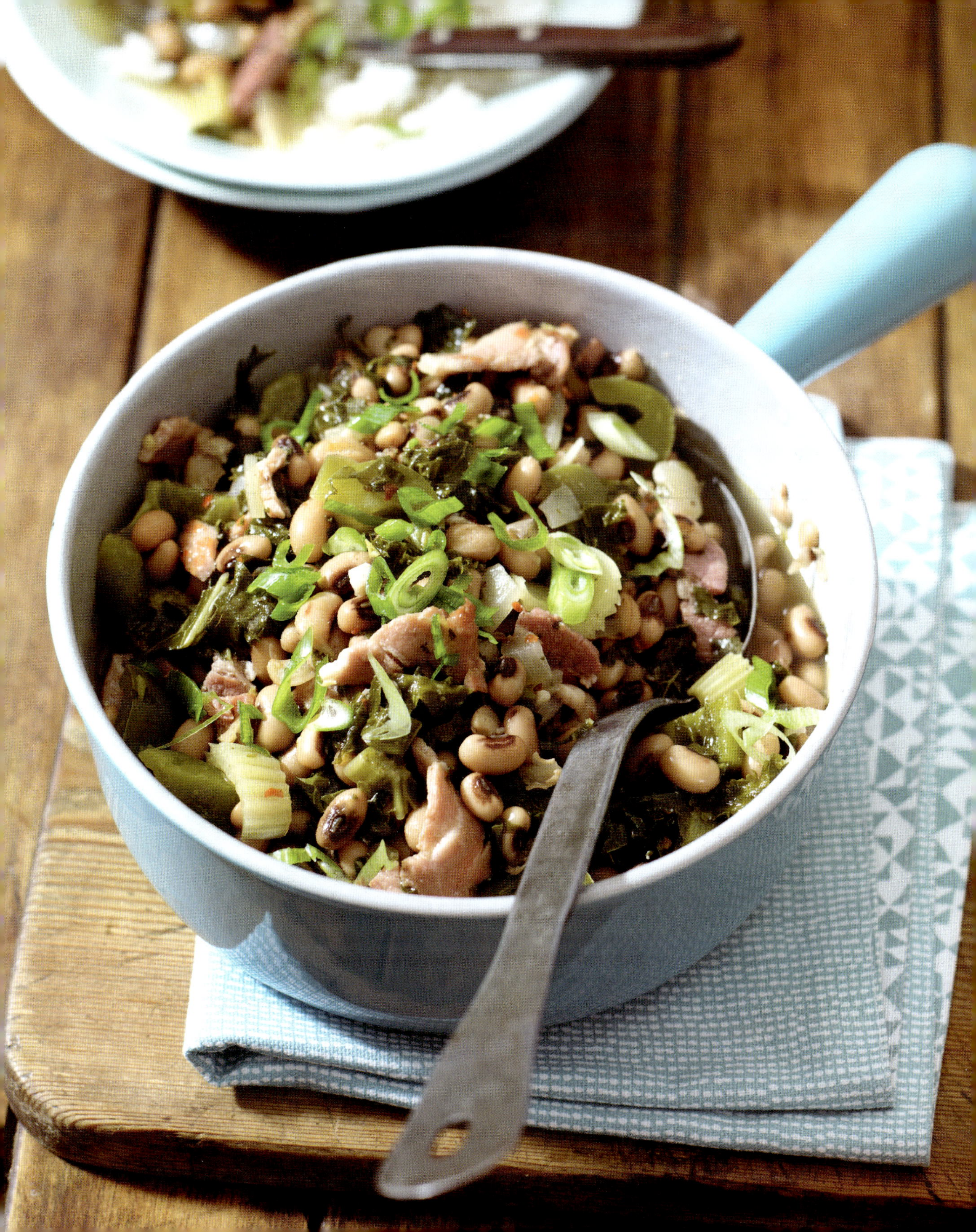

PRATO PRINCIPAL CLÁSSICO

PIZZA DE MUÇARELA E MANJERICÃO

Essa pizza de massa fina traz a sensação viva e alegre da Costa Oeste, com tomates e ervas frescas.

- **2 UNIDADES**
- **PREPARO** 30 minutos, mais o tempo de crescimento da massa
- **COZIMENTO** 15-20 minutos

Ingredientes

7 g de fermento biológico seco
1 colher (chá) de açúcar
450 g de farinha de trigo, mais um pouco para polvilhar
1 colher (chá) de sal
3 colheres (sopa) de azeite, mais um pouco para untar
2 colheres (sopa) de fubá fino, para polvilhar

Para a cobertura

3 colheres (sopa) de azeite
6 tomates maduros pelados picadinhos
2 dentes de alho amassados
125 g de muçarela cortada em fatias finas
um punhado de folhas de manjericão
sal e pimenta-do-reino moída na hora

1 Misture o fermento e o açúcar com 250 ml de água morna, até o fermento dissolver. Cubra com filme de PVC ou um pano de prato limpo e deixe descansar por 5 minutos, até que se forme uma espuma na superfície.

2 Peneire a farinha e o sal em uma tigela grande. Faça uma cova no meio e junte a água com fermento, mais o azeite. Misture tudo aos poucos e adicione um pouco mais de água, se preciso, até formar uma massa macia e maleável.

3 Com as mãos ou com uma batedeira elétrica com gancho, sove a massa por 5-10 minutos, até ficar lisa e elástica. Transfira-a para uma tigela levemente untada com óleo, cubra bem com filme de PVC e um pano de prato limpo e deixe crescer por 30-45 minutos, ou até dobrar de tamanho.

4 Enquanto isso, prepare o molho de tomate. Em uma frigideira grande de fundo grosso, aqueça o azeite em fogo médio e adicione o tomate e o alho. Tempere bem e refogue em fogo médio por 5 minutos, ou até os tomates desmancharem e o líquido todo evaporar. Se os tomates não estiverem bem maduros, experimente adicionar uma pitada de açúcar e 1 colher (chá) de extrato de tomate para realçar o sabor do molho. Reserve para esfriar.

5 Preaqueça o forno a 240°C. Polvilhe 2 colheres (sopa) de fubá sobre duas assadeiras quadradas de 30 cm. Vire a massa sobre uma superfície enfarinhada e sove-a novamente. Divida em duas partes iguais e abra as pizzas até ficarem com 28-30 cm de diâmetro.

6 Coloque as massas de pizza abertas nas assadeiras preparadas e estique-as para ficarem do tamanho adequado. Divida o molho de tomate igualmente entre elas, depois espalhe a muçarela sobre a superfície de maneira uniforme. Asse por 10-12 minutos, até a superfície borbulhar e ficar crocante nas bordas e na base. Finalize espalhando as folhas de manjericão por cima.

PROVE...

PRESUNTO CRU
Experimente cobrir cada pizza já pronta com duas a três fatias de **presunto cru** picadas, um punhado de **folhas de minirrúcula** e um fio de **azeite**.

MOLHO DE RICOTA
Para uma alternativa ao molho de tomate, use 150 g de **ricota** misturada com um punhado de **folhas de manjericão** picadas e as raspas de 1 **limão-siciliano**. Tempere bem. Espalhe sobre a pizza, cubra com fatias de **presunto curado italiano** e asse.

FRANGO GRELHADO
Cubra o molho de tomate com 150 g de **peito de frango** grelhado cortado em fatias finas, 1 colher (sopa) de **alecrim** picado e 6 colheres (sopa) de **mascarpone** misturado com 4 colheres (sopa) de **parmesão** ralado.

MINI-HAMBÚRGUER DE FRANGO À PARMIGIANA

Esses mini-hambúrgueres, também chamados de *sliders*, são excelentes para receber amigos e familiares em uma festa.

★ **8 UNIDADES**
★ **PREPARO** 30 minutos
★ **COZIMENTO** 55 minutos

Ingredientes
2 peitos de frango com cerca de 140 g cada
60 ml de azeite para mergulhar, mais um pouco para fritar e pincelar
8 minipães de hambúrguer com cerca de 7,5-10 cm de diâmetro
1 bola de muçarela escorrida e fatiada

Para o molho
1 cebola grande picadinha
2 dentes de alho amassados
1 colher (chá) de alecrim picado
1 colher (chá) de tomilho picado
1 colher (chá) de orégano picado
1 colher (chá) de manjericão picado
2 colheres (sopa) de purê de tomate
400 g de tomate em lata picado

Para empanar
75 g de farinha de rosca
35 g de farinha de trigo
85 g de parmesão ralado
sal e pimenta-do-reino moída na hora

1 Para o molho, aqueça um pouco de azeite em uma panela em fogo médio. Adicione a cebola e refogue por 3-4 minutos. Acrescente o alho e as ervas. Refogue por 2-3 minutos, ou até a cebola amolecer. Adicione o purê de tomate e continue mexendo por 2-3 minutos. Adicione os tomates em lata com seu caldo. Abaixe o fogo e cozinhe por 30 minutos, ou até o molho engrossar e o sabor ficar mais suave.

2 Enquanto isso, preaqueça o forno a 180°C. Em uma tigela média, misture a farinha de rosca, a farinha de trigo e o parmesão e tempere a gosto.

3 Corte cada peito de frango em quatro pedaços, de modo que cada um fique mais ou menos do tamanho do pão. Despeje o azeite em uma tigela, mergulhe os pedaços de peito, depois passe na mistura de farinha de rosca para empanar. Transfira para uma assadeira forrada com papel-manteiga. Asse por 15-20 minutos, ou até ficar crocante, virando os pedaços na metade do tempo, para ficarem cozidos de maneira uniforme.

4 Corte os pães ao meio. Preencha cada metade com 1 colher (sopa) de molho de tomate, um pedaço do frango assado e uma fatia grossa de muçarela. Pincele a parte de dentro das metades de cima dos pães com azeite. Transfira-as com o lado do azeite virado para cima, mais os sanduíches abertos, para uma assadeira. Coloque sob um grill em potência bem baixa por 2 minutos, ou até a muçarela derreter e borbulhar. Monte os sanduíches e sirva quente.

NUGGET DE PEIXE EMPANADO COM FUBÁ

Esses salgadinhos crocantes de peixe ficam perfeitos com um molho tártaro caseiro, bem fácil de fazer.

- ★ **4 PORÇÕES**
- ★ **PREPARO** 10 minutos, mais resfriamento
- ★ **COZIMENTO** 10 minutos

Ingredientes

600 g de peixe de carne branca e firme
2 colheres (sopa) de farinha de trigo
1 ovo levemente batido
100 g de fubá
sal e pimenta-do-reino moída na hora
óleo de girassol ou canola, para fritar
batata frita ou assada, para servir

Para o molho tártaro

2 pepinos pequenos em conserva, ralados
6 colheres (sopa) bem cheias de maionese
1 colher (sopa) de vinagre de vinho branco
1 colher (sopa) de alcaparra picadinha
raspas da casca de ½ limão-siciliano
1 colher (sopa) bem cheia de endro picadinho

1. Corte o peixe em tiras grossas de 2 cm. Seque bem com papel-toalha. Disponha a farinha, o ovo e o fubá em três tigelas rasas, uma para cada. Tempere bem a farinha.

2. Empane os pedaços de peixe passando-os primeiro na farinha, depois no ovo e, em seguida, no fubá, até ficarem bem revestidos. Coloque-os em um prato, cubra com filme de PVC e leve à geladeira por 30 minutos (isso ajudará na incorporação da crosta).

3. Enquanto isso, prepare o molho tártaro. Primeiro, coloque os pepinos em conserva ralados em uma tábua e pique-os bem fininho, com uma faca afiada. Misture o pepino com a maionese, o vinagre, a alcaparra, as raspas de limão e o endro e tempere bem. Cubra e leve à geladeira até a hora de usar.

4. Aqueça uma frigideira funda e grande e adicione óleo suficiente para cobrir a base. Frite os nuggets de peixe por 2 minutos de cada lado, virando com cuidado, até ficarem bem dourados e crocantes. Transfira para um prato forrado com papel-toalha enquanto frita o resto. Sirva com batata frita ou assada e o molho tártaro.

DICA DO COZINHEIRO Você também pode adicionar outros temperos ao fubá, como ½ colher (chá) de cebola em pó ou 1 colher (chá) de páprica defumada, se quiser.

O **endro**, uma erva aromática, é melhor quando fresco. Entra com frequência em pratos de peixe.

DOURADO GRELHADO COM SALSA DE ABACAXI

O dourado, peixe de água quente conhecido nos EUA pelo nome havaiano, "mahi-mahi", recebe toque caribenho com esse molho.

- **5 PORÇÕES**
- **COZIMENTO** 20 minutos
- **PREPARO** 4-6 minutos

Ingredientes
60 g de manteiga derretida
2 colheres (chá) de sal marinho
2 colheres (chá) de alho em pó
2 colheres (chá) de pimenta-do-reino moída na hora
1 colher (chá) de pimenta-de-caiena
1 colher (chá) de orégano seco
1 colher (chá) de tomilho seco
5 filés, com 150 g cada, de dourado (ou de outro peixe de carne branca e firme) sem pele

Para a salsa
½ abacaxi sem casca e sem miolo (veja técnica à direita)
1 pimentão vermelho cortado ao meio sem sementes
1 cebola roxa picadinha
1 pimenta jalapeño ou outra pimenta verde suave sem sementes picadinha (opcional)
1 dente de alho amassado
suco de 2 limões-taiti
um punhado de folhas de coentro picadinhas

1 Para a salsa, pique o abacaxi e o pimentão vermelho em pedacinhos pequenos de mesmo tamanho e coloque-os em uma tigela. Junte a cebola, a pimenta jalapeño, o alho, o suco de limão-taiti e o coentro e misture. Reserve.

2 Despeje a manteiga em uma tigela grande e rasa. Em outra tigela grande e rasa, misture o sal marinho, o alho em pó, a pimenta-do-reino, a pimenta-de-caiena, o orégano e o tomilho.

3 Aqueça uma frigideira grande de fundo grosso em fogo médio-alto. Quando estiver quente, mergulhe os filés de peixe na manteiga derretida, cobrindo bem os dois lados, depois passe na mistura de temperos.

4 Grelhe os filés por 2-3 minutos de cada lado, ou até ficarem com as marcas da grelha. Sirva quente, coberto com a salsa de abacaxi.

COMO DESCASCAR UM ABACAXI

1 Com uma faca afiada, corte uma fatia na base e na parte superior. Segure na vertical e deslize a faca do topo em direção à base, retirando a casca.

2 Coloque o abacaxi de lado e corte em fatias de espessura uniforme. Use um anel de metal ou uma faquinha para retirar o miolo fibroso do meio.

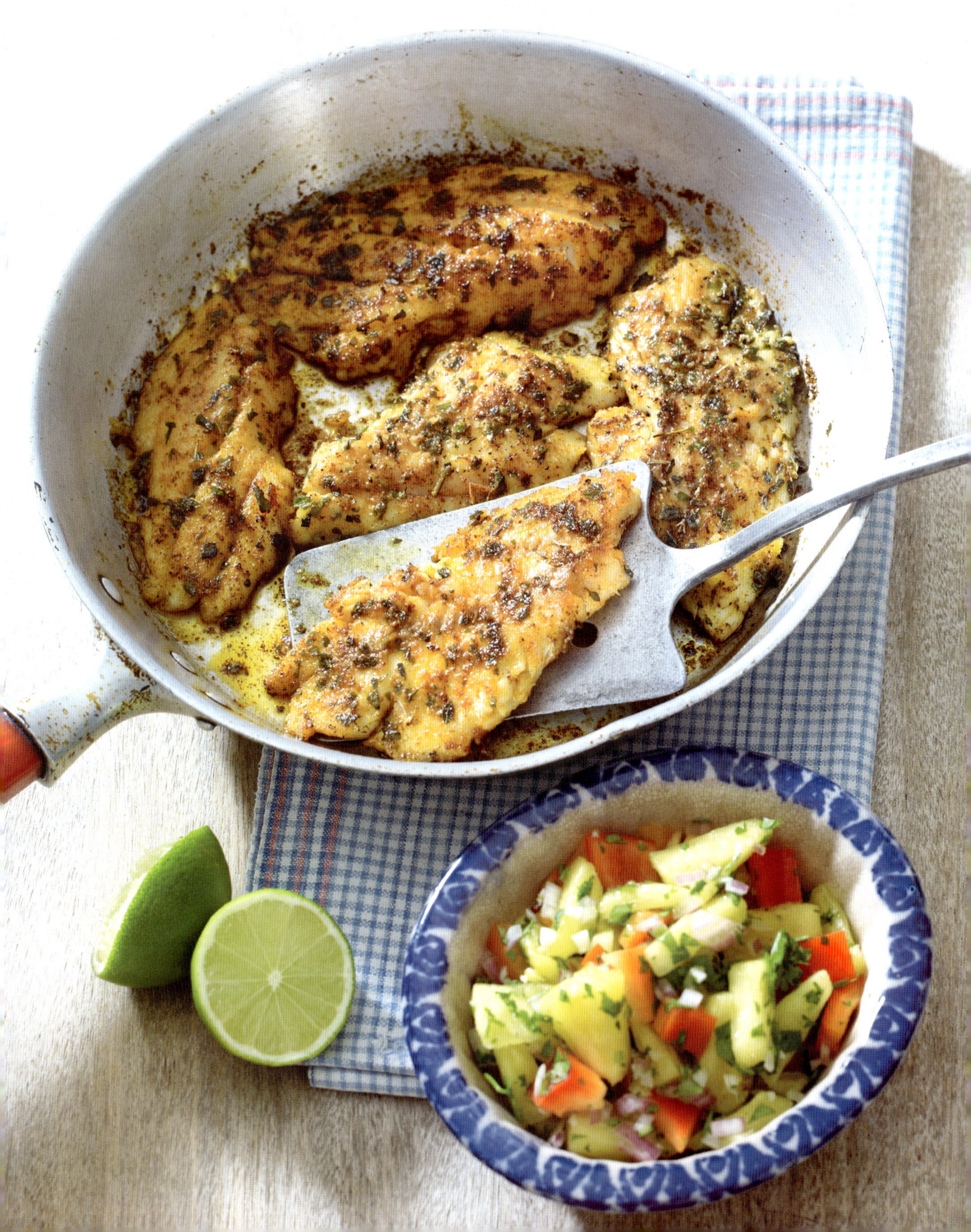

JAMBALAIA COM RISONI

Faça uma versão inovadora da jambalaia clássica substituindo o arroz habitual por risoni, macarrão em forma de arroz grande.

★ **6-8 PORÇÕES**
★ **PREPARO** 20 minutos
★ **COZIMENTO** 2h-2h30

Ingredientes

1 colher (sopa) de azeite
500 g de coxa de frango com pele e osso
3 dentes de alho amassados
300 g de cebola cortada em cubos
1 pimentão verde sem sementes picado
3 talos de aipo fatiados, cerca de 250 g no total
2 latas de 400 g de tomate picado
2 folhas de louro
suco de 1 limão-siciliano
3 colheres (sopa) de molho inglês
1 colher (sopa) de molho de pimenta picante
1 colher (chá) de pimenta-de-caiena
1 colher (chá) de orégano seco
500 g de linguiça defumada fatiada
200 g de risoni (massa em formato de arroz grande)
500 g de camarão cru sem as vísceras, descascado
sal e pimenta-do-reino moída na hora
raspas e suco de 2 limões-sicilianos, para servir

1 Aqueça o azeite em uma panela grande para sopa em fogo médio. Frite o frango por 2 minutos de cada lado, até dourar. Retire da panela e reserve. Adicione à panela o alho, a cebola, o pimentão e o aipo e refogue por mais 4-5 minutos, ou até as cebolas ficarem macias.

2 Volte o frango à panela e cubra com 1 litro de água. Acrescente os tomates, as folhas de louro, o suco de limão, o molho inglês, o molho de pimenta picante e as especiarias. Tempere a gosto e leve à fervura.

3 Enquanto isso, em uma frigideira, frite a linguiça por 3-5 minutos, ou até dourar. Adicione à panela. Reduza o fogo para manter uma fervura leve e cozinhe, destampado, por 1h30-2h.

4 Em outra panela, cozinhe o risoni em 750 ml de água com a tampa entreaberta por 10-12 minutos, ou até ficar macio, e escorra.

5 Quando o frango estiver soltando do osso, retire-o da panela com uma escumadeira e transfira para um prato. Descarte a pele e desfie a carne com um garfo. Descarte os ossos e recoloque a carne na panela. Acrescente o camarão e cozinhe por mais 5-7 minutos, ou até ficar rosado.

6 Junte o risoni, tempere a gosto e retire as folhas de louro. Sirva quente, coberto com algumas raspas e um pouco de suco de limão-siciliano.

CIOPPINO COM CERVEJA

Feito tradicionalmente com os frutos do mar do dia, o cioppino pode ser adaptado para levar qualquer peixe ou marisco disponível.

- ★ **6 PORÇÕES**
- ★ **PREPARO** 20 minutos
- ★ **COZIMENTO** 55 minutos

Ingredientes
1 colher (sopa) de manteiga
1 colher (sopa) de azeite
2 dentes de alho amassados
1 cebola picada
2 echalotas em rodelas
1 talo de aipo com folhas fatiado
175 g de purê de tomate
1 colher (chá) de pimenta-calabresa
2 latas de 400 g de tomate picado
250 ml de vinho branco seco
1 litro de caldo de peixe quente
350 ml de cerveja brown ale
6-12 vôngoles bem grandes e frescos, com a concha
6-12 mexilhões frescos, com a concha
175 g de filé de salmão cortado em pedaços pequenos
450 g de camarão com cabeça, sem as vísceras, descascado
sal e pimenta-do-reino moída na hora
pão crocante, para servir

1 Em uma panela grande de fundo grosso, aqueça a manteiga e o azeite em fogo médio e adicione o alho, a cebola, as echalotas e o aipo. Cozinhe, mexendo de vez em quando, por 5-7 minutos. Junte o purê de tomate, tempere com sal, pimenta-do-reino e pimenta-calabresa e cozinhe, mexendo, por mais 1-2 minutos.

2 Adicione os tomates com seu caldo, o vinho, o caldo de peixe e a cerveja. Mexa para incorporar. Reduza o fogo para manter uma fervura leve e cozinhe por 35 minutos.

3 Escove as conchas dos vôngoles e dos mexilhões, descartando aqueles que permanecerem abertos após serem batidos contra uma superfície. Adicione-os à panela e cozinhe por 5 minutos, ou até que abram. Descarte os que não abrirem.

4 Acrescente o salmão e o camarão e cozinhe por mais 5 minutos, ou até o camarão ficar rosado e o salmão, cozido. Tempere a gosto e sirva quente com pão crocante.

ANGU DE CAMARÃO COM BACON DEFUMADO

Esse purê de fubá servido com uma mistura de camarão e bacon é um prato popular no Sul dos EUA.

★ **4 PORÇÕES**
★ **PREPARO** 15 minutos
★ **COZIMENTO** 1 hora

Ingredientes

4 fatias grossas de bacon defumado
2 dentes de alho amassados
1 cebola picada
4 tomates grandes picados
85 g de manteiga
1 colher (sopa) de açúcar mascavo
1 colher (chá) de pimenta--calabresa
300 g de fubá grosso (sêmola) pré-cozido para polenta
500 ml de creme de leite fresco (ou leite integral)
¼ de colher (chá) de páprica defumada ou pimenta ancho em pó
¼ de colher (chá) de pimenta--de-caiena
225 g de cheddar inglês ralado
suco de 1 limão-siciliano
450 g de camarão cru sem as vísceras, descascado
sal e pimenta-do-reino moída na hora
2 cebolinhas picadas, para guarnecer

1 Em uma frigideira de fundo grosso, frite o bacon a seco, escorra em papel-toalha e reserve. Retire a maior parte da gordura do bacon da frigideira e leve-a ao fogo médio-baixo. Adicione o alho, a cebola, o tomate, a manteiga, o açúcar e a pimenta-calabresa e tempere bem. Cozinhe em fogo baixo, mexendo de vez em quando, por 30-45 minutos, ou até a cebola e o tomate ficarem macios.

2 Após a mistura de tomate ferver por 15 minutos, misture em uma panela de sopa grande o fubá com o creme de leite, 1 litro de água, a páprica defumada e a pimenta-de-caiena; tempere bem. Leve ao fogo médio-baixo por 30-35 minutos, ou até que a polenta engrosse e sustente uma colher na superfície e cerca de três quartos do líquido tenham sido absorvidos. Junte o queijo, até derreter e incorporar totalmente, depois adicione o suco de limão.

3 Adicione o camarão ao molho de tomate na frigideira e cozinhe por 5-7 minutos, ou até o camarão ficar rosado. Quebre ou corte o bacon.

4 Transfira a polenta para uma travessa e cubra com o molho de tomate e camarão, o bacon e a cebolinha. Sirva quente.

DICA DO COZINHEIRO Para uma versão mais leve do angu, experimente leite de amêndoas em vez do creme de leite ou leite integral.

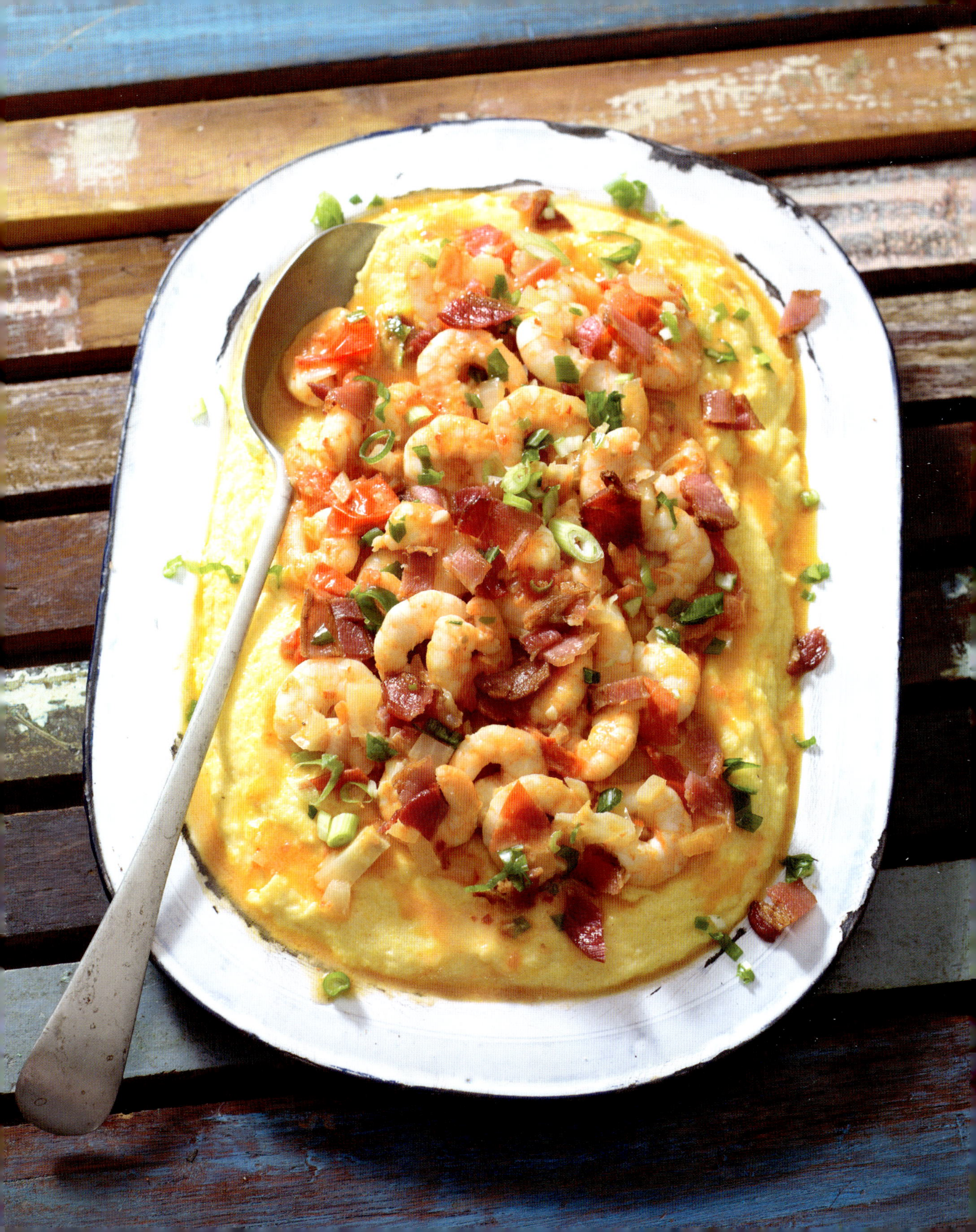

PRATO PRINCIPAL CLÁSSICO

GUMBO CAJUN COM LINGUIÇA DEFUMADA

A culinária cajun, de estilo rústico, tem muitos pratos que são grandes ensopados.

- ★ **4 PORÇÕES**
- ★ **PREPARO** 15 minutos
- ★ **COZIMENTO** 1 hora

Ingredientes
2 colheres (sopa) de azeite
1 cebola grande picadinha
1 pimentão verde sem sementes cortado em cubos de 2 cm
2 dentes de alho amassados
25 g de manteiga sem sal
3 colheres (sopa) de farinha de trigo
2 latas de 400 g de tomate picado
500 ml de caldo de peixe ou de frango quente
2 pimentas vermelhas secas picadinhas
1 colher (chá) de páprica defumada ou pimenta ancho em pó
200 g de quiabo aparado e cortado em pedaços de 2 cm
250 g de linguiça fina defumada, sem pele e cortada em pedaços de 2 cm
1 colher (sopa) de folhas de tomilho
500 g de camarão cru sem as vísceras, descascado
2 colheres (sopa) de salsinha picada
sal e pimenta-do-reino moída na hora
arroz cozido, para servir

1 Aqueça o azeite em uma panela grande de fundo grosso. Adicione a cebola e o pimentão verde e refogue em fogo baixo por 5 minutos, até ficar macio, mas sem dourar. Junte o alho e refogue por mais 2 minutos.

2 Adicione a manteiga à panela e deixe-a derreter. Em seguida, acrescente a farinha e mexa em fogo muito baixo por 5 minutos, até dourar. Adicione os tomates, o caldo, as pimentas, a páprica, o quiabo e a linguiça e deixe levantar fervura. Prove e tempere com mais pimenta e sal, se necessário (o caldo talvez já esteja salgado).

3 Reduza o fogo para manter uma fervura leve e adicione o tomilho. Cozinhe destampado por 30 minutos, mexendo ocasionalmente, até o quiabo ficar macio e o gumbo engrossar bem.

4 Aumente o fogo e adicione o camarão. Cozinhe o gumbo destampado por mais 5 minutos, até o camarão ficar opaco e cozido. Junte a salsinha e sirva com arroz.

PROVE...

PEIXE

Troque a linguiça por 450 g de **peixe de carne branca e firme** em pedaços e adicione ao camarão na etapa 4. Cozinhe em fogo brando até o peixe ficar opaco. Mexa só de vez em quando.

FRANGO E PANCETTA

Substitua o camarão por 600 g de **sobrecoxa de frango** sem pele e sem osso, cortada em pedaços de 3 cm, e substitua a linguiça pela mesma quantidade de **pancetta** em cubos. Adicione o frango no final da etapa 1, doure-o junto com os legumes e siga as instruções de preparo da receita.

VEGETARIANO

Sem linguiça e sem camarão, adicione 1 **berinjela** cortada em pedaços de 1 cm junto com o pimentão verde na etapa 1. Acrescente 2 **batatas-doces** grandes descascadas e cortadas em pedaços de 1 cm no passo 3, 10 minutos antes do final do tempo de cozimento, ou até a batata ficar macia. Sirva por cima do arroz.

ARROZ SUJO COM LINGUIÇA DEFUMADA

Esse prato cajun usa tradicionalmente moela de frango para dar ao arroz um aspecto "sujo". Aqui, o fígado substitui a moela.

★ **4-6 PORÇÕES**
★ **PREPARO** 15 minutos
★ **COZIMENTO** 1 hora, mais descanso

Ingredientes
4 colheres (sopa) de azeite
1 cebola picadinha
1 talo de aipo aparado e cortado em fatias finas
1 pimentão vermelho sem sementes cortado em cubos de 1 cm
1 pimentão verde sem sementes cortado em cubos de 1 cm
400 g de linguiça defumada sem pele
200 g de fígado de galinha limpo picadinho
1 pimenta vermelha sem sementes picadinha
2 dentes de alho picadinhos
1 colher (chá) de páprica defumada ou pimenta ancho em pó
1 colher (chá) de semente de coentro moída
300 g de arroz de grão longo
750 ml de caldo de frango quente
folhas de um ramo grande de tomilho
um punhado de folhas de salsinha picadinhas
1 colher (sopa) de orégano picadinho
sal e pimenta-do-reino moída na hora
salada de folhas mistas, para servir
pão crocante, para servir

1 Preaqueça o forno a 160°C. Aqueça 3 colheres (sopa) de azeite em uma caçarola refratária grande de ferro fundido e adicione a cebola, o aipo e os pimentões. Refogue em fogo baixo por 5-7 minutos, até ficarem macios. Retire os vegetais e reserve.

2 Adicione o azeite restante à caçarola e amasse o recheio da linguiça na panela junto com o fígado de galinha. Aumente o fogo e cozinhe por 5 minutos, até o recheio da linguiça ficar bem cozido e corado, sem a coloração rosada.

3 Adicione a pimenta, o alho, a páprica e as sementes de coentro e cozinhe por mais 2-3 minutos. Recoloque os vegetais na panela e depois junte o arroz. Tempere bem e adicione o caldo.

4 Leve à fervura, tampe e transfira para o forno. Cozinhe por até 40 minutos, mexendo uma ou duas vezes, até o arroz ficar cozido e o caldo ser absorvido. Retire do forno e deixe descansar por 5 minutos. Junte as ervas, verifique o tempero e sirva com uma salada de folhas mistas e pão crocante.

A **linguiça defumada** pode ser comprada fresca, curada ou seca. A variedade mais fresca é melhor para cozinhar.

PRATOS PRINCIPAIS E ACOMPANHAMENTOS ★ 115

ATUM COM MACARRÃO E FAVAS VERDES

O atum fresco e as favas verdes cremosas dão um toque sofisticado a esse prato clássico, a caçarola de atum.

- ★ **4 PORÇÕES**
- ★ **PREPARO** 10 minutos
- ★ **COZIMENTO** 30 minutos

Ingredientes
1 colher (sopa) de azeite
4 filés de atum, cerca de 350 g no total
450 g de espaguete fino, como cabelo de anjo
sal e pimenta-do-reino moída na hora

Para o molho
250 ml de creme de leite fresco
1 colher (sopa) de farinha de trigo
2 colheres (sopa) de manteiga
suco de 1 limão-siciliano
250 g de favas verdes cozidas e escorridas
sal e pimenta-do-reino moída na hora

1 Primeiro faça o molho. Em uma panela, misture em fogo médio o creme de leite, a farinha, a manteiga e o suco de limão e tempere. Depois que levantar fervura, reduza o fogo para manter uma fervura leve e cozinhe por 10-15 minutos. Junte as favas e deixe cozinhar por mais 5 minutos.

2 Enquanto isso, aqueça o azeite em uma frigideira de fundo grosso em fogo alto. Polvilhe os dois lados dos filés de atum com sal e pimenta. Frite cada filé por 2-3 minutos de cada lado – o atum deve permanecer rosado no meio.

3 Cozinhe o macarrão em uma panela com água e sal, até ficar macio (ou siga as instruções da embalagem). Escorra bem, misture o macarrão com o molho de favas e divida entre quatro pratos. Corte o atum em fatias grossas e sirva quente sobre uma camada de espaguete.

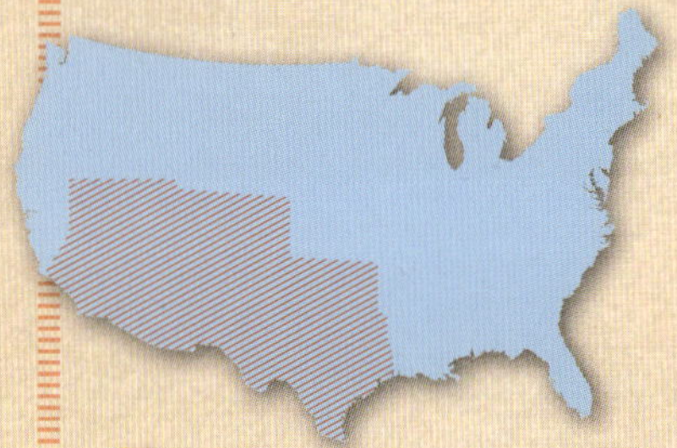

Um gosto do SUDOESTE

A cozinha do Sudoeste, com seus sabores frescos e vibrantes e suas cores fortes e vivas, evoluiu a partir de uma mistura feliz das culinárias espanhola, mexicana e nativa norte-americana.

COMIDAS E SABORES

★ O **milho** é considerado um alimento sagrado pelos nativos americanos; antes da chegada dos colonizadores europeus, cultivavam-se mais de 40 variedades.

★ Os **feijões**, geralmente pretos ou rajados, são um dos principais ingredientes da cozinha, tipicamente cozidos de modo lento, assados ou refritos (veja abaixo).

★ As **pimentas**, vermelhas ou verdes, fortes ou suaves, são a maior fonte de sabor picante para o prato mais famoso da região, o chili (ou chili com carne).

★ As **tortilhas**, hoje de milho ou de trigo, eram originalmente feitas apenas de milho moído – usando as variedades amarela, branca, ou até o incomum milho azul da área.

★ O **pão frito navajo**, um pão chato simples preparado em uma frigideira de ferro, tem estilo parecido com o da tortilha mexicana.

Os pilares da dieta do Sudoeste são o arroz e o tomate – ambos introduzidos pelos colonizadores espanhóis –, além do milho, de vários tipos de feijão, do coentro fresco e das onipresentes pimentas vermelhas (chilli peppers), que aparecem em muitos dos pratos tradicionais. As carnes bovina e suína são as principais proteínas consumidas na região.

A cozinha do Sudoeste mistura os estilos de comida pertencentes aos vários grupos étnicos que foram habitar essa área; os primeiros, os colonizadores espanhóis, viajavam para o norte do México e aprenderam a cozinhar junto de seus vizinhos nativos norte-americanos. Hoje são usados métodos de cozimento tanto rápidos e agressivos quanto longos e demorados; há uma boa variedade de pratos, de ensopados cheios de tomate e especiarias a grelhados de carne marinada ("carne asada", em espanhol), fatiada tão fino quanto papel, para rechear tacos com muitas ervas. Vegetais incomuns, como a jícama, o tomatillo (veja acima) e os nopales – pedaços do cacto de figo-da-índia sem os espinhos – crescem bem no calor seco e figuram em muitos pratos locais.

Ao secar as pimentas para o próximo ano, a tradição manda fazer cordas (ou réstias) com a altura de cada membro da família, para garantir um bom suprimento até a próxima colheita.

As pimentas chipotle são pimentas jalapeño secas e defumadas, amplamente utilizadas na cozinha do Sudoeste.

Versão inovadora do clássico mexicano, o burrito de café da manhã pode variar ao gosto do freguês.

Alguns puristas insistem que o chili deve ser feito apenas com carne, mas para muitos, o feijão é complemento essencial.

HISTORIC NEW MEXICO U.S. 66 ROUTE

A enchilada, um tipo de tortilha recheada e assada, presta-se bem a uma boa variedade de recheios.

O sudoeste tem algumas das paisagens mais belas dos Estados Unidos.

As réstias de pimenta, conhecidas como "ristras", são uma maneira decorativa de preservar as pimentas por vários meses.

BIFE CAIPIRA COM MOLHO DE PIMENTA

Conhecido como *country fried steak* ou *chicken fried steak*, pela semelhança com o frango frito, esse prato do Sul é bem caseiro.

★ **4 PORÇÕES**
★ **PREPARO** 15 minutos, mais demolha
★ **COZIMENTO** 35 minutos

Ingredientes
4 bifes amaciados de alcatra, contrafilé ou picanha, com 150 g cada
250 ml de leite integral
1 colher (chá) de pimenta-de-caiena
1 ovo
200 g de farinha de trigo
150 ml de óleo de girassol ou canola, para fritar
sal e pimenta-do-reino moída na hora

Para o molho
30 g de farinha de trigo
500 ml de leite integral

Para a batata
1 kg de batata cerosa
4 fatias de bacon defumado
1 cebola picada
2 dentes de alho amassados
uma pitada de pimenta-calabresa

1. Deixe os bifes marinarem por uma noite no leite, ao qual se devem juntar sal, pimenta-do-reino e uma pitada de pimenta-de-caiena. No dia seguinte, retire os bifes e reserve. Bata o ovo no leite em uma tigelinha. Em outra tigela, misture a farinha com o sal, a pimenta-do-reino e a pimenta-de-caiena restante.

2. Em uma frigideira, aqueça o óleo até ficar bem quente. Passe cada bife na farinha, depois mergulhe na mistura de leite, e então novamente na farinha. Frite por 3-5 minutos de cada lado, ou até ficar dourado e cozido. Preste atenção na carne para não deixá-la queimar.

3. Quando a carne estiver cozida, retire da panela e reserve. Retire dois terços do óleo. Para o molho, adicione a farinha ao óleo restante na panela e bata até formar uma pasta grossa. Adicione o leite lentamente, 250 ml de cada vez, mexendo sempre. Quando formar um molho espesso, retire do fogo e tempere com bastante pimenta-do-reino.

4. Cozinhe as batatas em uma panela de água fervente durante 20 minutos. Escorra e deixe esfriar. Quando estiverem frias o bastante para manusear, corte as batatas em tiras de 2 cm, sem retirar a casca.

5. Em uma frigideira grande antiaderente, frite o bacon a seco até ficar crocante. Esmigalhe o bacon e adicione as batatas, junto com a cebola, o alho e a pimenta-calabresa. Tempere a gosto. Cozinhe em fogo médio até ficar crocante. Sirva os bifes com uma porção generosa de molho e a batata para acompanhar.

ALMÔNDEGA DE PERU COM ERVAS E ESPAGUETE

A carne de peru moída é uma alternativa saudável e com teor de gordura menor que o da carne bovina moída.

★ **4 PORÇÕES**
★ **PREPARO** 20 minutos
★ **COZIMENTO** 1h10

Ingredientes
450 g de espaguete
azeite, para fritar e regar

Para o molho
3 dentes de alho amassados
1 cebola picada
1 colher (chá) de alecrim seco
1 colher (chá) de orégano seco
1 colher (chá) de tomilho seco
2 colheres (sopa) de purê de tomate
2 latas de 400 g de tomate picado

Para as almôndegas
450 g de carne de peru moída
60 g de farinha de rosca
1 echalota fatiada
um punhado de folhas de manjericão picadas
1 ovo batido
sal e pimenta-do-reino moída na hora

1 Primeiro faça o molho. Aqueça um pouco de azeite em uma panela em fogo médio. Refogue rapidamente o alho e a cebola, depois adicione o alecrim, o orégano e o tomilho. Refogue por 2-3 minutos, ou até a cebola amaciar um pouco. Junte o purê de tomate e, em seguida, os tomates picados com seu caldo. Reduza o fogo e cozinhe por 1 hora, até engrossar.

2 Enquanto isso, preaqueça o forno a 180°C. Para fazer as almôndegas, misture em uma tigela o peru, a farinha de rosca, a echalota, o manjericão, o ovo e os temperos. Com as mãos, molde a mistura em 12 bolas de 5 cm e coloque-as em uma assadeira forrada com papel-manteiga.

3 Asse por 35-40 minutos, ou até dourarem e ficarem cozidas. Retire do forno e coloque-as no molho fervente, mexendo para incorporar.

4 Cozinhe o macarrão em uma panela grande de água fervente com sal por 8-10 minutos, ou siga as instruções da embalagem. Escorra, regue com um pouco de azeite e misture bem. Sirva o macarrão quente coberto com uma porção generosa de molho e almôndegas.

PRATO PRINCIPAL CLÁSSICO

CHILI COM FEIJÕES

Um panelão de chili é uma maneira fácil de fazer render uma quantidade pequena de carne.

- ★ **4-6 PORÇÕES**
- ★ **PREPARO** 10 minutos
- ★ **COZIMENTO** 2 horas

Ingredientes
1 pimentão verde sem sementes picado
1 pimentão vermelho sem sementes picado
1 cebola picada
1 pimenta jalapeño ou outra pimenta verde suave picada
2 colheres (sopa) de azeite
2 latas de 400 g de tomate picado
340 g de milho-verde em lata escorrido
250 g, de cada, de feijão-vermelho, feijão-preto e feijão-branco, cozidos
3 dentes de alho picadinhos
450 g de carne bovina moída
½ colher (sopa) de sal e ½ colher (chá) de pimenta-do-reino moída na hora
1 colher (chá) de pimenta-calabresa
1 colher (sopa) de pimenta em pó
1 colher (sopa) de cominho em pó

Para servir
broa de milho à moda do sul (p. 228)
cheddar inglês ralado
soured cream (p. 12)

1 Coloque os pimentões, a cebola e a pimenta jalapeño em uma caçarola refratária grande com um fiozinho de azeite. Adicione os tomates, o milho e os feijões. Mexa bem para incorporar.

2 Em uma frigideira de fundo grosso, aqueça o azeite restante em fogo médio. Adicione o alho e frite por 1 minuto, depois adicione a carne e frite, mexendo de vez em quando, por 3-4 minutos, ou até dourar bem. Transfira para a caçarola e tempere com sal, pimenta e os demais temperos.

3 Coloque a caçarola destampada em fogo baixo e deixe cozinhar por 2 horas, mexendo ocasionalmente, ou até os vegetais ficarem macios. Outra opção é levar a caçarola a forno preaquecido a 180°C. Tempere a gosto. Sirva quente com broa de milho, cheddar e soured cream.

QUAL É A HISTÓRIA?
Prato oficial do estado do Texas, o chili (também conhecido como chili com carne) era popular entre os colonos da fronteira norte-americana no século XIX. Hoje muitos debatem se o chili deve ser feito com ou sem feijão. Alguns puristas insistem em uma combinação simples de cebola, tomate, pimentão, especiarias e carne, mas o feijão, seco ou enlatado, é incorporado com bastante frequência.

PROVE...

CHILI BRANCO
Doure 2 **peitos de frango** cortados em cubos e adicione 250 g de **feijão-branco** e 250 g de **grão-de-bico**, ambos cozidos e escorridos, 2 **echalotas** fatiadas, 3 **dentes de alho**, 750 ml de **caldo de frango quente**, mais os temperos da receita. Cozinhe destampado por 2-3h, até o líquido virar um molho espesso.

OPÇÃO VEGETARIANA
Substitua a carne por 125 g de **trigo para quibe** e faça um chili vegetariano saudável. Adicione-o na etapa 1, junto com o alho, o sal, a pimenta e as especiarias, e ignore a etapa 2.

CHILI BEM QUENTE
Na etapa 1, adicione 2 **pimentões vermelhos**, mais um **jalapeño** ou outra pimenta verde suave, e acrescente ½ colher (sopa) de **pimenta-de-caiena**, ½ colher (sopa) de **pasta de pimenta chipotle** e ½ colher (sopa) de **páprica defumada** ou pimenta ancho em pó. Cozinhe conforme a receita principal.

BOLO DE CARNE DOCE E PICANTE

A geleia de pimenta é uma alternativa saborosa à cobertura tradicional de ketchup nesse prato clássico familiar.

★ **6 PORÇÕES**
★ **PREPARO** 15 minutos
★ **COZIMENTO** 1 hora

Ingredientes
450 g de carne moída
1 cebola picada
70 g de farinha panko ou pão amanhecido ralado
3 dentes de alho amassados
1 colher (chá) de pimenta-calabresa em flocos
1 colher (chá) de pasta de pimenta chipotle
1 ovo batido
4 colheres (sopa) de geleia de pimenta (p. 248)
sal e pimenta-do-reino moída na hora
purê de batata (p. 156), para servir

1 Preaqueça o forno a 180ºC. Em uma tigela grande, misture a carne, a cebola, a farinha panko, o alho, a pimenta-calabresa e a pasta de chipotle e tempere bem. Adicione o ovo e, com as mãos ou com uma colher grande, misture todos os ingredientes até ficarem bem amalgamados. Molde a carne em uma bola.

2 Forre uma assadeira com papel-manteiga e transfira a bola de carne para a assadeira. Com as mãos, molde-a em um bolo de carne retangular. Cubra generosamente com geleia de pimenta picante e leve ao forno por 1 hora, ou até que um termômetro inserido na carne indique 77ºC.

3 Corte o bolo de carne com uma faca serrilhada afiada e sirva quente com purê de batata e mais geleia de pimenta para acompanhar.

Na **pimenta-calabresa em flocos** geralmente há sementes, muito picantes, portanto use com moderação se você não quiser sua comida muito apimentada.

PEITO BOVINO TEMPERADO E GRELHADO

O cozimento lento e em fogo baixo, com o peito envolto em papel-alumínio para conter o caldo, torna a carne extremamente macia.

- ★ **6-8 PORÇÕES**
- ★ **PREPARO** 5 minutos, mais resfriamento
- ★ **COZIMENTO** 4-5 horas, mais descanso

Ingredientes

1 colher (chá) de pimenta-de-caiena
1 colher (chá) de alho em pó
1 colher (chá) de orégano
1 colher (chá) de pimenta-do-reino
2 colheres (sopa) de café em pó
1 colher (chá) de pasta de pimenta chipotle
1 colher (chá) de óleo de girassol ou canola
1 colher (sopa) de sal marinho
1 peça de peito bovino com cerca de 2,25 kg
milho grelhado (p. 153) ou salada de batata (p. 50), para servir

1 Na noite anterior ao dia de cozinhar o peito, misture a pimenta-de-caiena, o alho, o orégano, a pimenta-do-reino, o café, a pasta de chipotle, o óleo e o sal marinho. Esfregue essa mistura de maneira uniforme por toda a carne. Enrole-a com papel-alumínio e deixe-a descansar na geladeira durante a noite.

2 Na prateleira de cima de uma churrasqueira a gás, asse o peito no alumínio por 4-5 horas, a 130-150°C, com a tampa fechada. Outra opção é assar no forno a 150°C por 4-5 horas, ou até que um termômetro inserido na carne indique 90°C. Retire do fogo e deixe a carne descansar, coberta com o papel-alumínio e o caldo, por 1 hora. Fatie e sirva quente com milho grelhado e salada de batata.

DICA DO COZINHEIRO Para um sabor defumado, adicione à churrasqueira uma panela com aparas de amoreira ou abacateiro misturadas com 250 ml de água.

CARNE ASSADA DE COZIMENTO LENTO

Esse prato opulento, cozido devagar e por bastante tempo, até a carne quase se desfazer, é servido com massa de ovos na manteiga.

★ **4 PORÇÕES**
★ **PREPARO** 20 minutos
★ **COZIMENTO** 4 horas

Ingredientes
90 g de manteiga em temperatura ambiente
3 dentes de alho picadinhos
900 g de coxão mole ou alcatra
1 cebola picada
12 champignons frescos cortados ao meio
2 beterrabas picadas
2 cenouras picadas
2 batatas farinhentas cortadas em cubos
1 batata-doce descascada e picada
1 folha de louro picadinha
1 colher (sopa) de alecrim picado
1 colher (sopa) de orégano picado
1 colher (sopa) de tomilho picado
250 ml de caldo de frango quente
250 ml de vinho tinto
sal e pimenta-do-reino moída na hora
250 g de massa de macarrão seco à base de ovos

A **beterraba** tem um sabor adocicado e terroso, perfeito para um prato de inverno acalentador como esse.

1 Em uma caçarola refratária, derreta 2 colheres (sopa) de manteiga e refogue o alho em fogo médio por 1-2 minutos. Adicione a carne e cozinhe por 1 minuto de cada lado, até dourar. Retire a carne e reserve.

2 Adicione a cebola e o champignon à caçarola e frite por 2-3 minutos. Em seguida, adicione mais 2 colheres (sopa) de manteiga, a beterraba, a cenoura, as batatas e as ervas. Adicione o caldo e o vinho e tempere bem.

3 Recoloque a carne na panela, por cima dos vegetais. Tampe e deixe ferver, verificando e mexendo de vez em quando, por 3h30-4h, ou até a carne ficar macia. Retire a carne e corte em fatias grossas, que devem desmanchar facilmente. Coe o molho sobre uma jarrinha.

4 Cozinhe o macarrão em uma panela de água fervente com sal até ficar macio, ou siga as instruções da embalagem. Escorra e misture na manteiga restante. Coloque os vegetais em uma travessa e cubra com a carne fatiada. Sirva quente com o macarrão e o molho.

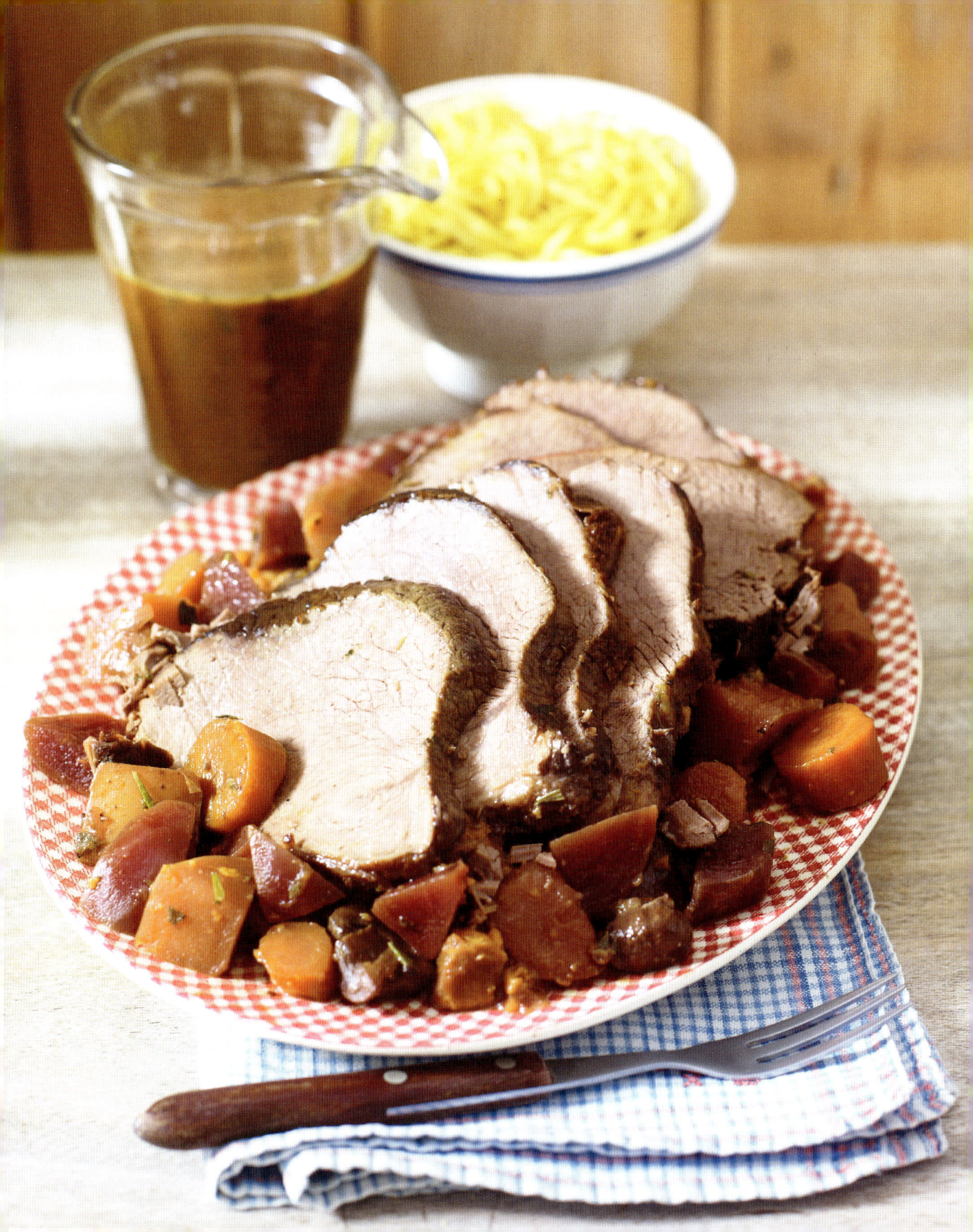

PRATO PRINCIPAL CLÁSSICO

CLASSIC BURGER

Carne muito magra pode deixar o hambúrguer seco. Use um pouco de gordura para que fique suculento.

- **4 PORÇÕES**
- **PREPARO** 20 minutos, mais resfriamento
- **COZIMENTO** 10 minutos

Ingredientes
400 g de carne bovina moída
50 g de miolo de pão branco ralado
1 gema de ovo
½ cebola roxa picadinha
½ colher (chá) de mostarda em pó
½ colher (chá) de sal com aipo
1 colher (chá) de molho inglês
pimenta-do-reino moída na hora

Para servir
4 pães de hambúrguer cortados ao meio
1 alface-americana rasgada
2 tomates cortados em fatias grossas
1 cebola roxa pequena cortada em fatias finas
1 pepino em conserva cortado em fatias finas
4 colheres (sopa) de relish cru temperado (p. 244)

1 Prepare uma churrasqueira. Em uma tigela grande, misture todos os ingredientes do hambúrguer até ficarem bem amalgamados.

2 Com as mãos úmidas (para não grudar nos dedos), divida a mistura em 4 bolas e role cada uma entre as mãos até ficarem homogêneas. Achate cada bola para formar um disco grande e grosso, com 3 cm de espessura, e alise as bordas.

3 Coloque os hambúrgueres em um prato, cubra com filme de PVC e leve à geladeira por 30 minutos (isso os ajudará a manter a forma durante o cozimento).

4 Grelhe os hambúrgueres em uma churrasqueira quente por 6-8 minutos, virando quando necessário, até a carne ficar elástica ao toque e as bordas, chamuscadas. Enquanto os hambúrgueres grelham, toste os pães por 1-2 minutos, só na parte de dentro, até ficarem levemente chamuscados. Sirva os hambúrgueres e os pães com várias opções de acompanhamento e deixe cada convidado montar o seu sanduíche como preferir.

PROVE...

ESTILO MARROQUINO
Use **carne de cordeiro moída** e, como tempero, 4 colheres (sopa) de **folhas de hortelã** picadinhas, ½ colher (chá) de **canela em pó** e ½ colher (chá) de **cominho em pó**. Sirva com **pão sírio** quente e 1 colherada de **iogurte de consistência firme com hortelã**.

TOQUE ASIÁTICO
Substitua a carne bovina por **frango** ou **peru** e as especiarias por 1 **pimenta vermelha**, 3 cm de **gengibre** fresco ralado e 4 colheres (sopa) de **coentro**, todos os temperos picadinhos. Sirva com **soured cream** e **molho tailandês agridoce** de pimenta.

ACEBOLADO
Siga a receita do sanduíche de queijo da p. 90, mas com **pão integral** e recheio com algumas **cebolas caramelizadas** e um **hambúrguer grelhado**. Comece e termine o sanduíche com uma camada de queijo ralado.

CARNE COM CROSTA AO MOLHO CHIMICHURRI

Crocante por fora e suculenta por dentro, essa carne adocicada e picante combina muito bem com o molho.

- ★ **4 PORÇÕES**
- ★ **PREPARO** 15 minutos, mais descanso de no mínimo 1 hora
- ★ **COZIMENTO** 8-20 minutos, mais descanso

Ingredientes
1 peça de fraldinha ou paleta bovina com cerca de 675 g

Para a crosta
1 colher (sopa) de açúcar mascavo
1 colher (sopa) de folhas de tomilho
½ colher (chá) de mostarda em pó
¼ de colher (chá) de sal com alho
¼ de colher (chá) de páprica defumada ou pimenta ancho em pó
pimenta-do-reino moída na hora

Para o molho chimichurri
6 colheres (sopa) de azeite, mais um pouco para pincelar
1½ colher (sopa) de vinagre de vinho tinto
1 colher (sopa) de suco de limão-siciliano
um punhado de folhas de salsinha com cerca de 15 g
2 colheres (sopa) de folhas de coentro picadas
1 colher (sopa) de folhas de orégano picadas
2 dentes de alho picados
1 colher (chá) de pimenta-calabresa
sal e pimenta-do-reino moída na hora

1 Em um recipiente pequeno de um processador de alimentos, moa todos os ingredientes para a crosta, até formar um pó fino.

2 Coloque a carne sobre um pedaço grande de filme de PVC e esfregue bem a mistura por toda a peça. Enrole-a firmemente no filme de PVC e leve à geladeira por pelo menos 1 hora.

3 Coloque todos os ingredientes para o molho chimichurri no liquidificador ou no processador de alimentos e bata até formar um molho verde, grosso e emulsificado. Transfira para uma tigela, cubra com filme de PVC e leve à geladeira por pelo menos 1 hora, para os sabores se desenvolverem.

4 Quando estiver tudo pronto para cozinhar, tire a carne e o molho da geladeira e deixe-os voltarem à temperatura ambiente. Pincele a carne com um pouco de azeite e asse na churrasqueira, ou sob um grill, por 4-10 minutos de cada lado, dependendo de como preferir a carne: para malpassada, deixe 4-6 minutos de cada lado; ao ponto, 6-8 minutos; bem-passada, 8-10 minutos.

5 Retire do fogo e deixe a carne descansar, coberta com papel-alumínio, por pelo menos 10 minutos antes de fatiar e servir com o molho chimichurri.

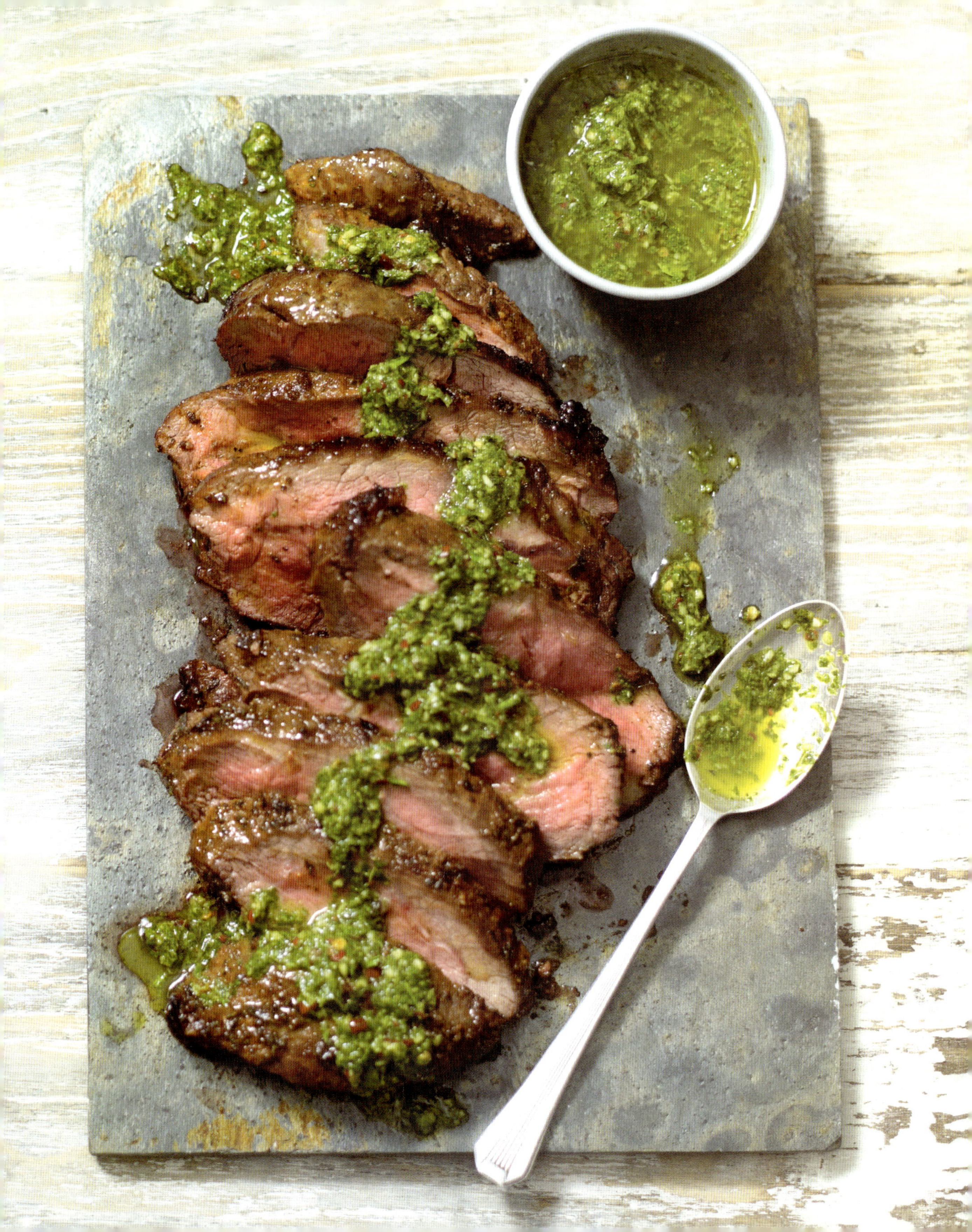

WRAP DE CARNE DE PORCO

A carne de porco é cozida até ficar suculenta e desmanchando, para ser então desfiada e envolvida em um molho delicioso.

★ **6-8 PORÇÕES**
★ **PREPARO** 30 minutos, mais marinada
★ **COZIMENTO** 3 horas, mais descanso

Ingredientes
2 kg de paleta de porco com osso
sal para esfregar

Para a marinada
2 colheres (sopa) de óleo de girassol ou canola, mais um pouco para esfregar
1 cebola picadinha
2 dentes de alho amassados
100 g de ketchup
4 colheres (sopa) de vinagre
1 colher (chá) de tabasco ou outro molho de pimenta picante
1 colher (chá) de molho inglês
1 colher (chá) de mostarda em pó
2 colheres (sopa) de mel

Para servir
wraps de tortilha
soured cream (p. 12)
salsa de pêssego (p. 10) ou salsa verde (p. 79)
guacamole (p. 11)
alface
cebola roxa cortada em fatias finas

1 Para fazer a marinada, aqueça o óleo em uma panela pequena de fundo grosso. Frite a cebola em fogo médio por 5 minutos, até ficar macia. Adicione o alho e cozinhe por mais 1 minuto. Junte os ingredientes restantes e mais 100 ml de água e misture bem.

2 Deixe ferver, reduza o fogo para manter uma fervura leve e cozinhe, destampado, por 20 minutos, até que o molho fique espesso. Use um liquidificador ou mixer para bater e tornar homogêneo. Deixe esfriar. Esfregue a marinada na carne de porco, depois transfira para um prato grande e raso. Tampe e deixe marinar na geladeira por pelo menos 4 horas, ou de preferência durante a noite.

3 Preaqueça o forno a 180°C. Transfira a carne de porco e a marinada para uma assadeira. Coloque um pedaço de papel-manteiga por cima (para impedir a pele de grudar no alumínio) e vede com uma camada dupla de papel-alumínio. Cozinhe a carne de porco por 2h30.

4 Prepare a churrasqueira. Retire a carne do forno. Seque a pele com papel-toalha e esfregue um pouco de óleo, depois um pouco de sal. Grelhe na churrasqueira quente por 10-15 minutos de cada lado, primeiro com a pele virada para baixo; depois que a pele virar torresmo – ficar crocante e chamuscada em alguns pontos –, vire cuidadosamente a carne, usando pinças.

5 Enquanto isso, despeje o caldo da assadeira em uma panela e retire toda a gordura. Reduza o caldo em fogo médio, até formar um molho consistente.

6 Retire o torresmo da carne e mantenha-o descoberto (ou ele vai ficar borrachudo) enquanto deixa a carne descansar envolta em papel-alumínio por 10 minutos. Quando estiver pronto para servir, quebre o torresmo em pedaços. Corte a carne de porco empilhando uma fatia sobre a outra, regue com o molho e sirva com os wraps e os outros acompanhamentos.

PRATOS PRINCIPAIS E ACOMPANHAMENTOS ★ 131

GUISADO DE BRUNSWICK

Tanto o condado de Brunswick, na Virginia, quanto a cidade de Brunswick, na Georgia, reclamam a paternidade desse prato.

- ★ **6-8 PORÇÕES**
- ★ **PREPARO** 15 minutos
- ★ **COZIMENTO** 3 horas

Ingredientes

1 colher (sopa) de manteiga
800 g de sobrecoxa de frango com pele e osso
350 g de lombo de porco com osso
2 dentes de alho amassados
300 g de cebola cortada em cubos
100 g de aipo fatiado
250 g de batata com casca cortada em cubos
340 g de milho-verde em lata com caldo
250 g de favas verdes cozidas com caldo
2 latas de 400 g de tomate picado com caldo
1 colher (chá) de pimenta-calabresa
2 colheres (sopa) de molho inglês
sal e pimenta-do-reino moída na hora

1 Em uma panela grande de sopa, aqueça a manteiga e doure o frango e o porco em fogo médio por 1-2 minutos de cada lado. Retire da panela e reserve.

2 Adicione à panela o alho, a cebola, o aipo e as batatas e refogue por 4-5 minutos, ou até a cebola amolecer. Junte o milho, as favas, o tomate, a pimenta-calabresa e o molho inglês. Recoloque as carnes na panela e mexa bem.

3 Adicione 250 ml de água. Leve à fervura, reduza o fogo e deixe cozinhar sem tampa por 3 horas. Retire a carne da panela com uma escumadeira e transfira para um prato. Descarte a pele do frango e desfie a carne com um garfo. Descarte os ossos e devolva a carne ao guisado. Tempere a gosto e sirva quente.

PRATOS PRINCIPAIS E ACOMPANHAMENTOS

ENCHILADA DE PORCO DESFIADO COM MOLE

O mole é um molho tradicional mexicano de sabor especial e profundo, com pimenta e um pouco de chocolate amargo.

- **4 PORÇÕES**
- **PREPARO** 20 minutos
- **COZIMENTO** 1h30

Ingredientes
900 g de lombo ou filé-mignon de porco
225 g de cheddar inglês ou parmesão ralado
4 tortilhas grandes

Para o mole
1 colher (chá) de azeite
1 cebola picadinha
3 dentes de alho amassados
30 g de chocolate amargo
2 latas de 400 g de tomate picado
1 colher (chá) de pasta de pimenta chipotle
uma pitada de pimenta-de-caiena
uma pitada de canela em pó
uma pitada de açúcar
sal e pimenta-do-reino moída na hora

1 Para fazer o mole, aqueça o azeite em uma panela grande em fogo médio. Adicione a cebola e refogue por 4 minutos, até ficar macia, depois adicione o alho e refogue por mais 1 minuto. Junte o chocolate, o tomate, a pasta de chipotle, a pimenta-de-caiena, a canela e o açúcar. Tempere bem. Abaixe o fogo para manter uma fervura leve.

2 Em uma frigideira, sele a carne de porco por cerca de 30 segundos de cada lado em fogo alto. Transfira a carne para a panela com o mole, virando uma vez para revesti-la. Cozinhe no molho por 1 hora, mexendo de vez em quando. Retire a carne do molho e desfie com um garfo.

3 Preaqueça o forno a 180°C. Divida a carne e metade do queijo entre as quatro tortilhas. Enrole-as bem apertado.

4 Despeje metade do mole em uma tigela refratária. Coloque as tortilhas recheadas alinhadas sobre o molho, com o lado da emenda voltado para baixo. Cubra com o molho e o queijo restantes e leve ao forno por 25 minutos. Sirva quente junto com o feijão-preto refrito e o pico de gallo da p. 166.

O **chocolate amargo** pode ser usado para dar profundidade de sabor a pratos salgados, pois não é muito doce. Use um chocolate de boa qualidade, com pelo menos 70% de cacau.

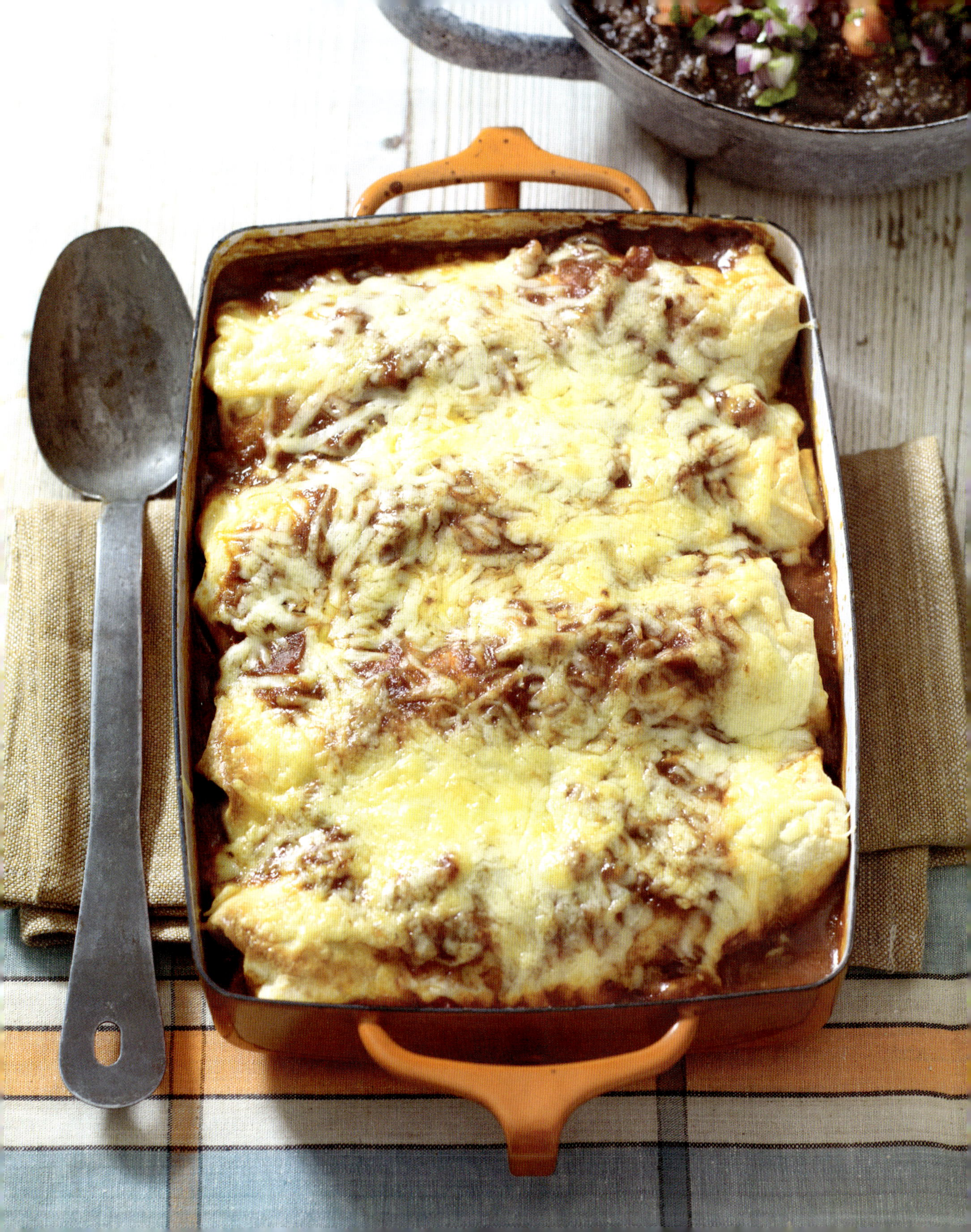

COSTELINHA NO BAFO

O vapor formado quando se assam essas costelinhas – devagar e em forno bem brando – faz a carne derreter na boca de tão macia.

- ★ **4 PORÇÕES**
- ★ **PREPARO** 30 minutos, mais marinada
- ★ **COZIMENTO** 2h30

Ingredientes
1 costelinha de porco (cerca de 1 kg)

Para a marinada seca
2 colheres (sopa) de açúcar mascavo
2 colheres (chá) de páprica defumada ou pimenta ancho em pó
1 colher (chá) de mostarda em pó
½ colher (chá) de cominho em pó
½ colher (chá) de sal com aipo
½ colher (chá) de sal com alho
½ colher (chá) de pimenta-do-reino moída na hora

Para o molho barbecue
4 colheres (sopa) de óleo de girassol ou canola
1 cebola pequena picadinha
2 dentes de alho amassados
4 colheres (sopa) de suco de maçã
3 colheres (sopa) de ketchup
2 colheres (sopa) de vinagre de maçã
1 colher (sopa) bem cheia de açúcar mascavo
1 colher (sopa) de mel
2 colheres (chá) de molho de pimenta picante
1 colher (chá) de molho inglês
1 colher (chá) bem cheia de mostarda suave
1 colher (chá) de páprica defumada ou pimenta ancho em pó
¼ de colher (chá) de sal com aipo
¼ de colher (chá) de pimenta-da-jamaica
sal e pimenta-do-reino moída na hora

1 Misture todos os ingredientes para a marinada seca em uma tigelinha. Lave a costelinha e seque-a com papel-toalha. Coloque-a sobre um pedaço grande de papel-alumínio resistente e esfregue um terço da mistura no lado do osso e os outros dois terços no lado mais carnudo. Esfregue muito bem os temperos e em seguida embrulhe bem apertado a costelinha no papel-alumínio, prestando atenção para deixá-la completamente selada. Leve à geladeira por 1 hora.

2 Preaqueça o forno a 150ºC. Coloque a costelinha embrulhada em uma assadeira grande e asse por 2 horas com o lado carnudo virado para cima (o arco de dentro da costelinha vai ficar ligeiramente afastado da base da assadeira).

3 Para o molho barbecue, aqueça o óleo em uma panela pequena de fundo grosso e frite a cebola em fogo médio por cerca de 5 minutos, até ficar macia, mas sem dourar. Adicione o alho e frite por mais 2 minutos. Junte os ingredientes restantes, mais 4 colheres (sopa) de água, misture tudo e leve à fervura. Reduza o fogo até obter uma fervura leve e cozinhe destampado por 15 minutos, até reduzir e engrossar. Bata o molho até ficar homogêneo, seja no liquidificador ou com um mixer, na panela. Despeje metade em uma tigela para pincelar a costelinha e reserve a outra metade para servir.

4 Preaqueça uma churrasqueira ou uma grelha. Quando a costelinha estiver cozida, retire do forno e desembrulhe com cuidado, para não se queimar com o vapor e o líquido quentes. Coloque a costelinha sobre uma tábua com o lado carnudo virado para baixo e pincele generosamente com o molho barbecue. Asse na brasa com o lado do osso virado para baixo, e enquanto isso vá pincelando o lado carnudo com mais molho.

5 Vire a costelinha com cuidado, assim que o lado de baixo estiver crocante e com uma cor marrom escura (cerca de 5 minutos, dependendo do calor da churrasqueira), e asse do outro lado por mais 5 minutos. Sirva a carne sobre uma tábua, cortada em costelas individuais e com mais molho.

DICA DO COZINHEIRO Prepare a carne com até 2 dias de antecedência, depois finalize na churrasqueira ou na grelha antes de comer.

PRESUNTO GLACEADO COM ABACAXI

Um presunto inteiro é uma boa pedida para alimentar um batalhão – e a cobertura agridoce dá sabor e cor ao prato final.

- ★ **8-10 PORÇÕES**
- ★ **PREPARO** 20 minutos
- ★ **COZIMENTO** 2h30

Ingredientes
2 kg de presunto ou pernil defumado

Para glacear
3 colheres (sopa) bem cheias de geleia de abacaxi
2 colheres (sopa) de suco de abacaxi
1 colher (sopa) de mel
1 colher (sopa) bem cheia de açúcar mascavo
2 colheres (sopa) de mostarda com grãos
sal e pimenta-do-reino moída na hora

1 Preaqueça o forno a 160°C. Coloque o presunto com o lado da pele para cima em uma grade dentro de uma assadeira grande e despeje 2,5 cm de água no fundo. Cubra com papel-alumínio e aperte bem, com o cuidado de vedar perfeitamente, para que o vapor não escape. Asse por 2 horas.

2 Enquanto isso, misture todos os ingredientes para glacear em uma panela e leve à fervura. Abaixe o fogo para borbulhar de leve e cozinhe por 5-7 minutos, até engrossar.

3 Retire o presunto do forno e aumente a temperatura para 200°C. Remova a pele (mas deixe uma camada fina de gordura), faça cortes em um padrão cruzado e pincele com um pouco do glacê, como mostrado abaixo.

4 Jogue fora a água da assadeira e recoloque o presunto no forno por 30 minutos, pincelando com o glacê a cada 10 minutos, até ficar dourado e crocante. Sirva quente com o gratinado de batata arco-íris (p. 158) e a vagem ao forno (p. 149).

COMO GLACEAR UM PRESUNTO

1 Com uma faca afiada, risque cortes na gordura em um padrão cruzado até encostar na carne. Isso fará o glacê penetrar no pernil e dar mais sabor.

2 Usando uma espátula, espalhe um pouco da mistura de glacê de maneira uniforme sobre a gordura riscada.

PRATOS PRINCIPAIS E ACOMPANHAMENTOS

COSTELETA DE PORCO COM BACON E MAÇÃ

Um jantar simples pode ser transformado em banquete com uma compota salgada de maçã feita com caldo de carne.

★ **4 PORÇÕES**
★ **PREPARO** 10 minutos
★ **COZIMENTO** 25 minutos

Ingredientes

4 lombos de costeleta de porco, sem osso, com cerca de 175 g e 2,5 cm cada, cortados ao meio e com toda a gordura removida
2 colheres (sopa) de azeite
2 colheres (sopa) de manteiga sem sal
sal e pimenta-do-reino moída na hora

Para a compota

1 cebola roxa pequena picadinha
2 fatias grossas de bacon defumado picadinhas
1 maçã descascada sem miolo picadinha
1 colher (sopa) de folhas de sálvia picadinhas
125 ml de caldo de frango quente
60 ml de creme de leite light
1 colher (chá) de maple syrup

1 Para dividir um lombo de costeleta ao meio, coloque-o sobre uma tábua de cortar. Com uma faca afiada, faça uma incisão horizontal com cerca de 2,5 cm de profundidade no sentido do comprimento. Certifique-se de que a parte de cima e a de baixo fiquem com uma espessura uniforme. Vá cortando o lombo mais fundo, puxando e abrindo a camada superior, e pare quando sobrarem 2,5 cm até a outra extremidade. Abra as duas abas como se fossem um livro e coloque-as, planas, sobre a tábua. Retire toda a gordura. Repita o procedimento para os lombos restantes.

2 Em uma frigideira grande de fundo grosso, aqueça 1 colher (sopa) de azeite e outra de manteiga. Tempere bem as costeletas e frite-as por 3-4 minutos de cada lado, até ficarem bem douradas e cozidas. Se houver espaço para fritar apenas duas de cada vez, mantenha a carne cozida aquecida no forno em temperatura baixa, coberta com um pedaço de papel-alumínio, enquanto frita o restante; acrescente um pouco mais de azeite e manteiga, se necessário.

3 Enquanto a carne descansa, aqueça o azeite e a manteiga restantes na frigideira. Adicione a cebola e refogue em fogo médio por 5 minutos, até ficar macia, mas sem dourar. Adicione o bacon e deixe fritar por mais 2 minutos, até ficar crocante. Por último, acrescente a maçã e a sálvia e refogue por mais 2 minutos, ou até a maçã começar a amolecer.

4 Aumente o fogo e adicione o caldo de frango. Deixe levantar fervura e junte o creme de leite e o maple syrup. Abaixe o fogo para manter uma fervura leve e cozinhe a compota por cerca de 5 minutos, ou até o líquido reduzir e formar um molho espesso. Ajuste o tempero, se necessário, e sirva com as costeletas, além do purê de batata da p. 156 e da couve da p. 148.

DICA DO COZINHEIRO Antes de servir as costeletas, escorra cuidadosamente os líquidos de cozimento da carne no recipiente de aquecimento da compota, para dar mais sabor. Se isso deixar a compota com uma consistência muito líquida, cozinhe por mais 1-2 minutos.

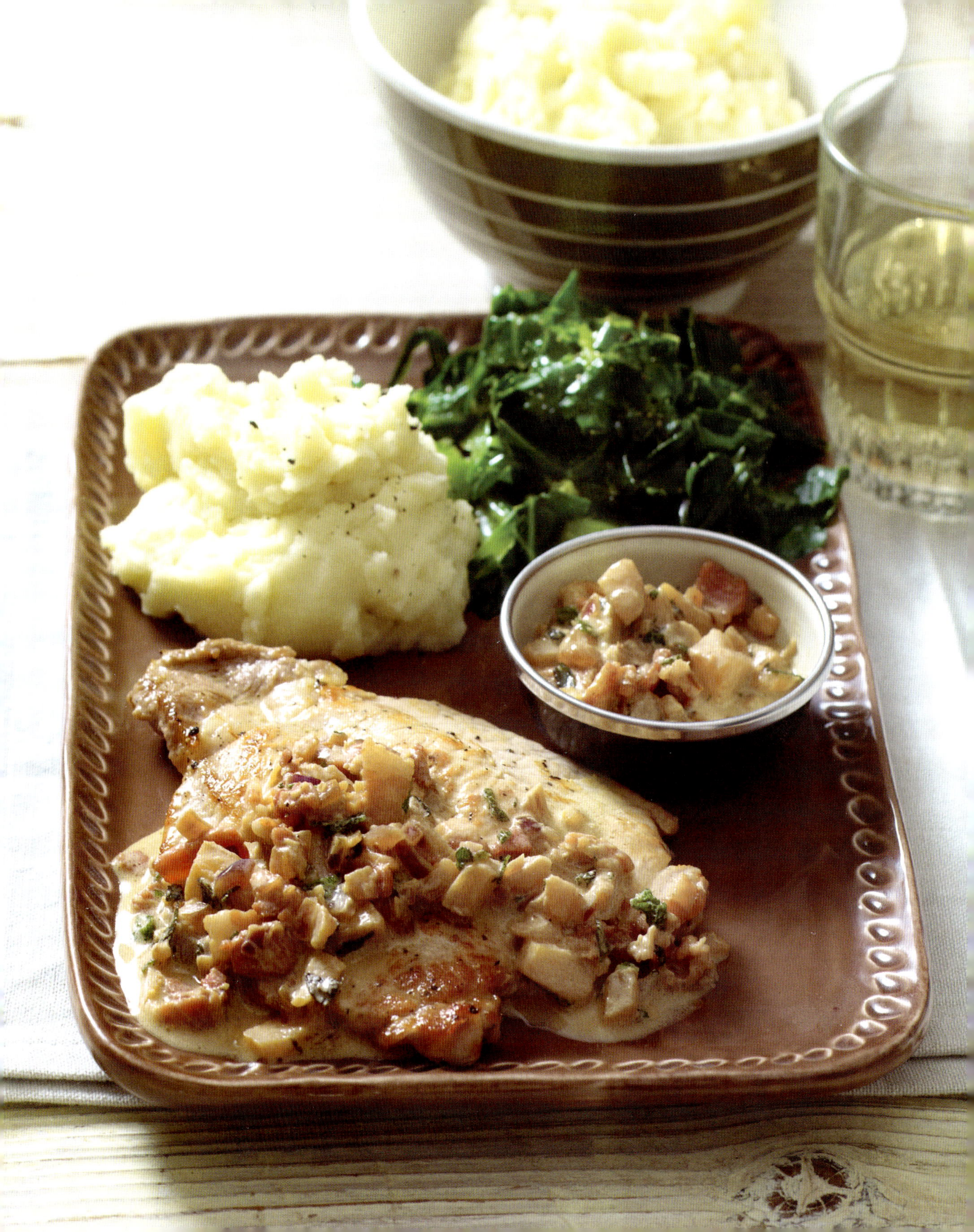

PRATO PRINCIPAL CLÁSSICO

MAC 'N' CHEESE

Um mac 'n' cheese consistente e cremoso é um dos maiores sucessos da mesa familiar norte-americana.

- ★ 4 PORÇÕES
- ★ **PREPARO** 10 minutos
- ★ **COZIMENTO** 15 minutos

Ingredientes

300 g de macarrão de formato parafuso ou caracol
50 g de manteiga
50 g de farinha de trigo
450 ml de leite integral
150 g de cheddar inglês ralado
50 g de pecorino ralado
sal e pimenta-do-reino moída na hora
brócolis no vapor, para servir

1 Cozinhe o macarrão em água fervente com sal, seguindo as instruções da embalagem. Escorra e transfira para um refratário raso.

2 Enquanto isso, derreta a manteiga em uma panela. Junte a farinha, batendo em fogo baixo, e cozinhe por 2 minutos, mexendo sempre, até a mistura começar a borbulhar.

3 Tire a panela do fogo e junte o leite, um pouquinho de cada vez, mexendo bem a cada adição, até acrescentar tudo e o molho ficar liso. Volte ao fogo e continue mexendo até o molho engrossar. Reduza o fogo e deixe cozinhar, mexendo de vez em quando, por mais 5 minutos. Tenha o cuidado de raspar bem as bordas da panela, pois se algo ficar grudado, o molho pode queimar. Adicione 100 g de cheddar e mexa até derreter.

4 Preaqueça o grill do forno na potência mais alta. Despeje o molho sobre o macarrão, tempere com pimenta-do-reino e mexa bem para revestir. Polvilhe o cheddar restante e o pecorino por cima. Coloque em uma assadeira e leve sob o grill por 5 minutos, ou até borbulhar. Sirva com brócolis no vapor.

O **macarrão** é um item essencial em qualquer despensa. Tenha sempre à mão alguns de formatos variados.

PROVE...

TOMATE E RICOTA

Aqueça 225 g de **cream cheese** em fogo baixo com 250 g de **ricota** e 2 colheres (sopa) bem cheias de farinha de trigo. Leve à fervura, mexendo bem até derreter. Adicione 60 g de parmesão ralado e tempere. Despeje sobre o macarrão cozido, junte um pouco de **manjericão** picado e 12 **tomates-cereja** cortados ao meio, e asse como de costume.

ATUM E ERVILHAS

Adicione 1 lata de **atum** escorrido e amassado e 150 g de **ervilha** congelada ao molho no final da etapa 3.

TIRA-GOSTO

Pegue colheres de sopa da mistura de mac 'n' cheese com a mão úmida e enrole formando bolotas. Passe na farinha, depois em um pouco de **ovo batido** e depois em um pouco de **farinha de rosca misturada com parmesão**. Frite em óleo quente (cerca de 180°C) em lotes de 4 por 2-3 minutos, virando de vez em quando, até ficar dourado e crocante.

PRATOS PRINCIPAIS E ACOMPANHAMENTOS

FEIJÃO-VERMELHO COM QUINOA

Arroz com feijão-vermelho é um prato crioulo clássico. Use a quinoa em vez do arroz para dar um toque saudável e moderno.

- ★ 4-6 PORÇÕES
- ★ **PREPARO** 15 minutos
- ★ **COZIMENTO** 1 hora

Ingredientes

1 colher (sopa) de azeite
3 dentes de alho amassados
1 cebola picada
1 pimentão verde sem sementes picado
1 pimentão vermelho sem sementes picado
500 g de feijão-vermelho cozido escorrido
400 g de tomate em lata picado
450 g de salsicha de peru
1 colher (chá) de pimenta-calabresa
1 colher (chá) de tomilho picado
1 colher (chá) de sálvia picada
400 g de quinoa branca ou vermelha
sal e pimenta-do-reino moída na hora

1 Em uma panela grande, aqueça o azeite em fogo médio. Refogue o alho, depois acrescente a cebola e frite até dourar. Adicione os pimentões, o feijão e o tomate e reduza o fogo para manter uma fervura leve.

2 Frite as salsichas em uma frigideira por 10 minutos. Retire da frigideira, corte em fatias de 1 cm e acrescente aos vegetais, junto com o sal e a pimenta-do-reino, a pimenta-calabresa, o tomilho e a sálvia. Deixe cozinhar em fervura leve, destampado, por 45 minutos.

3 Enquanto isso, coloque a quinoa em uma panela grande de fundo grosso com 1 litro de água. Leve à fervura, reduza para manter uma fervura leve, tampe e cozinhe por 30 minutos, ou até toda a água ser absorvida. Afofe a quinoa com um garfo e sirva com a salsicha e os vegetais por cima.

DICA DO COZINHEIRO Para uma versão vegetariana, não use a salsicha de peru e proceda conforme indica a receita.

A **quinoa**, um superalimento muito antigo que virou moda recentemente, é uma ótima fonte vegetal de proteínas.

FAJITA VEGETARIANA COM CREME DE COENTRO

Prepare todos os vegetais com antecedência, pois as fajitas requerem ingredientes cozidos rapidamente e servidos quentes.

★ **4 PORÇÕES**
★ **PREPARO** 15 minutos
★ **COZIMENTO** 15 minutos

Ingredientes
2 espigas de milho-verde
2 colheres (sopa) de azeite, para fritar
2 dentes de alho amassados
1 pimenta jalapeño ou outra pimenta verde suave picadinha
3 cebolas médias picadas
1 pimentão verde grande sem sementes picado
8 tortilhas pequenas

Para a marinada
1 colher (sopa) de azeite
suco de 3 limões-taiti
1 colher (chá) de pasta de pimenta chipotle
4 cogumelos portobello grandes fatiados
sal e pimenta-do-reino moída na hora

Para o creme de coentro
210 g de iogurte de consistência firme
suco de 1 limão-taiti
um punhado de coentro picado

1 Para fazer a marinada, misture em uma tigela o azeite, o suco de limão-taiti e a pasta de pimenta chipotle e tempere a gosto. Acrescente o cogumelo fatiado, cubra e deixe marinar por 10 minutos. Para fazer o creme de coentro, misture em uma tigelinha o iogurte, o suco de limão-taiti e o coentro.

2 Segure o milho na vertical sobre uma tábua e, com uma faca afiada, corte os grãos (veja técnica na p. 152). Aqueça o azeite em uma frigideira funda. Adicione o alho, a pimenta jalapeño, a cebola, a pimenta e os grãos de milho-verde. Refogue, mexendo com frequência, por 3-5 minutos, ou até ficar dourado e cozido. Retire os vegetais da frigideira.

3 Adicione à frigideira os cogumelos junto com a marinada e refogue em fogo médio-alto por 1-2 minutos de cada lado, até dourar.

4 Coloque os vegetais sobre as tortilhas e cubra com o cogumelo e o creme de coentro. Sirva quente.

HUSHPUPPIE DE JALAPEÑO, CEBOLA E QUEIJO

Esses tira-gostos deliciosos são feitos com massa de milho frita, temperada com jalapeños picantes e queijo salgado.

- ★ **20 UNIDADES**
- ★ **PREPARO** 15 minutos, mais descanso
- ★ **COZIMENTO** 15 minutos

Ingredientes

150 g de fubá
75 g de farinha com fermento
1 colher (chá) de fermento em pó
1 colher (chá) de açúcar
½ colher (chá) de pimenta-de--caiena
½ colher (chá) de sal
pimenta-do-reino moída na hora
60 g de cheddar inglês ralado
1 pimenta jalapeño ou outra pimenta verde suave grande picadinha
4 cebolinhas grandes aparadas picadinhas
250 ml de leitelho (ou faça o seu, p. 12)
1 ovo
1 litro de óleo de girassol ou canola, para fritar

1 Peneire o fubá, a farinha, o fermento, o açúcar, a pimenta-de-caiena e o sal em uma vasilha e tempere bem com pimenta-do-reino. Adicione o queijo, a pimenta jalapeño e a cebolinha e misture bem para incorporar.

2 Bata o leitelho com o ovo em uma jarrinha. Faça uma cova no meio dos ingredientes secos e adicione a mistura do leitelho, batendo com um fouet, até formar uma massa grossa. Deixe descansar por 10 minutos.

3 Em uma panela grande de fundo grosso ou em uma fritadeira, aqueça o óleo a 190°C, como mostra a técnica na p. 144. Com uma colher medidora levemente untada, molde a massa em colheradas pequenas e arredondadas e derrube-as rapidamente no óleo quente.

4 Frite por 2-3 minutos, virando de vez em quando, até inflar e dourar. Retire os hushpuppies do óleo com uma escumadeira de metal e escorra-os em papel-toalha. Sirva imediatamente.

DICA DO COZINHEIRO Ao fazer frituras, não deixe a panela muito cheia, para que os bolinhos dourem direito. É melhor fritar em lotes. Nunca encha uma panela além da metade com o óleo, pois ele pode transbordar quando se adicionam os alimentos que serão fritos.

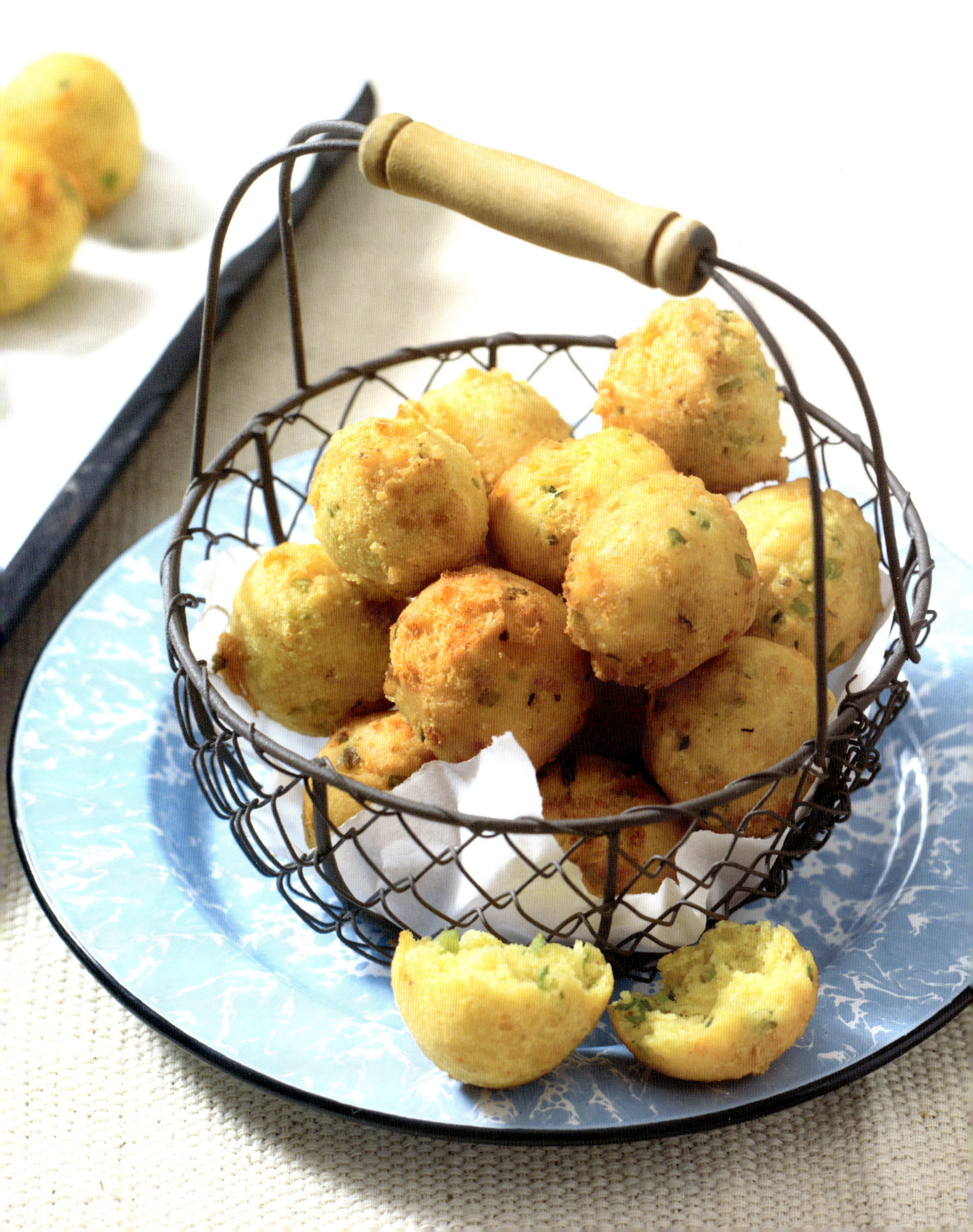

ONION RINGS COM AÏOLI DE CHIPOTLE

Esse prato saboroso é ótimo acompanhamento para a carne ao molho chimichurri (p. 128) e vai bem também como tira-gosto.

- ★ 20 UNIDADES
- ★ **PREPARO** 15 minutos
- ★ **COZIMENTO** 15 minutos

Ingredientes
1 litro de óleo de girassol ou canola, para fritar
130 g de farinha de trigo
1 colher (chá) de páprica defumada ou pimenta ancho em pó
½ colher (chá) de pimenta-de-caiena
½ colher (chá) de sal
1 cebola grande
250 ml de leite
2 ovos
150 g de miolo de pão ralado
1 colher (sopa) de molho de pimenta picante

Para o aïoli
220 g de maionese
1 colher (sopa) de pasta de pimenta chipotle
4 dentes de alho picados
suco de 1 limão-siciliano

1 Em uma panela grande de fundo grosso ou em uma fritadeira, aqueça o óleo a 190°C para fritar (veja técnica abaixo). Em uma tigela média, misture a farinha, a páprica, a pimenta-de-caiena e o sal.

2 Descasque e corte a cebola em fatias de 1 cm; separe as rodelas. Passe as rodelas de cebola na mistura de farinha, retire e reserve.

3 Adicione o leite, os ovos, o miolo de pão ralado e o molho de pimenta picante à mistura de farinha. Mergulhe as rodelas de cebola na massa, cobrindo todos os lados de maneira uniforme, e frite no óleo por 3-4 minutos, ou até dourar. Retire com uma escumadeira e deixe esfriar um pouco sobre uma grade (ou sobre papel-toalha).

4 Enquanto a cebola estiver fritando, misture todos os ingredientes do aïoli em uma tigelinha. Sirva as onion rings quentes com o aïoli.

COMO AQUECER ÓLEO

1 Adicione o óleo à panela, cuidando para não encher mais do que a metade. Aqueça a 190°C e jogue um cubo de pão para testar se o óleo está no ponto.

2 Deixe o pão no óleo por 1 minuto. Se estiver quente o suficiente, o pão vai dourar. Retire com uma escumadeira.

SUCCOTASH DE SOJA

Essa receita fica mais crocante e moderna quando se substitui a fava verde, mais tradicionalmente usada, por soja.

- ★ **4 PORÇÕES**
- ★ **PREPARO** 10 minutos
- ★ **COZIMENTO** 10-12 minutos

Ingredientes
2 espigas de milho-verde
200 g de soja verde em grão congelada
2 colheres (sopa) de azeite
1 cebola roxa pequena picadinha
2 dentes de alho picadinho
60 g de pancetta cortada em cubos pequenos
2 colheres (sopa) de vinagre balsâmico
1 colher (chá) de shoyu
½ colher (chá) de açúcar
150 g de tomate-cereja cortado ao meio
2 cebolinhas aparadas picadinhas
sal e pimenta-do-reino moída na hora
2 colheres (sopa) de hortelã picadinha, mais um pouco para guarnecer

1 Segure a espiga de milho de pé sobre uma tábua e, com uma faca afiada, corte os grãos (veja técnica na p. 152). Coloque-os junto com a soja em uma panela grande de água fervente e cozinhe por 2-3 minutos, até ficarem cozidos, mas ainda al dente. Escorra os grãos e coloque-os em uma tigela com água gelada – isso ajuda a interromper o processo de cozimento e preserva a cor. Escorra bem e reserve.

2 Aqueça o azeite em uma frigideira grande de fundo grosso em fogo médio. Refogue a cebola por 5 minutos, até ficar macia, mas sem dourar. Adicione o alho e a pancetta e frite por mais 3-4 minutos, até a pancetta ficar crocante.

3 Retire do fogo, acrescente o vinagre, o shoyu e o açúcar e tempere bem. Adicione à panela o milho e a soja, o tomate, a cebolinha e a hortelã e mexa bem. Transfira a salada para uma travessa e espalhe mais hortelã por cima, se desejar. Sirva morno ou à temperatura ambiente.

DICA DO COZINHEIRO Se você não encontrar soja, experimente usar favas frescas. Para melhores resultados, escalde os grãos rapidamente e retire a pele para revelar sua cor verde viva.

O **tomate-cereja** é adocicado, ácido e de sabor acentuado – e uma boa opção para dar cor a qualquer prato.

ACOMPANHAMENTO CLÁSSICO

FEIJÃO ASSADO DE BOSTON

Essa é uma receita tradicional, que remonta ao tempo dos primeiros colonos norte-americanos.

- ★ 4-6 PORÇÕES
- ★ **PREPARO** 15 minutos
- ★ **COZIMENTO** 2h30

Ingredientes
300 g de bacon defumado picado ou pancetta cortada em cubos
750 g de feijão-branco cozido
300 g de cebola cortada em cubos
3 dentes de alho picados
300 ml de melaço
1 colher (chá) de alho em pó
60 ml de vinagre de maçã
2 colheres (chá) de mostarda em pó
1 colher (chá) de páprica
2 colher (chá) de sal e uma pitada de pimenta-do-reino moída na hora
20 g de salsinha picada, para guarnecer

1 Preaqueça o forno a 160°C. Em uma panela de sopa de fundo grosso ou caçarola refratária, doure o bacon em fogo alto por 5 minutos de cada lado. Retire da panela e reserve.

2 Adicione à panela um terço do feijão, um terço do caldo e um terço da cebola, depois coloque um terço do alho por cima e cubra com um terço do bacon. Repita o procedimento para fazer mais duas camadas.

3 Em uma tigela média, misture o melaço, o alho em pó, o vinagre, a mostarda em pó, a páprica, o sal e a pimenta. Despeje sobre o feijão e leve para assar ao forno, destampado, por 2h30. Tempere a gosto e sirva quente, decorado com salsinha.

O **melaço**, escuro e caramelado, tem um sabor complexo.

PROVE...

TOQUE TEX-MEX
Substitua o feijão-branco pela mesma quantidade de **feijão-preto** e troque o melaço por 400 g de **tomate em lata picado** (com o caldo) e 1 colher (sopa) de **pasta de pimenta chipotle**.

OPÇÃO VEGANA
Troque o bacon por 125 g de **amêndoas** e substitua um terço do feijão-branco pela mesma quantidade de **grão-de-bico**.

MEL E KETCHUP
Experimente uma variação com açúcar mascavo, substituindo o melaço pela mesma quantidade de **mel**, mais 60 g de **açúcar mascavo** e 100 g de **ketchup**.

COUVE AGRIDOCE

O agridoce – ou agrodolce, um molho tradicional italiano – recebe aqui um toque norte-americano com o uso do maple syrup.

- ★ **4 PORÇÕES**
- ★ **PREPARO** 15 minutos
- ★ **COZIMENTO** 15-20 minutos

Ingredientes

3 colheres (sopa) de azeite
1 cebola grande cortada em cubos pequenos
125 g de pancetta picadinha
2 dentes de alho amassados
300 g de couve sem o talo cortada em fatias finas, peso preparado
200 ml de caldo de frango quente
2 colheres (sopa) de vinagre balsâmico
1 colher (sopa) de maple syrup
sal e pimenta-do-reino moída na hora

1 Aqueça o azeite em uma panela grande de fundo grosso em fogo médio. Frite a cebola por 5 minutos, até ficar macia, mas sem dourar. Adicione a pancetta e frite por mais 2 minutos, até começar a ficar crocante. Em seguida, adicione o alho e frite por mais 1 minuto.

2 Adicione a couve fatiada à panela, em dois lotes se necessário, para fazê-la murchar. Misture-a com a cebola e a pancetta. Acrescente o caldo e tempere bem. Deixe ferver, abaixe o fogo para manter uma fervura leve e cozinhe tampado por 5 minutos, até a verdura murchar bem.

3 Retire a tampa e aumente o fogo para alto. Cozinhe a couve por mais 5 minutos, mexendo sempre, até o líquido evaporar e ela ficar macia.

4 Adicione o vinagre e o maple syrup e cozinhe por 1 minuto, até o líquido restante reduzir para um xarope brilhante. Verifique o tempero e sirva.

A **couve** é uma das verduras preferidas da região Sul dos EUA, mas qualquer variedade de folha verde escura pode ser usada nessa receita.

VAGEM AO FORNO

Essa versão moderna de um acompanhamento clássico da festa de Ação de Graças mistura a vagem em um molho de alho.

★ **6-8 PORÇÕES**
★ **PREPARO** 15 minutos
★ **COZIMENTO** 40 minutos

Ingredientes
500 ml de creme de leite fresco
2 colheres (sopa) de farinha de trigo
115 g de manteiga em cubos
3 dentes de alho amassados
225 g de champignon cortado em quatro
450 g de vagem limpa e aparada
1 colher (sopa) de azeite
100 g de echalota fatiada em rodelas finas
sal e pimenta-do-reino moída na hora

1 Preaqueça o forno a 180°C. Em uma panela, misture o creme de leite, a farinha, a manteiga, o alho e o tempero em fogo médio. Cozinhe por 5 minutos, ou até engrossar. Junte o champignon e cozinhe por mais 15 minutos.

2 Enquanto isso, leve à fervura uma panela grande de água salgada e escalde a vagem por 45-60 segundos, ou até que ela fique com cor verde viva. Escorra e lave em água fria para interromper o processo de cozimento.

3 Em uma frigideira, aqueça o azeite e refogue rapidamente a echalota em fogo médio-alto, até dourar. Espalhe a vagem em uma caçarola, de maneira uniforme, e regue com o molho de creme e champignon. Polvilhe a echalota por cima e leve ao forno, destampado, por 30-35 minutos, ou até a vagem ficar macia, mas ainda um pouco crocante. Sirva quente, acompanhada de peru assado com manteiga e alho (p. 94).

ACOMPANHAMENTO CLÁSSICO

SALADA COLESLAW

A maionese leve e a ardência suave da mostarda e da pimenta caracterizam essa salada de repolho.

★ **6 PORÇÕES**
★ **PREPARO** 20 minutos

Ingredientes
110 g de maionese
60 ml de vinagre de maçã
1 colher (chá) de mostarda em pó
1 colher (sopa) de mostarda de Dijon
1 colher (chá) de alho em pó
1 colher (chá) de pimenta-calabresa
½ repolho verde
1 cebola roxa cortada em fatias finas
4 cenouras pequenas raladas
3 talos de aipo cortados em fatias finas
sal e pimenta-do-reino moída na hora

1 Em uma tigela média, misture a maionese, o vinagre, a mostarda em pó e a de Dijon, o alho em pó e a pimenta-calabresa. Tempere bem.

2 Segure o repolho sobre uma tábua com o lado do talo para baixo e corte ao meio, em linha reta, de cima até embaixo. Retire o talo de cada metade e fatie o repolho. Transfira para uma tigela grande.

3 Adicione os outros vegetais e misture bem, até a maionese revestir tudo. Sirva gelado.

SIRVA COM

REUBEN
p. 80

FRANGO FRITO À MODA SULISTA
p. 96

PROVE...

COLESLAW ASIÁTICO

Misture 1 **repolho** fatiado, 2 **cenouras** raladas, 1 **pimentão vermelho** fatiado, um punhado de **folhas de coentro** picadas, 4 colheres (sopa) de **vinagre de arroz**, 2 de **óleo de gergelim**, 2 de **tahine**, 1 de **gengibre** picado e 1 de **alho** amassado. Tempere a gosto.

BRÓCOLI E BACON

Misture 1 **pé de brócolis cru** picado com 225 g de **pedacinhos de bacon** defumado, 100 g de **maionese**, 1 colher (sopa) de **mostarda de Dijon** e 60 ml de **vinagre de maçã**. Tempere a gosto.

MAÇÃ E CENOURA

Rale 3 **maçãs vermelhas** e 3 **cenouras** e misture com 60 ml de **vinagre de maçã**, 100 g de **maionese** e 160 g de **cereja seca**. Tempere bem.

CREME DE MILHO COM MANJERICÃO E PARMESÃO

Nessa receita, o milho fresco é cozido como em um risoto; o parmesão e o manjericão reforçam o ar italiano.

- ★ **4-6 PORÇÕES**
- ★ **PREPARO** 10 minutos
- ★ **COZIMENTO** 30 minutos

Ingredientes

500 g de grãos de milho-verde (cerca de 4 espigas)
50 g de manteiga sem sal
2 colheres (chá) de azeite
1 cebola picadinha
250 ml de caldo de frango ou de legumes
100 ml de creme de leite fresco
1 colher (chá) de farinha de trigo
50 g de parmesão ralado
2 colheres (sopa) de manjericão picadinho
sal e pimenta-do-reino moída na hora

1 Retire os grãos e o leite do sabugo de milho, como mostra a técnica abaixo. Tente usar espigas bem novas e frescas para essa receita, pois a pele dos grãos será mais macia e mais fácil de quebrar ao cozinhar.

2 Derreta a manteiga e o azeite em uma panela média de fundo grosso. Adicione a cebola e refogue em fogo baixo por 5 minutos, até ficar macia, mas sem dourar. Adicione à panela o milho com seu leite, mais o caldo; o milho deve ficar um pouquinho abaixo da altura do líquido. Deixe ferver, reduza para manter uma fervura leve e cozinhe tampado por 15 minutos, até o milho começar a amolecer. Se preferir um creme de milho mais homogêneo, use um mixer para liquidificar parte do milho enquanto ele ainda está na panela.

3 Retire a tampa, adicione o creme de leite, polvilhe a farinha por cima e aumente o fogo. Cozinhe em fogo alto, mexendo sempre, por 7-10 minutos, até o creme reduzir e engrossar e o milho ficar macio. Retire do fogo e junte o parmesão e o manjericão. Tempere a gosto ao fim do cozimento. Salgar no início pode endurecer a pele dos grãos e resultar em uma textura menos cremosa.

COMO RETIRAR OS GRÃOS DE UMA ESPIGA DE MILHO

1 Segure a espiga de milho de pé sobre uma tábua de cortar e, com uma faca afiada, corte nas laterais para soltar os grãos. Gire a espiga e repita.

2 Para extrair o leite, segure o sabugo na vertical sobre uma tigela e raspe as laterais com a borda sem corte da faca. Esse leite ajuda a engrossar o prato.

MILHO COM MANTEIGA DE LIMÃO E PIMENTA

Essa manteiga é um jeito fácil de dar sabor a legumes, carnes ou peixes grelhados. Ela congela bem por até 6 meses.

★ **4 PORÇÕES**
★ **PREPARO** 10 minutos
★ **COZIMENTO** 10 minutos, mais congelamento

Ingredientes
100 g de manteiga em temperatura ambiente sem sal
raspas de 1 limão-taiti
½ colher (chá) de pimenta em pó ou pimenta-de-caiena
½ colher (chá) de sal
4 espigas de milho-verde
um pouco de azeite
pimenta-do-reino moída na hora

1 Prepare uma churrasqueira. Em uma tigelinha, misture a manteiga com as raspas de limão, a pimenta em pó, o sal e a pimenta-do-reino.

2 Corte um pedaço quadrado de papel-manteiga com cerca de 15 cm de lado. Coloque a manteiga no meio de uma das margens do papel e molde-a em formato de salsichão. Role a manteiga por cima do papel e torça as extremidades para apertar. Leve ao congelador por pelo menos 30 minutos antes de usar (ou congele até quando necessário).

3 Cozinhe as espigas de milho em uma panela grande de água fervente por até 5 minutos para o milho ficar macio (o tempo dependerá do tamanho e da idade das espigas). Escorra bem, esfregue-as com um pouco de azeite e grelhe na churrasqueira quente por 6 minutos, virando com frequência, até ficarem levemente chamuscados em todos os lados.

4 Sirva o milho-verde com um disco de 1 cm da manteiga gelada por cima, para derreter.

Um gosto do
MEIO-OESTE

Os estados sem litoral da região Meio-Oeste, conhecida como "coração" e "celeiro" dos EUA, apresentam vastas planícies com plantações de trigo, milho e soja.

COMIDAS E SABORES

★ O **pierogi**, parecido com um ravioli, foi popularizado na região por imigrantes poloneses.

★ O **chili** é um clássico da região Sudoeste, mas o Meio-Oeste também tem a sua versão, temperada levemente com canela e cravo.

★ Os escandinavos introduziram as **lefse** – panquecas finas feitas de farinha de trigo e purê de batata.

★ Além do **trigo**, do **milho** e da **batata** cultivados nas Grandes Planícies, as pastagens férteis são um centro de produção de **carne bovina**.

★ O estado de **Iowa** é uma região importante para a produção de carne suína nos EUA.

★ Chicago é o lar da **pizza "deep-dish"**, famosa pela espessura e pelo recheio generoso de molho e queijo.

Após os imigrantes alemães – os primeiros a se estabelecer ali, no século XVIII –, seguiram-se colonos da Grã-Bretanha e do norte e do Leste Europeu, principalmente da Escandinávia e da Polônia. A comida desses imigrantes era inteiramente preparada em casa, reconfortante, ideal para os severos e longos invernos da região.

Quando as pessoas se reuniam para comer, em família ou em grandes grupos comunitários, os pratos principais eram os ensopados, os cozidos e os preparados em um único panelão. Normalmente com muita carne, batata e legumes, eram fáceis de fazer, substanciosos e nutritivos.

Os colonos logo descobriram que os rios do Meio-Oeste eram repletos de trutas – o que compensava a falta de frutos do mar. As terras ao norte abundavam em alces e cervos e, durante o verão, havia grande quantidade de uma frutinha azul parecida com o mirtilo – chamada em inglês de huckleberry, essa fruta ainda resiste à domesticação.

As extensões férteis das Grandes Planícies abrigam grandes propriedades agrícolas.

A carne de panela (pot-roasting) é um modo de preparar cortes de carnes mais baratos com o máximo de sabor e maciez.

A *pasty*, tipo de empanada recheada com carne, batata e nabo, veio com os mineiros de estanho da Cornualha que se fixaram em torno de Michigan, em meados do século XIX, para trabalhar nas minas da península Superior.

O sloppy joe é um sanduíche muito saboroso, mas pouca gente consegue comê-lo sem se lambuzar!

A salada de batata pode ser preparada de várias maneiras. A clássica, à base de maionese, é sempre uma boa pedida.

Chicago é o lar da pizza "deep-dish", do cachorro-quente e dos sanduíches de carne italianos.

O mac 'n' cheese é um dos pratos mais clássicos das memórias de infância dos norte-americanos – cada pessoa tem a sua versão com um toque diferente.

PURÊ DE BATATA COM ALHO E ECHALOTA

Para um prato reconfortante, nada supera esse purê de batata cremoso com cebola e alho caramelizados.

- ★ **4 PORÇÕES**
- ★ **PREPARO** 15 minutos
- ★ **COZIMENTO** 25 minutos

Ingredientes

5 batatas grandes cortadas em quatro
115 g de manteiga em cubos, mais um pouco para fritar
2 echalotas cortadas em rodelas
2 dentes de alho amassados
100 ml de soured cream (p. 12)
suco de 1 limão-siciliano
sal e pimenta-do-reino moída na hora

1 Cozinhe as batatas sem descascar em uma panela com água fervente por cerca de 20 minutos, ou até ficarem macias.

2 Enquanto isso, em uma frigideira, aqueça ½ colher (sopa) de manteiga em fogo médio e refogue as echalotas e o alho até ficarem macios e dourados.

3 Quando as batatas amolecerem, escorra-as bem e transfira-as para uma vasilha grande. Ainda com a casca, use um espremedor de batatas ou um garfo para amassá-las.

4 Junte o soured cream, a manteiga restante, o suco de limão e a echalota e o alho refogados. Tempere a gosto e sirva quente.

COMO TIRAR A CASCA DO ALHO

1 Coloque o dente de alho sobre uma tábua de corte. Cubra com o lado liso de uma faca grande e amasse com a palma da mão.

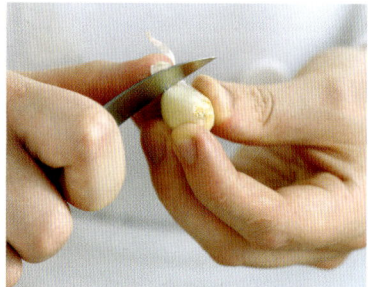

2 Retire a casca fina e descarte-a. Em seguida, corte as extremidades de cada dente e pique ou amasse bem o alho.

BOLINHO DE BATATA-DOCE COM PARMESÃO

Essa mistura de sabores doces, salgados e levemente picantes é um ótimo acompanhamento para qualquer refeição.

- ★ **30 UNIDADES**
- ★ **PREPARO** 20 minutos
- ★ **COZIMENTO** 40 minutos, mais esfriamento

Ingredientes
4 batatas-doces grandes
60 g de parmesão ralado
30 g de farinha de trigo
1 colher (chá) de alho em pó
1 colher (chá) de semente de mostarda
1 colher (chá) de pimenta-de-caiena
1 litro de óleo de girassol ou canola, para fritar

Para o molho de mostarda e mel
60 g de mostarda de Dijon
60 g de maionese
85 g de mel

1. Ferva as batatas-doces por 10-15 minutos, ou até ficarem cozidas, mas firmes. Elas devem ficar macias o suficiente para que um garfo as perfure facilmente, mas firmes o bastante para serem raladas.

2. Deixe as batatas esfriarem até você conseguir manuseá-las com facilidade. Quando tiverem esfriado o suficiente, descasque-as e rale-as. Misture a batata ralada com o parmesão, a farinha, o alho em pó, a semente de mostarda e a pimenta-de-caiena.

3. Em uma panela larga de fundo grosso ou em uma fritadeira, aqueça o óleo a 190°C, como mostra a técnica na p. 144. Pegue cerca de 1 colher (sopa) da mistura de batata e enrole entre a palma das mãos para formar um bolinho. Repita o procedimento até usar toda a massa.

4. Frite os bolinhos em lotes de seis por 2-3 minutos cada, ou até dourarem. Retire com uma escumadeira e deixe descansar sobre uma grade (ou sobre papel-toalha) enquanto frita os bolinhos restantes.

5. Para fazer o molho de mostarda e mel, misture em uma tigelinha a mostarda, a maionese e o mel. Mexa bem para incorporar todos os ingredientes. Sirva os bolinhos de batata ainda quentes, com o molho.

A **batata-doce**, rica em vitaminas, é uma alternativa saudável à batata inglesa.

PRATOS PRINCIPAIS E **ACOMPANHAMENTOS**

GRATINADO DE BATATA ARCO-ÍRIS

Para esse belo prato, experimente fazer camadas com batatas de tantas cores diferentes quantas você encontrar.

★ **4 PORÇÕES**
★ **PREPARO** 20 minutos
★ **COZIMENTO** 45 minutos

Ingredientes
900 g de batata-doce, batata-roxa e batata amarela farinhenta (peso total)
500 ml de creme de leite fresco
4 dentes de alho amassados
225 g de cheddar inglês ralado
uma pitada de pimenta-calabresa
sal e pimenta-do-reino moída na hora

1 Preaqueça o forno a 180°C. Sem descascar as batatas, esfregue-as bem e corte-as em fatias finas (veja a técnica abaixo). Em uma panela pequena, adicione o creme de leite e o alho e leve à fervura em fogo médio. Retire do fogo e reserve.

2 Em um refratário médio, faça camadas com as batatas e com o queijo, polvilhando um pouco de sal e pimenta entre cada camada. Finalize com uma camada generosa de queijo.

3 Despeje o creme na borda das batatas, para não desfazer as camadas. Tempere bem e adicione uma pitada de pimenta-calabresa. Asse por 45 minutos, ou até as batatas dourarem e o queijo começar a borbulhar.

DICA DO COZINHEIRO Se você não encontrar batata-roxa, experimente substituí-la por beterraba fresca.

COMO FATIAR UMA BATATA

Para cortar com uma faca, segure a batata firmemente sobre uma tábua e corte em fatias de espessura uniforme, como desejado.

Com um fatiador, segure a batata com o suporte para proteger os dedos e deslize-a para cima e para baixo da lâmina afiada, que pode ser ajustada.

PRATOS PRINCIPAIS E **ACOMPANHAMENTOS**

BOLINHO DE BATATA--DOCE COM PARMESÃO

Essa mistura de sabores doces, salgados e levemente picantes é um ótimo acompanhamento para qualquer refeição.

- ★ **30 UNIDADES**
- ★ **PREPARO** 20 minutos
- ★ **COZIMENTO** 40 minutos, mais esfriamento

Ingredientes
4 batatas-doces grandes
60 g de parmesão ralado
30 g de farinha de trigo
1 colher (chá) de alho em pó
1 colher (chá) de semente de mostarda
1 colher (chá) de pimenta-de--caiena
1 litro de óleo de girassol ou canola, para fritar

Para o molho de mostarda e mel
60 g de mostarda de Dijon
60 g de maionese
85 g de mel

1 Ferva as batatas-doces por 10-15 minutos, ou até ficarem cozidas, mas firmes. Elas devem ficar macias o suficiente para que um garfo as perfure facilmente, mas firmes o bastante para serem raladas.

2 Deixe as batatas esfriarem até você conseguir manuseá-las com facilidade. Quando tiverem esfriado o suficiente, descasque-as e rale-as. Misture a batata ralada com o parmesão, a farinha, o alho em pó, a semente de mostarda e a pimenta-de-caiena.

3 Em uma panela larga de fundo grosso ou em uma fritadeira, aqueça o óleo a 190°C, como mostra a técnica na p. 144. Pegue cerca de 1 colher (sopa) da mistura de batata e enrole entre a palma das mãos para formar um bolinho. Repita o procedimento até usar toda a massa.

4 Frite os bolinhos em lotes de seis por 2-3 minutos cada, ou até dourarem. Retire com uma escumadeira e deixe descansar sobre uma grade (ou sobre papel-toalha) enquanto frita os bolinhos restantes.

5 Para fazer o molho de mostarda e mel, misture em uma tigelinha a mostarda, a maionese e o mel. Mexa bem para incorporar todos os ingredientes. Sirva os bolinhos de batata ainda quentes, com o molho.

A **batata-doce**, rica em vitaminas, é uma alternativa saudável à batata inglesa.

PRATOS PRINCIPAIS E **ACOMPANHAMENTOS**

GRATINADO DE BATATA ARCO-ÍRIS

Para esse belo prato, experimente fazer camadas com batatas de tantas cores diferentes quantas você encontrar.

★ **4 PORÇÕES**
★ **PREPARO** 20 minutos
★ **COZIMENTO** 45 minutos

Ingredientes
900 g de batata-doce, batata-roxa e batata amarela farinhenta (peso total)
500 ml de creme de leite fresco
4 dentes de alho amassados
225 g de cheddar inglês ralado
uma pitada de pimenta-calabresa
sal e pimenta-do-reino moída na hora

1 Preaqueça o forno a 180°C. Sem descascar as batatas, esfregue-as bem e corte-as em fatias finas (veja a técnica abaixo). Em uma panela pequena, adicione o creme de leite e o alho e leve à fervura em fogo médio. Retire do fogo e reserve.

2 Em um refratário médio, faça camadas com as batatas e com o queijo, polvilhando um pouco de sal e pimenta entre cada camada. Finalize com uma camada generosa de queijo.

3 Despeje o creme na borda das batatas, para não desfazer as camadas. Tempere bem e adicione uma pitada de pimenta-calabresa. Asse por 45 minutos, ou até as batatas dourarem e o queijo começar a borbulhar.

DICA DO COZINHEIRO Se você não encontrar batata-roxa, experimente substituí-la por beterraba fresca.

COMO FATIAR UMA BATATA

Para cortar com uma faca, segure a batata firmemente sobre uma tábua e corte em fatias de espessura uniforme, como desejado.

Com um fatiador, segure a batata com o suporte para proteger os dedos e deslize-a para cima e para baixo da lâmina afiada, que pode ser ajustada.

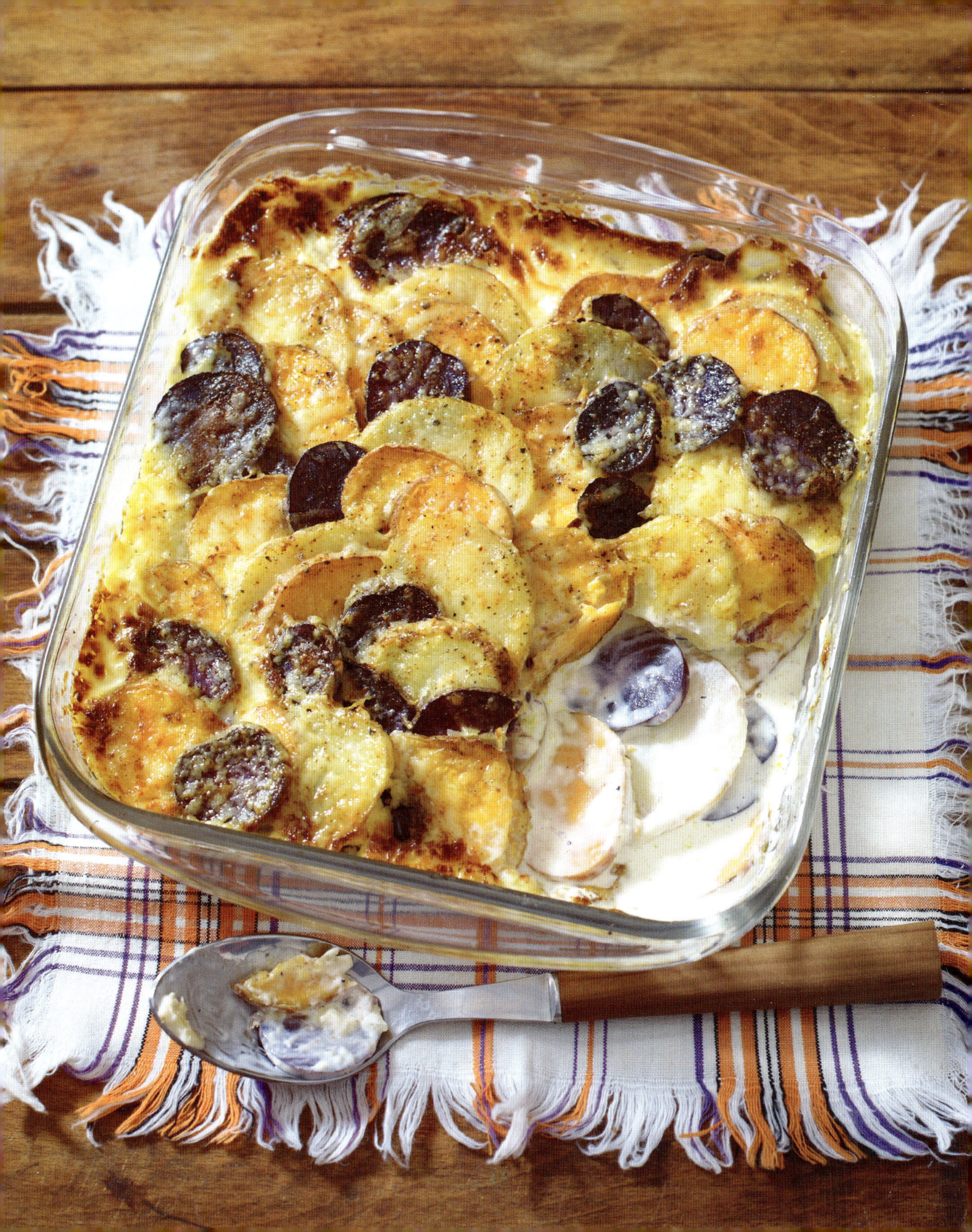

FEIJÃO-PRETO DE COZIMENTO LENTO

É uma boa ideia fazer mais do que você precisa, pois esses feijões duram bastante e o sabor fica melhor no dia seguinte.

- **4-6 PORÇÕES**
- **PREPARO** 20 minutos, mais demolha
- **COZIMENTO** 1h30

Ingredientes
200 g de feijão-preto
2 colheres (sopa) de azeite
1 cebola roxa picadinha
1 dente de alho grande picadinho
1 pimenta jalapeño grande ou outra pimenta verde suave picadinha
60 g de pancetta picadinha
700 ml de caldo de frango quente
pimenta-do-reino moída na hora
folhas de coentro picadas, para decorar (opcional)
soured cream (p. 12), para servir (opcional)

1 Coloque o feijão em uma vasilha grande, cubra com água fria e deixe de molho durante a noite. O feijão vai inchar ao absorver a água, por isso deixe espaço suficiente para eles se expandirem. Escorra e lave bem em água fria corrente.

2 Aqueça o azeite em uma panela média de fundo grosso. Refogue a cebola em fogo médio por 5 minutos, até ficar macia, mas sem dourar. Adicione o alho e a pimenta jalapeño e refogue por mais 1 minuto. Por último, acrescente a pancetta e frite por 3-4 minutos, até ficar crocante e dourada.

3 Adicione à panela o feijão e o caldo de frango. Tempere a gosto com pimenta-do-reino (o caldo e a pancetta já têm sal). Deixe ferver, abaixe o fogo até obter uma fervura leve e cozinhe sem tampa por 1 hora, ou até reduzir.

4 Cubra e cozinhe em fogo muito baixo por 30-45 minutos, até os grãos ficarem macios e o líquido reduzir ainda mais e engrossar. Sirva diretamente ou com uma pitada de coentro e uma tigelinha de soured cream para acompanhar.

O **feijão-preto**, um dos pilares da cozinha mexicana, tem um sabor profundo que parece defumado.

QUIABO FRITO EMPANADO COM FUBÁ

O fubá (seja a sêmola ou o pré-cozido, para polenta) cria uma camada crocante nos alimentos fritos.

- **6-8 PORÇÕES**
- **PREPARO** 15 minutos
- **COZIMENTO** 15-20 minutos

Ingredientes

130 g de farinha de trigo
2 colheres (chá) de páprica defumada ou pimenta ancho em pó
1 colher (chá) de pimenta-de-caiena
2 colheres (chá) de sal
2 ovos grandes
150 g de fubá pré-cozido ou sêmola de milho
24 quiabos cortados em fatias de 1 cm
1 litro de óleo de girassol ou canola, para fritar
vinagre de maçã, para servir

1 Em uma tigela, misture a farinha com 1 colher (chá) de páprica defumada, ½ colher (chá) de pimenta-de-caiena e 1 colher (chá) de sal e reserve. Bata os ovos em outra tigela. Numa terceira, misture o fubá com a páprica defumada, a pimenta-de-caiena e o sal restantes.

2 Passe o quiabo na mistura de farinha de trigo, mergulhe cada um rapidamente nos ovos, depois empane bem na mistura de fubá.

3 Aqueça o óleo a 190ºC em uma panela grande ou fritadeira, como mostra a técnica na p. 144. Frite o quiabo em lotes no óleo quente por 3-5 minutos, ou até dourar.

4 Retire com uma escumadeira e deixe esfriar sobre uma grade (ou sobre papel-toalha) enquanto frita o restante. Sirva com vinagre de maçã como molho, para dar um toque ácido.

BATATA-DOCE COM BACON

Nessa receita servida com o peru de Ação de Graças, a doçura da batata-doce contrasta bem com a cobertura crocante e salgada.

- ★ **8 PORÇÕES**
- ★ **PREPARO** 20 minutos
- ★ **COZIMENTO** 1 hora

Ingredientes

1,8 kg de batata-doce descascada e picada
4 ovos
300 g de açúcar
350 g de manteiga sem sal derretida e resfriada
250 ml de leite
1 colher (chá) de extrato de baunilha

Para a cobertura

450 g de bacon defumado cortado em fatias grossas
1 colher (sopa) de canela em pó
25 g de açúcar
60 g de manteiga
150 g de açúcar mascavo
125 g de noz-pecã picada

1 Preaqueça o forno a 180°C. Cozinhe as batatas em uma panela de água fervente, por 10-15 minutos, ou até ficarem macias. Escorra bem, amasse até ficar homogêneo e reserve.

2 Em uma frigideira, frite o bacon a seco em fogo médio-alto por 10-15 minutos, virando de vez em quando, até ficar dourado e crocante de maneira uniforme. Retire da frigideira e escorra em papel-toalha. Polvilhe com canela e açúcar. Reserve. Quando estiver frio o suficiente para manusear, quebre-o.

3 Coloque os ovos, o açúcar e a manteiga derretida em uma tigela grande e, com um fouet ou uma batedeira elétrica, bata até misturar bem; a massa deve ficar dourada e sedosa. Adicione o leite e o extrato de baunilha e acrescente as batatas, até ficar tudo bem misturado. Coloque a mistura em um refratário grande com capacidade para cerca de 4 litros.

4 Derreta a manteiga e misture com o açúcar mascavo, os pedacinhos de bacon e as pecãs. Polvilhe sobre a batata no refratário. Asse no forno por 45 minutos. Se a cobertura começar a dourar, cubra com papel-alumínio. Sirva quente.

DICA DO COZINHEIRO Para fazer uma variação bem famosa desse prato festivo, junte à cobertura 45 g de minimarshmallows.

A **noz-pecã**, cultivada na região Sul dos EUA, é usada em pratos salgados e doces.

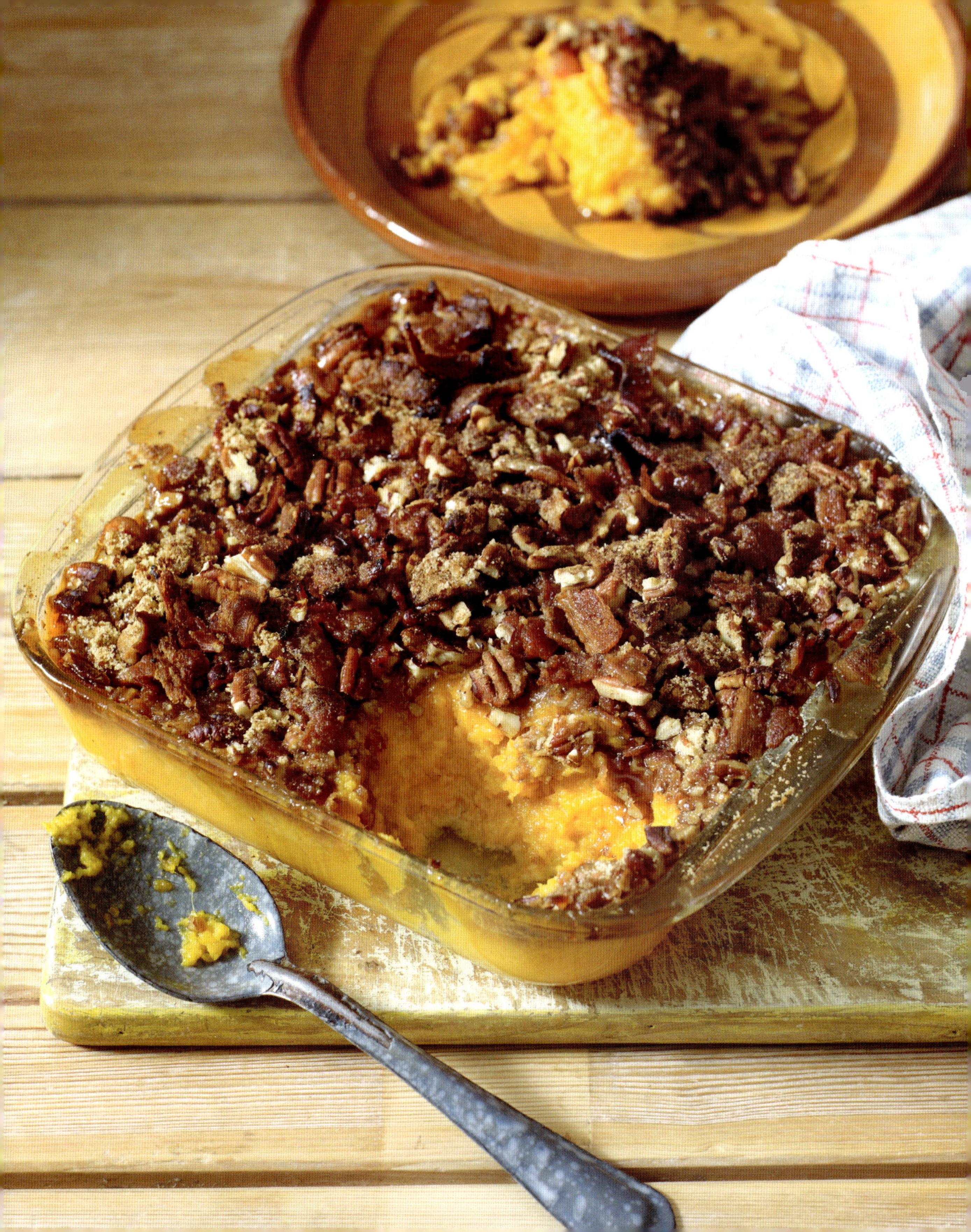

TOMATE VERDE FRITO COM MANJERICÃO

Uma casquinha crocante e um molho de ervas cremoso transformam tomates firmes em um prato saboroso e irresistível.

★ **4 PORÇÕES**
★ **PREPARO** 15-20 minutos, mais demolha e descanso
★ **COZIMENTO** 15 minutos

Ingredientes
8 tomates verdes
200 ml de leitelho (ou faça o seu, p. 12)
½ colher (chá) de páprica defumada ou pimenta ancho em pó
50 g de fubá ou sêmola de milho
25 g de farinha panko ou farinha de rosca de pão torrado ralado
25 g de parmesão ralado
3 colheres (sopa) de manjericão picadinho
1 litro de óleo de girassol ou canola, para fritar
150 g de coalhada
raspas de ½ limão-siciliano
sal e pimenta-do-reino moída na hora

1 Corte as partes de cima e de baixo dos tomates e, dependendo do tamanho deles, corte-os em fatias iguais, com cerca de 0,5 cm de espessura. Disponha-os em uma só camada sobre uma travessa grande e rasa. Bata o leitelho com a páprica defumada e tempere bem. Despeje o leitelho sobre os tomates. Cubra com filme de PVC e leve à geladeira por pelo menos 2 horas antes de cozinhar.

2 Coloque o fubá, a farinha panko e o parmesão em um processador de alimentos e pulse até misturar bem. Junte 1 colher (sopa) de manjericão picado e tempere bem.

3 Retire os tomates do leitelho e escorra-os bem. Passe-os na mistura de fubá, com cuidado para revesti-los de maneira uniforme por todos os lados; depois deixe-os descansar por pelo menos 30 minutos sobre uma grade (ou sobre papel-toalha) para a crosta firmar um pouco – o que ajudará a mantê-la no lugar durante a fritura.

4 Despeje o óleo em uma frigideira grande de fundo grosso até formar uma camada de pelo menos 1 cm. Quando o óleo estiver quente, adicione os tomates, lembrando-se de não colocar muitos ao mesmo tempo. Frite-os por 2-3 minutos, virando uma vez, até ficarem dourados dos dois lados. Retire com uma escumadeira e deixe descansar sobre uma grade.

5 Para fazer o creme de manjericão, misture a coalhada, o manjericão restante e as raspas de limão e tempere bem.

Tomates verdes são simplesmente tomates vermelhos que não amadureceram; eles têm um sabor fresco e delicado.

MOLHO DE CRANBERRY E LARANJA

Cranberries precisam de boa quantidade de açúcar para equilibrar sua acidez. Esse molho fica perfeito com peru assado (p. 94).

★ **8 PORÇÕES**
★ **PREPARO** 5 minutos
★ **COZIMENTO** 10 minutos

Ingredientes
350 g de cranberry fresco (ou framboesa fresca)
250 ml de suco de laranja
raspas de 1 laranja grande (veja técnica abaixo)
1 pau de canela
100 g de açúcar
60 g de açúcar mascavo
1 colher (sopa) de maple syrup

1 Coloque o cranberry em uma panela pequena de fundo grosso e cubra com o suco de laranja. Adicione as raspas, o pau de canela e os açúcares.

2 Leve o líquido à fervura, abaixe o fogo para manter uma fervura leve e cozinhe em fogo baixo por 10 minutos, mexendo ocasionalmente, até o cranberry amolecer e se desfazer e a mistura engrossar e reduzir.

3 Retire o molho do fogo, remova o pau de canela e junte o maple syrup. Sirva o molho morno ou à temperatura ambiente. Você também pode usá-lo frio, em um sanduíche com sobras de peru misturado com uma boa maionese e agrião, ou no sanduíche de queijo quente da p. 90.

COMO TIRAR AS RASPAS DA CASCA DE UMA LARANJA

Para raspas raladas, segure a laranja com firmeza em uma mão e esfregue-a na parte fina de um ralador posicionado diagonalmente.

Para raspas em formas de tiras, segure a laranja com firmeza em uma mão e raspe a superfície com um utensílio para esse fim.

FEIJÃO-PRETO REFRITO COM PICO DE GALLO

Acompanhado de salsa de tomate e arroz, esse feijão ao estilo mexicano compõe uma refeição vegetariana substanciosa.

★ **6 PORÇÕES**
★ **PREPARO** 15 minutos
★ **COZIMENTO** 2 horas

Ingredientes
450 g de feijão-preto
1 cebola picada
3 dentes de alho picados
1 colher (chá) de azeite
sal e pimenta-do-reino moída na hora

Para o pico de gallo
2 tomates em cubos
1 cebola roxa picadinha
um punhado de folhas de coentro picadas
suco de 2 limões-taiti

Para servir
1 avocado maduro cortado ao meio, sem caroço e em fatias finas (veja técnica na p. 11)
30 g de cheddar inglês ralado (opcional)
soured cream (p. 12) (opcional)

1 Coloque o feijão, a cebola e o alho em uma panela média de sopa. Cubra com água, tempere e leve à fervura em fogo alto. Reduza o fogo e deixe ferver tampado por 2 horas, ou até o feijão ficar macio. Escorra, reservando 250 ml do caldo.

2 Transfira o feijão e o caldo reservado para um processador de alimentos, ou use um mixer, e bata até ficar homogêneo.

3 Em uma panela de fundo grosso, aqueça o azeite em fogo médio. Transfira o creme de feijão para a panela e cozinhe, mexendo sempre, por 5-6 minutos, ou até engrossar.

4 Para fazer o pico de gallo, misture os tomates e a cebola com o coentro e o suco de limão. Sirva o feijão quente coberto com o pico de gallo, o avocado fatiado e, se desejar, queijo ou soured cream.

SIRVA COM

TACO DE FRANGO DESFIADO
p. 86

ENCHILADA DE PORCO
p. 132

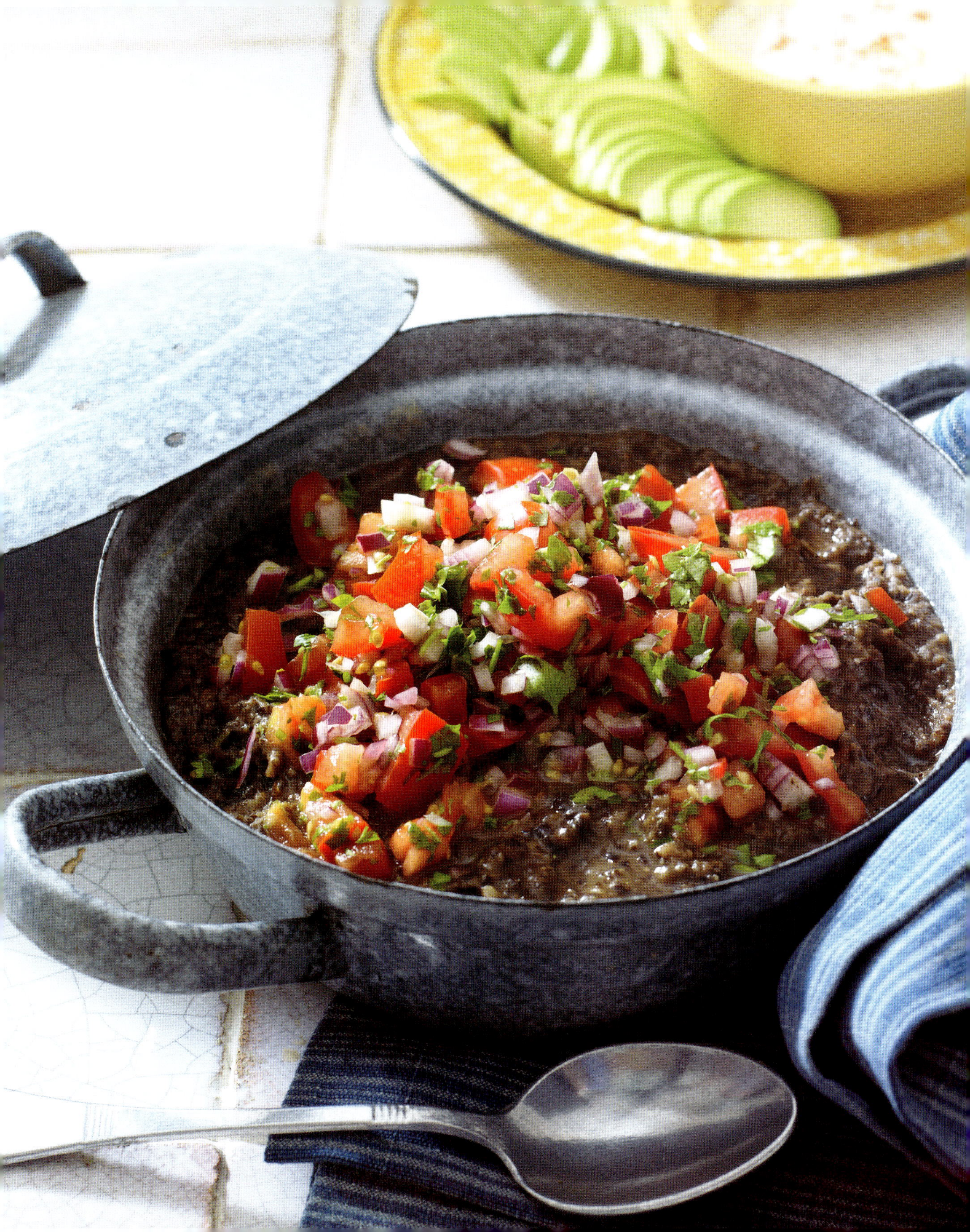

RECHEIO COM LINGUIÇA E CASTANHA

O frescor do alecrim e a consistência da castanha-portuguesa dão sabor e textura a esse delicioso recheio.

- **6 PORÇÕES**
- **PREPARO** 15 minutos
- **COZIMENTO** 45-50 minutos

Ingredientes
200 g de linguiça de porco picante
óleo vegetal, para fritar
2 dentes de alho amassados
3 echalotas em rodelas
450 g de castanha-portuguesa descascada e cortada ao meio
1 pão italiano ou francês amanhecido
1 colher (sopa) de alecrim picado
450 ml de caldo de frango quente
sal e pimenta-do-reino moída na hora

1 Preaqueça o forno a 180°C. Retire a pele da linguiça e esmigalhe o recheio. Aqueça um pouco de óleo em uma frigideira e frite o recheio em fogo médio por 5 minutos, ou até dourar. Retire da frigideira e reserve, depois frite o alho e a echalota por 5 minutos.

2 Se você usar castanhas cruas em vez de pré-cozidas e descascadas, faça um corte em forma de X em cada castanha e ferva-as por 10-15 minutos, ou até ficarem macias. Quando estiverem frias o bastante para manusear, descasque-as e reserve-as.

3 Corte o pão em fatias de 1 cm, depois parta cada uma em quatro. Coloque o recheio de linguiça e o pão em um refratário grande. Junte o alho, a echalota, as castanhas e o alecrim. Despeje o caldo por cima e tempere a gosto.

4 Asse por 35-40 minutos, ou até ficar crocante e dourado. Sirva quente, acompanhando o peru assado com manteiga e alho da p. 94.

A **castanha-portuguesa**, adocicada e carnuda, combina perfeitamente com o recheio de linguiça e todos os tipos de carne de porco.

PRATOS PRINCIPAIS E **ACOMPANHAMENTOS** ★ 169

RECHEIO DE BROA PARA DIAS DE FESTA

A mexerica carioquinha e os cranberries dão um toque sazonal a esse recheio colorido, tradicionalmente servido com peru assado.

★ **6-8 PORÇÕES**
★ **PREPARO** 15 minutos
★ **COZIMENTO** 35-40 minutos

Ingredientes
500 g de broa de milho despedaçada (p. 228)
3 dentes de alho amassados
1 cebola picadinha
3 mexericas carioquinhas descascadas e separadas em gomos (veja técnica abaixo)
85 g de cranberries (ou framboesas)
115 g de manteiga em cubos
1 litro de caldo de legumes

1 Preaqueça o forno a 180°C. Coloque a broa de milho em uma vasilha grande. Adicione o alho e a cebola, depois junte a mexerica, os cranberries e a manteiga.

2 Adicione o caldo e mexa, prestando atenção para incorporar todo o recheio. Transfira para uma assadeira de 23 cm x 23 cm levemente untada.

3 Asse em forno preaquecido por 35-40 minutos, ou até dourar. Retire do forno e deixe esfriar por 5 minutos antes de virar sobre uma grade (ou sobre papel-toalha). Sirva quente.

COMO SEPARAR GOMOS DE FRUTAS CÍTRICAS

1 Com uma faca afiada, corte as partes de cima e de baixo da fruta; depois corte todo o entorno, retirando a casca e a pele.

2 Faça um corte entre cada gomo deixando todas as peles grudadas no miolo.

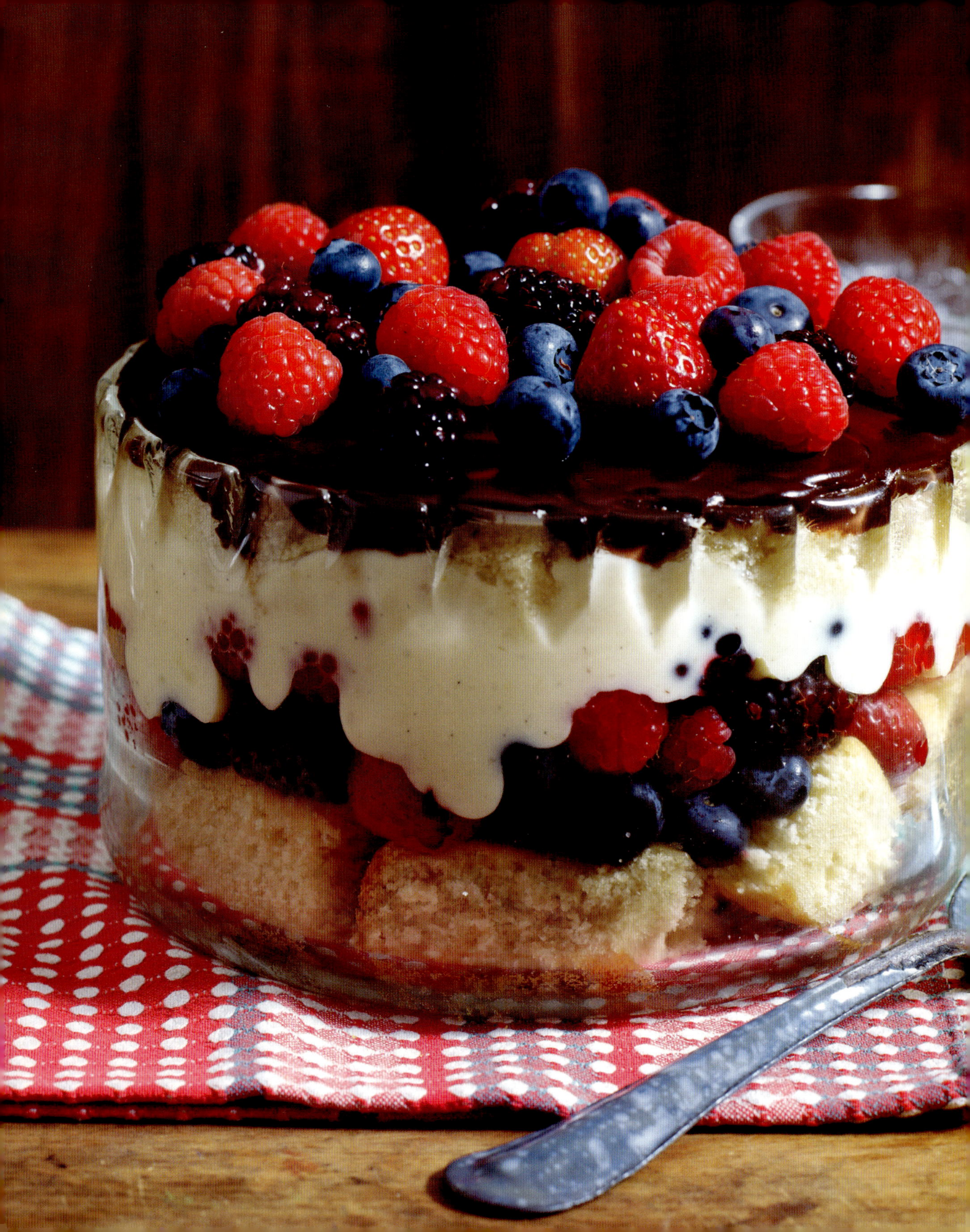

SOBREMESAS

SOBREMESAS

BANANA FOSTER COM NOZES-PECÃS E LARANJA

Essa sobremesa, com brioche tostado e molho amanteigado, leva apenas alguns minutos para ficar pronta.

- ★ **4 PORÇÕES**
- ★ **PREPARO** 15 minutos
- ★ **COZIMENTO** 10 minutos

Ingredientes

50 g de nozes-pecãs picadas
60 g de manteiga sem sal
4 colheres (sopa) bem cheias de açúcar mascavo
suco e raspas de 1 laranja
2 bananas prata grandes quase maduras descascadas e cortadas em cubos de 1 cm
4 fatias grossas de pão tipo brioche
60 ml de rum escuro ou cachaça
4 bolas grandes de sorvete de baunilha (p. 194)

1 Em uma frigideira grande e pesada, toste as nozes a seco em fogo médio por 3-4 minutos, mexendo ocasionalmente, até começarem a dourar em alguns pontos. Retire do fogo e reserve. Limpe a frigideira com um papel-toalha.

2 Aqueça a manteiga, o açúcar, o suco e as raspas de laranja (reserve um pouco das raspas para guarnecer) em fogo médio, mexendo até dissolver o açúcar. Aumente o fogo e cozinhe por 2-3 minutos, até o molho reduzir um pouco e ficar brilhante e liso.

3 Adicione as bananas à frigideira e cozinhe por mais 2-3 minutos em fogo alto, até o molho reduzir ainda mais. Enquanto isso, toste o brioche. Se desejar, corte o pão em rodelas de 7 cm.

4 Quando as bananas começarem a amolecer, adicione as nozes e o rum e cozinhe por mais 1 minuto para aquecer; em seguida, com um fósforo, acenda o álcool cuidadosamente para flambar. As chamas vão cobrir a frigideira (portanto, cuidado), mas devem desaparecer em 1 minuto.

5 Cubra cada rodela de brioche com uma bola de sorvete, coloque um quarto das bananas caramelizadas por cima e decore com as raspas de laranja reservadas. Sirva imediatamente.

QUAL É A HISTÓRIA?

A banana Foster – uma sobremesa flambada com rum, servida com sorvete e calda de caramelo – foi feita pela primeira vez no restaurante Brennan's, em Nova Orleans, em 1951. Na época, a cidade era o porto principal onde chegavam as bananas importadas, e o prato foi criado em homenagem a Richard Foster, cliente regular e amigo do dono do restaurante.

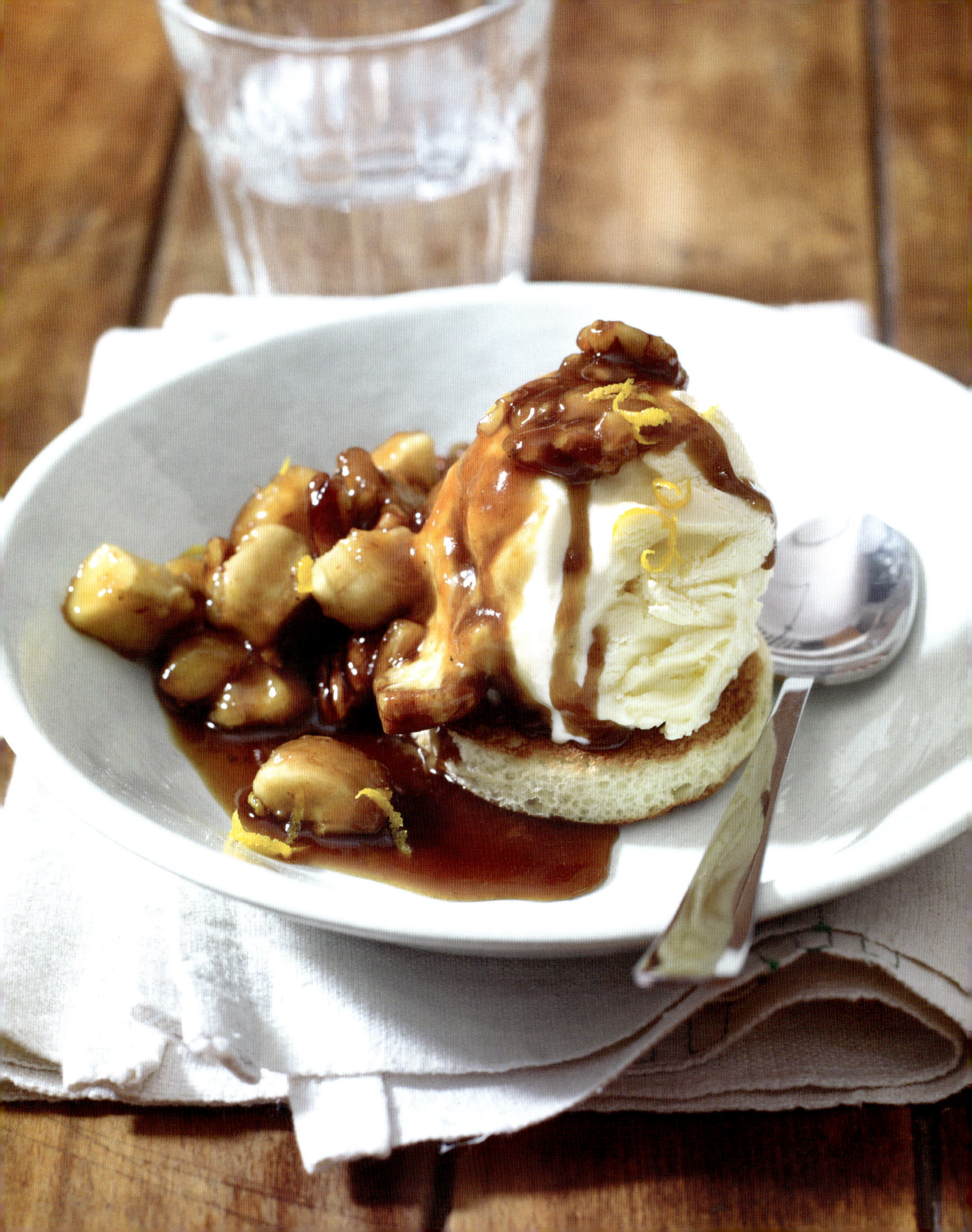

PUDIM DE PÃO COM CHOCOLATE

Alguns itens essenciais de despensa podem transformar um pão amanhecido em uma sobremesa simples, mas deliciosa.

- ★ **8 PORÇÕES**
- ★ **PREPARO** 15 minutos
- ★ **COZIMENTO** 35 minutos, mais demolha

Ingredientes
1 baguete amanhecida
250 g de gotas de chocolate ao leite ou amargo
4 ovos
1 colher (chá) de extrato de baunilha
500 ml de leite integral
110 g de açúcar mascavo
sorvete de baunilha ou chantili, para servir

1 Preaqueça o forno a 180°C. Retire as pontas da baguete e corte o pão em fatias grossas de 1 cm. Coloque uma camada de pão em um refratário e polvilhe algumas gotas de chocolate por cima. Adicione mais camadas de pão, sempre polvilhando gotas de chocolate entre elas. Finalize com as gotas restantes.

2 Em uma tigela, misture os ovos, o extrato de baunilha, o leite e o açúcar. Despeje a mistura sobre o pão e deixe de molho por 10-15 minutos.

3 Leve o refratário ao forno e asse por cerca de 35 minutos, ou até o líquido ser absorvido e o pão ficar crocante. Fatie e sirva com sorvete de baunilha ou chantili.

Uma **baguete**, quando fresca, é deliciosa mesmo pura. Para fazer esse prato, use uma baguete amanhecida.

PAVÊ DE BOLO INGLÊS COM BANANA

A versão sulista do pavê geralmente usa cookies ou wafers. Aqui, um bolo inglês caseiro rende uma sobremesa muito mais saborosa.

- ★ **8-10 PORÇÕES**
- ★ **PREPARO** 30 minutos
- ★ **COZIMENTO** 10 minutos, mais resfriamento

Ingredientes
1 bolo inglês (p. 219)
6 bananas maduras cortadas em fatias de 0,5 cm

Para o creme
500 ml de leite integral
4 colheres (sopa) de maisena
100 g de açúcar
1 colher (sopa) de manteiga
1 colher (chá) de extrato de baunilha

Para o chantili
500 ml de creme de leite fresco
2 colheres (sopa) de açúcar
1 colher (chá) de extrato de baunilha

1 Preaqueça o forno a 190°C. Primeiro, faça o creme. Em uma panela, aqueça o leite em fogo alto, sem deixar ferver, e depois reduza o fogo para manter uma fervura leve. Junte a maisena e o açúcar e bata sem parar com um fouet, até engrossar. Retire do fogo e adicione a manteiga e a baunilha. Deixe esfriar.

2 Corte o bolo inglês em fatias grossas de 1 cm e toste-as no forno com uma assadeira, por 10 minutos, ou até os dois lados ficarem bem tostados. Disponha metade das fatias de bolo em uma única camada sobre uma assadeira de bolo de 23 cm x 33 cm. Cubra com metade da banana fatiada.

3 Despeje o creme de maneira uniforme sobre a primeira camada de bolo. Adicione a segunda camada e cubra com as bananas restantes.

4 Em uma tigela grande, bata o creme de leite, o açúcar e a baunilha com uma batedeira, até ficar firme. Com uma espátula, espalhe o chantili sobre as bananas. Leve à geladeira por 45 minutos a 1 hora antes de servir.

SOBREMESA CLÁSSICA

SHORTCAKE COM MORANGO

Essa sobremesa de verão fica melhor com bolinhos bem frescos e morangos maduros e suculentos.

- **12 UNIDADES**
- **PREPARO** 20 minutos
- **COZIMENTO** 35 minutos

Ingredientes
225 g de farinha de trigo
75 g de fubá ou sêmola de milho
1 colher (sopa) de fermento em pó
¼ de colher (chá) de sal
50 g de açúcar
115 g de manteiga gelada cortada em cubos, mais um pouco para untar
125 ml de leite integral
125 ml de leitelho (ou faça o seu, p. 12)
2 colheres (chá) de extrato de baunilha

Para o recheio
15-20 morangos grandes limpos e cortados ao meio
1 colher (sopa) de mel
250 ml de creme de leite fresco
30 g de açúcar

1 Preaqueça o forno a 180°C. Em uma tigela média, misture a farinha, o fubá, o fermento em pó, o sal e o açúcar. Adicione a manteiga à mistura de farinha e trabalhe os ingredientes secos com as mãos, incorporando bem, até a mistura virar uma farofa. Junte o leite, o leitelho e 1 colher (chá) de extrato de baunilha aos ingredientes secos e misture bem.

2 Unte o fundo e as laterais de uma fôrma para doze muffins. Despeje a massa e asse por 35 minutos, ou até dourar. Retire e deixe esfriar um pouco sobre uma grade.

3 Para o recheio, coloque os morangos em uma tigela, adicione o mel e misture até revestir bem. Com uma batedeira elétrica ou mixer, bata o creme de leite, o açúcar e o extrato de baunilha restante, até ficar firme.

4 Corte os bolinhos ao meio e recheie cada um com o chantili e os morangos. Sirva quente.

PROVE...

MANJERICÃO FRESCO
Para um toque refrescante, misture os morangos com **mel** e um punhado de folhas rasgadas de **manjericão** fresco.

MANGA E LIMÃO-TAITI
Para uma versão tropical, substitua os morangos por 1 **manga** grande em cubos, misturada com o suco de 1 **limão-taiti**.

FRUTAS VERMELHAS
Asse a massa do bolinho em uma assadeira de bolo de 23 cm redonda e untada. Desenforme o bolo em um prato grande e cubra com 300 g de **frutas vermelhas variadas**, 1 colher (sopa) de mel e 200 ml de **chantili**.

TORTA DE LIMÃO COM CROSTA DE CHOCOLATE

Nos EUA, essa torta é chamada de "Key lime pie", pois é feita com a Key lime, um cítrico pequeno que cresce nas Keys (Flórida).

★ **6-8 PORÇÕES**
★ **PREPARO** 20 minutos
★ **COZIMENTO** 15-20 minutos, mais esfriamento

Ingredientes
250 g de biscoitos (ou cookies) de chocolate
60 g de açúcar
125 g de manteiga sem sal derretida e resfriada
5 limões-taiti
3 gemas grandes
400 g de leite condensado
creme de leite, para servir

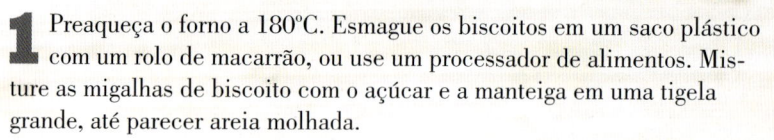

1 Preaqueça o forno a 180ºC. Esmague os biscoitos em um saco plástico com um rolo de macarrão, ou use um processador de alimentos. Misture as migalhas de biscoito com o açúcar e a manteiga em uma tigela grande, até parecer areia molhada.

2 Transfira a mistura para uma fôrma de torta redonda de 23 cm com fundo removível e pressione-a com firmeza na base e na laterais. Certifique-se de que o recheio terá uma boa base e de que a lateral é grande o suficiente para contê-lo (é diferente de uma base para cheesecake). Leve a massa de torta ao forno por 10 minutos. Deixe esfriar.

3 Enquanto isso, raspe a casca de 3 limões em uma tigela e, se quiser, use um zester para fazer tiras da casca de um quarto limão, para decorar. Extraia o suco dos 5 limões e reserve.

4 Coloque as gemas na tigela com as raspas e bata com uma batedeira elétrica, até o ovo engrossar. Despeje o leite condensado e continue batendo por mais 5 minutos. Adicione o suco de limão e bata novamente, até incorporar. Despeje a massa na fôrma e leve ao forno por 15-20 minutos, ou até ficar firme nas bordas mas ainda mole no meio.

5 Retire a torta do forno e deixe esfriar completamente. Sirva decorada com tiras finas de limão, se quiser, e creme de leite para acompanhar.

DICA DO COZINHEIRO Um erro comum ao fazer uma torta doce e grossa é assá-la demais. Retire-a do forno quando ela ainda estiver ligeiramente mole no meio – e ela vai esfriar e firmar com uma textura lisa e cremosa. Assar demais deixa a torta com uma textura borrachuda e desagradável.

A **Key lime** tem uma fragrância distinta que a diferencia de seu primo, o limão-taiti.

TORTA DE NOZES-PECÃS, MAPLE SYRUP E BOURBON

Essa torta doce e crocante vem do Sul, onde as nozes-pecãs são muito cultivadas.

- ★ **6-8 PORÇÕES**
- ★ **PREPARO** 20 minutos, mais resfriamento
- ★ **COZIMENTO** 1h20, mais esfriamento

Ingredientes

150 g de farinha de trigo, mais um pouco para polvilhar
100 g de manteiga sem sal gelada, cortada em cubos
50 g de açúcar
1 gema de ovo
½ colher (chá) de extrato de baunilha
coalhada ou chantili, para servir (opcional)

Para o recheio

150 ml de maple syrup
60 g de manteiga
175 g de açúcar mascavo
algumas gotas de extrato de baunilha
uma pitada de sal
3 ovos
2 colheres (sopa) de bourbon (ou uísque)
200 g de nozes-pecãs

1 Com as mãos, esfregue a farinha na manteiga ou pulse em um processador de alimentos até obter uma farofa. Junte o açúcar. Bata a gema de ovo com a baunilha e junte aos ingredientes secos para formar uma massa macia. Adicione um pouco de água à massa, se necessário. Embrulhe em filme de PVC e leve à geladeira por 1 hora. Preaqueça o forno a 180ºC.

2 Estenda a massa sobre uma superfície bem enfarinhada, até ficar com 3 mm de espessura. Ela será frágil – portanto, se começar a despedaçar, junte tudo novamente com as mãos, apertando delicadamente para deixá-la homogênea mais uma vez. Use-a para forrar uma fôrma de torta redonda de 23 cm com fundo removível, deixando uma borda em excesso de pelo menos 2 cm. Fure toda a base com um garfo.

3 Cubra a massa com um disco de papel-manteiga e faça um peso por cima com alguns feijões para assar. Leve ao forno e asse sem recheio por 20 minutos. Retire os feijões e o papel e asse por mais 5 minutos se o meio ainda parecer um pouco cru.

4 Para fazer o recheio, coloque o maple syrup em uma panela e adicione a manteiga, o açúcar, o extrato de baunilha e o sal. Leve a panela ao fogo baixo e mexa constantemente até a manteiga derreter e o açúcar dissolver. Retire a panela do fogo e deixe a mistura esfriar até ficar morna; em seguida, adicione os ovos, um de cada vez, junto com o bourbon, e bata bem. Acrescente as nozes, reservando uma quantidade suficiente para finalizar em cima, depois despeje a mistura sobre a massa assada. Disponha as nozes reservadas por cima de maneira uniforme, apertando-as um pouco.

5 Asse por 40-50 minutos, ou até firmar. Cubra com uma folha de papel-alumínio se dourar rápido demais. Retire a torta do forno, transfira para uma grade e deixe esfriar por 15-20 minutos. Retire da fôrma e sirva quente, ou deixe sobre a grade para esfriar completamente. Sirva com coalhada ou chantili, se desejar.

PAVÊ DE CREME DE BOSTON

Essa sobremesa *(Boston cream triffle)* é inspirada na *Boston cream pie* tradicional, com suas deliciosas camadas de pão de ló e creme doce.

★ **10 PORÇÕES**
★ **PREPARO** 45 minutos, mais esfriamento e resfriamento
★ **COZIMENTO** 45 minutos, mais esfriamento

Ingredientes
225 g de farinha de trigo
2 colheres (chá) de fermento em pó
uma pitada de sal
115 g de manteiga em temperatura ambiente, mais um pouco para untar
175 g de açúcar
2 ovos à temperatura ambiente
1 colher (chá) de extrato de baunilha
120 ml de leite
600 g de frutas vermelhas, como amoras, morangos (limpos e cortados ao meio), framboesas e mirtilos

Para o creme
250 ml de leite
250 ml de creme de leite fresco
1 fava de baunilha dividida ao meio, com as sementes raspadas
3 gemas
2 colheres (sopa) de maisena
75 g de açúcar
uma pitada de sal
1 colher (sopa) de manteiga sem sal em temperatura ambiente
1 colher (chá) de extrato de baunilha

Para o ganache
350 g de chocolate ao leite ou amargo em pedaços pequenos
250 ml de creme de leite fresco

1 Para fazer o creme, aqueça o leite, o creme de leite e a fava de baunilha em uma panela em fogo médio. Leve à fervura e então retire do fogo imediatamente.

2 Em uma tigela média, bata as gemas com a maisena, o açúcar e o sal. Adicione aos poucos o leite quente com baunilha, mexendo sem parar. Transfira para uma panela limpa e cozinhe em fogo baixo, mexendo sempre, até o creme ficar espesso o suficiente para cobrir as costas de uma colher. Passe o creme por uma peneira sobre uma vasilha para remover a fava de baunilha e eventuais caroços de massa. Junte a manteiga e o extrato de baunilha. Coloque uma folha de filme de PVC sobre a vasilha, certificando-se de que ele encosta na parte superior do creme, e leve à geladeira.

3 Preaqueça o forno a 180°C. Peneire a farinha, o fermento e o sal duas vezes em uma tigela e reserve. Com uma batedeira elétrica, bata a manteiga e o açúcar em uma vasilha, até formar um creme leve e fofo. Adicione os ovos, um de cada vez, mexendo entre cada adição, depois junte o extrato de baunilha. Acrescente a farinha à mistura com uma colher de metal grande, um terço de cada vez, alternando com o leite. Continue a misturar delicadamente, até a massa ficar lisa e homogênea.

4 Unte e forre uma fôrma de bolo quadrada de 23 cm e despeje ali a massa, espalhando-a de modo uniforme. Asse por 25 minutos, ou até ficar dourada e elástica ao toque. Retire do forno e deixe esfriar.

5 Para fazer o ganache, derreta o chocolate em banho-maria em fogo baixo (veja a técnica na p. 238). Mexa ocasionalmente, até o chocolate derreter. Retire do fogo e reserve.

6 Corte o bolo em quadrados de 12 cm x 12 cm e faça uma camada de bolo no fundo de uma tigela de vidro funda. Espalhe as frutas por cima do bolo de maneira uniforme, reservando um punhado para decorar. Coloque o creme sobre as frutas e cubra com as fatias de bolo restantes. Despeje o ganache por cima e alise-o. Finalize com as frutas reservadas e leve à geladeira para gelar. Sirva gelado.

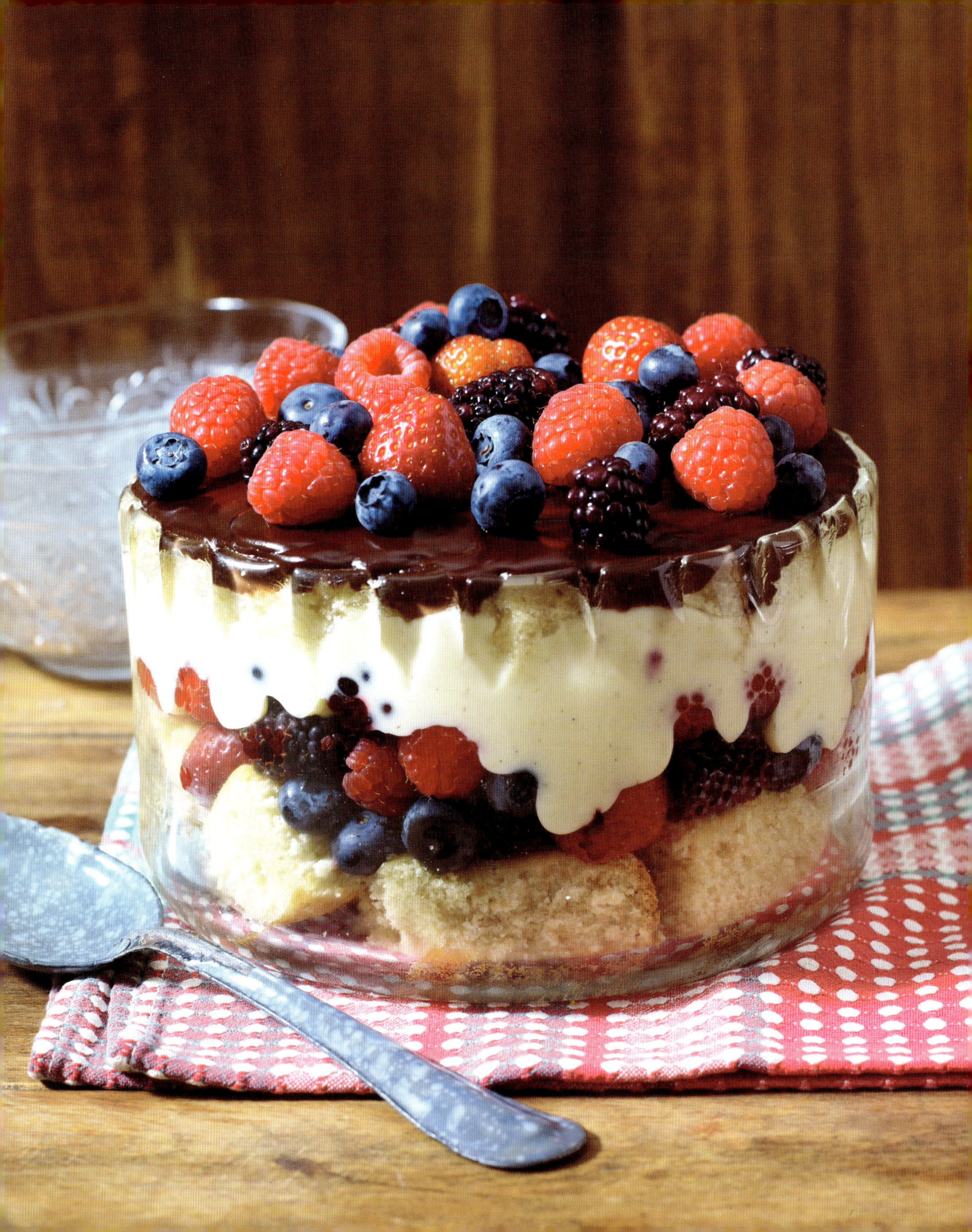

MERENGUE DE LIMÃO-SICILIANO E GRAPEFRUIT

Nessa sobremesa clássica, o grapefruit realça o sabor doce e azedo do suco de limão-siciliano.

- ★ **12 PORÇÕES**
- ★ **PREPARO** 25 minutos, mais resfriamento
- ★ **COZIMENTO** 1 hora

Para a massa
150 g de farinha de trigo
2 colheres (sopa) de açúcar
uma pitada de sal
6 colheres (sopa) de manteiga gelada cortada em cubos
1 colher (sopa) de gordura vegetal

Para o recheio
suco de 2 limões-sicilianos grandes
suco de 1 grapefruit pequeno
175 g de açúcar
60 g de maisena
5 gemas de ovos
1 colher (chá) de extrato de baunilha

Para o merengue
6 claras em neve
3 colheres (sopa) de açúcar
¼ de colher (chá) de extrato de baunilha
1 colher (chá) de cremor tártaro

1 Para fazer a massa, peneire a farinha, o açúcar e o sal em uma tigela e misture bem. Com as mãos, esfregue a manteiga e a gordura vegetal na farinha até obter uma farofa. Acrescente 60 ml de água fria e misture bem, até formar uma bola. Embrulhe em filme de PVC e leve à geladeira por 1 hora.

2 Preaqueça o forno a 180°C. Abra a massa com um rolo sobre uma superfície enfarinhada, até ter o tamanho para forrar uma assadeira quadrada de 23 cm. Coloque a massa na fôrma, apertando-a delicadamente nas bordas para formar um quadrado plano. Asse por 30 minutos, ou até dourar. Retire do forno e aumente a temperatura para 190°C.

3 Para fazer o recheio, misture em uma panela 450 ml de água, o suco de limão e o de grapefruit, o açúcar e a maisena e leve ao fogo médio. Bata por 2-3 minutos, até engrossar. Coloque as gemas em uma vasilha grande.

4 Transfira a mistura de limão e grapefruit para a vasilha com as gemas, um pouco por vez, mexendo bem para incorporar. Volte o recheio à panela e cozinhe em fogo médio por mais 5 minutos. Retire do fogo e adicione o extrato de baunilha. Acrescente mais suco de limão a gosto, se necessário. Espalhe o recheio sobre a massa de torta de maneira uniforme.

5 Para fazer o merengue, bata as claras, o açúcar, o extrato de baunilha e o cremor tártaro com uma batedeira elétrica em velocidade alta, até formar picos firmes.

6 Com uma espátula ou colher grande, espalhe o merengue sobre o recheio. Asse por 20 minutos, ou até dourar. Deixe esfriar completamente antes de servir.

O **grapefruit**, também chamado de toranja ou pamplemussa, uma fruta cítrica muitas vezes menosprezada, dá um sabor especial aos pratos preparados com limão-taiti e limão-siciliano.

SOBREMESAS ★ 183

TORTA DE BATATA-DOCE COM MERENGUE

Outro clássico, parente próximo da torta de abóbora, essa sobremesa tem uma crosta supercrocante.

★ **6 PORÇÕES**
★ **PREPARO** 15 minutos, mais resfriamento
★ **COZIMENTO** 1h30

Ingredientes
150 g de farinha de trigo, mais um pouco para polvilhar
100 g de manteiga sem sal
50 g de açúcar
1 gema de ovo
½ colher (chá) de extrato de baunilha

Para o recheio
400 g de batata-doce descascada e cortada em pedaços pequenos
85 g de manteiga sem sal
100 g de açúcar mascavo
3 colheres (sopa) de creme de leite light
1 ovo
½ colher (chá) de noz-moscada
½ colher (chá) de canela em pó
açúcar de confeiteiro, para polvilhar

Para o merengue
3 claras em temperatura ambiente
85 g de açúcar
1 colher (chá) de maisena

1 Para fazer a massa, esfregue a farinha na manteiga com as mãos em uma tigela, até a mistura virar uma farofa fina. Acrescente o açúcar. Adicione a gema de ovo e o extrato de baunilha e amasse até formar uma massa macia; adicione 1-2 colheres (chá) de água fria, se necessário. Embrulhe em filme de PVC e leve à geladeira por 30 minutos.

2 Para fazer o recheio, cozinhe a batata-doce em uma panela de água fervente por 10-15 minutos, ou até ficar macia. Escorra, volte à panela e amasse. Acrescente a manteiga, o açúcar, o creme de leite, o ovo e as especiarias. Bata bem, para ficar homogêneo, depois reserve.

3 Preaqueça o forno a 180°C. Estenda a massa sobre uma superfície enfarinhada; faça um disco grande o suficiente para forrar uma fôrma de torta de 20 cm com fundo removível. Coloque a massa na fôrma, apertando bem no fundo e nas laterais. Apare eventuais excessos, espete o fundo com um garfo algumas vezes e forre com papel-manteiga. Coloque a fôrma sobre uma assadeira e encha com feijões para fazer peso. Leve ao forno por 20 minutos. Se o meio ainda estiver cru, retire os feijões e o papel e asse por mais 5 minutos.

4 Transfira o recheio para a massa assada e nivele com as costas de uma colher. Asse por 35-45 minutos, ou até o recheio firmar. Pouco antes disso acontecer, bata as claras em neve até obter picos firmes. Junte o açúcar e a maisena.

5 Retire a torta do forno e espalhe o merengue por cima, com cuidado para unir as bordas dele às da massa em todos os lados (isso evitará que o merengue encolha). Volte a torta ao forno e asse por mais 10-15 minutos, até o merengue dourar. Polvilhe com açúcar de confeiteiro antes de servir.

SOBREMESA CLÁSSICA

TORTA DE MAÇÃ

Esse clássico leva maçãs em fatias bem finas, que dão ao recheio uma textura extremamente macia.

- **6-8 PORÇÕES**
- **PREPARO** 25 minutos, mais resfriamento
- **COZIMENTO** 1 hora

Ingredientes
350 g de farinha de trigo
50 g de açúcar
200 g de manteiga sem sal gelada

Para o recheio
400 g de maçã granny smith descascada e sem miolo
400 g de maçã gala (ou fuji) descascada e sem miolo
2 colheres (sopa) de suco de limão
3 colheres (sopa) de farinha de trigo
4 colheres (sopa) de açúcar
4 colheres (sopa) de açúcar mascavo
1 colher (chá) de canela em pó
1 ovo batido com 1 colher (sopa) de água fria, para pincelar

A **maçã verde** tipo granny smith é ótima para assar, pois mantém sua textura após o cozimento.

1 Em um processador de alimentos ou à mão, misture a farinha, o açúcar e a manteiga, até formar uma farofa fina. Adicione 5-6 colheres (sopa) da água gelada e amasse, até formar uma massa macia. Enrole a massa em filme de PVC e leve à geladeira por 1 hora antes de usar.

2 Preaqueça o forno a 190°C. Retire a massa da geladeira. Tire dois terços e devolva o terço restante à geladeira, embrulhado.

3 Em uma superfície enfarinhada, estenda o pedaço maior de massa formando um disco grande o suficiente para forrar um prato de torta de 24 cm. Aperte levemente a massa no prato e retire o excesso com uma tesoura, deixando uma sobra de 1 cm ao redor. Leve à geladeira.

4 Corte as maçãs em fatias de 0,5 cm, coloque-as em uma tigela grande e acrescente o suco de limão, misturando bem. Polvilhe sobre as maçãs a farinha de trigo, 3 colheres (sopa) de açúcar, o açúcar mascavo e a canela e mexa para revestir bem todos os pedaços.

5 Disponha as maçãs sobre a massa de torta, amontoando um pouco mais da fruta no meio e com cuidado para compactar bem. Abra a massa reservada em um disco grande o suficiente para cobrir a torta. Pincele as bordas da massa com um pouco de ovo misturado com água, coloque a tampa de massa por cima e, com os dedos, aperte as juntas para fechar a torta. Apare os eventuais excessos com uma faquinha afiada. Pincele a superfície da torta com a mistura de ovo e água, polvilhe o açúcar restante e faça dois cortes pequenos na parte superior.

6 Asse por 1 hora (se usar um prato de torta de cerâmica ou vidro, coloque-o sobre uma assadeira de metal para a massa assar bem na parte de baixo; aumente o tempo de cozimento, se necessário). Se a crosta dourar muito rápido, cubra com papel-alumínio, mas retire-o 5 minutos antes do final, para a parte de cima ficar crocante. Retire do forno e deixe esfriar. Sirva com sorvete de creme ou chantili.

PROVE...

GRUYÈRE E PERA
Rale em fatias finas 50 g de **gruyère** na massa na etapa 1 e use 800 g de **pera williams** em vez de maçã.

COBERTURA STREUSEL
Substitua a tampa de massa por uma mistura de 25 g, de cada, de **açúcar mascavo, farinha de trigo** e **manteiga**, misturados até formar uma farofa fina, mais 60 g de **nozes-pecãs** picadinhas e 1 colher (chá) de **canela**.

CARAMELO COM SAL
Essa calda complementa muito bem a torta. Aqueça um potinho de **calda de caramelo** pronta (ou faça a sua, p. 194) em uma panela pequena de fundo grosso em fogo brando e acrescente 3-4 colheres (sopa) de **creme de leite fresco** e uma pitada de **sal marinho**.

TORTA DE ABÓBORA COM PECÃS E MAPLE SYRUP

Essa versão de um clássico norte-americano resulta em uma torta delicada e macia, aromatizada com canela e outras especiarias.

★ **6-8 PORÇÕES**
★ **PREPARO** 30 minutos, mais resfriamento
★ **COZIMENTO** 1h-1h15, mais esfriamento

Ingredientes
150 g de farinha de trigo, mais um pouco para polvilhar
100 g de manteiga sem sal gelada cortada em cubos
50 g de açúcar
1 gema de ovo
½ colher (chá) de extrato de baunilha

Para o recheio
75 g de nozes-pecãs picadas
3 ovos
100 g de açúcar mascavo
2 colheres (chá) de canela em pó
1 colher (chá) de mixed spice*
4 colheres (sopa) de maple syrup
400 ml de creme de leite fresco
400 g de abóbora assada batida em purê

1 Para fazer a massa, esfregue a farinha e a manteiga com as mãos em uma vasilha grande, até formar uma farofa. Acrescente o açúcar. Em outra vasilha, bata a gema de ovo e o extrato de baunilha, depois adicione à farinha e misture bem, até formar uma massa macia (se necessário, acrescente um pouco de água). Embrulhe em filme de PVC e leve à geladeira por 30 minutos.

2 Preaqueça o forno a 180°C. Em uma superfície levemente enfarinhada, abra a massa até a espessura de 3 mm e use-a para forrar uma fôrma de torta de 23 cm com fundo removível, deixando um excesso de pelo menos 2 cm nas bordas. Espete o fundo com um garfo, forre com papel-manteiga e cubra com feijões para assar.

3 Coloque a fôrma sobre uma assadeira e leve ao forno por 20 minutos. Retire os feijões e o papel-manteiga e asse por mais 5 minutos se o meio ainda permanecer cru. Polvilhe as nozes-pecãs sobre a massa assada.

4 Para fazer o recheio, misture em uma tigela grande os ovos, o açúcar mascavo, metade da canela, a mixed spice, metade do maple syrup e metade do creme de leite. Quando estiver bem misturado, acrescente a abóbora, batendo, até formar um recheio macio. Despeje o recheio sobre a massa assada e volte a fôrma para o forno.

5 Asse por 45-50 minutos, até o recheio firmar bem, mas antes de começar a borbulhar nas bordas. Apare o excesso da massa enquanto ainda estiver quente, depois reserve para esfriar por 15 minutos antes de desenformar.

6 Bata de leve o creme de leite restante até obter picos moles, acrescente o restante da canela em pó e do maple syrup e sirva com a torta.

DICA DO COZINHEIRO A torta dura na geladeira por até 2 dias em um recipiente hermético.

---

* Para fazer a mixed spice, misture 1 colher (sopa) de pimenta da-jamaica moída, 1 colher (sopa) de canela em pó, 1 colher (sopa) de noz-moscada ralada, 2 colheres (chá) de macis moído, 1 colher (chá) de cravo em pó, 1 colher (chá) de semente de coentro moída e 1 colher (chá) de gengibre em pó

TORTA DE CEREJA COM COBERTURA EM TRELIÇA

O suco da fruta é engrossado com farinha para dar consistência ao recheio dessa torta muito popular.

- ★ **8 PORÇÕES**
- ★ **PREPARO** 40-45 minutos, mais resfriamento
- ★ **COZIMENTO** 20-25 minutos

Ingredientes

250 g de farinha de trigo, mais um pouco para polvilhar
½ colher (chá) de sal
125 g de banha ou gordura vegetal gelada e em cubos
75 g de manteiga sem sal gelada e em cubos

Para o recheio e a cobertura

500 g de cereja sem caroço (veja técnica na p. 242)
200 g de açúcar, mais 1 colher (sopa) para polvilhar
45 g de farinha de trigo
¼ de colher (chá) de extrato de amêndoas (opcional)
1 ovo batido

1 Peneire a farinha e o sal em uma vasilha. Com as mãos, esfregue a banha (ou a gordura vegetal) e a manteiga na farinha, até obter uma farofa. Polvilhe 3 colheres (sopa) de água e misture até a massa virar uma bola. Embrulhe em filme de PVC e leve à geladeira por 30 minutos.

2 Preaqueça o forno a 200°C e coloque ali uma assadeira. Em uma superfície enfarinhada, abra dois terços da massa até uma espessura de 3 mm e use-a para forrar um prato de torta de 23 cm, deixando um excesso de pelo menos 2 cm na borda. Aperte a massa no prato e leve à geladeira por 15 minutos.

3 Para o recheio, coloque cerejas em uma tigela e acrescente o açúcar, a farinha e o extrato de amêndoas (se for usar). Misture bem, depois coloque sobre o prato com a massa.

4 Abra a massa restante em um retângulo. Corte 12 tiras, cada uma com 1 cm de largura, e disponha em um padrão de treliça por cima da torta; apare o excesso de massa. Use o ovo batido para pincelar a treliça de massa e fixar as tiras na borda da torta. Polvilhe o açúcar por cima, coloque sobre a assadeira e asse por 20-25 minutos, até a massa dourar. Sirva em temperatura ambiente ou gelada.

SOBREMESA CLÁSSICA

COBBLER DE PÊSSEGO

Para que o cozimento seja mais uniforme, use pêssegos mais firmes delicadamente escaldados.

- ★ **6-8 PORÇÕES**
- ★ **PREPARO** 25 minutos
- ★ **COZIMENTO** 30-35 minutos

Ingredientes
50 g de açúcar
8 pêssegos maduros descascados, sem caroço e cortados em quatro
1 colher (chá) de maisena
suco de ½ limão-siciliano

Para a cobertura
225 g de farinha com fermento
2 colheres (chá) de fermento em pó
75 g de açúcar
uma pitada de sal
½ a ¾ de colher (chá) de canela em pó (a gosto)
75 g de manteiga sem sal
1 ovo
100 ml de leitelho (ou faça o seu, p. 12)
1 colher (sopa) de açúcar mascavo
sorvete, creme de baunilha ou creme de leite, para servir

1 Preaqueça o forno a 190ºC. Para fazer o recheio, aqueça o açúcar e 3-4 colheres (sopa) de água numa panela grande, larga e de fundo grosso. Quando o açúcar estiver dissolvido, adicione os pêssegos, cubra e cozinhe em fogo médio por 2-3 minutos.

2 Em uma tigelinha, misture a maisena com o suco de limão até formar uma pasta, depois adicione aos pêssegos. Continue a cozinhar, sem a tampa e em fogo baixo, até o líquido engrossar em torno dos pêssegos. Transfira as frutas com a calda para um refratário raso.

3 Para fazer a cobertura, peneire em uma tigela grande a farinha, o fermento, o açúcar, o sal e a canela. Com as mãos, esfregue tudo na manteiga até obter uma farofa. Bata o ovo e o leitelho em uma tigela separada. Adicione o líquido aos ingredientes secos e junte tudo, até formar uma massa macia e grudenta.

4 Despeje colheradas (sopa) cheias da massa sobre toda a superfície das frutas, deixando um pequeno espaço entre elas. Polvilhe com o açúcar. Asse por 25-30 minutos, até dourar e borbulhar. Estará pronto quando um palito inserido no meio da cobertura sair limpo. Deixe esfriar por 5 minutos antes de servir com sorvete, creme de baunilha ou creme de leite.

Nessa sobremesa, os **pêssegos** maduros e cozidos formam uma calda espessa e adocicada.

PROVE...

MAÇÃ E AMORA
Para um toque diferente, substitua os pêssegos na etapa 1 por 1 kg de **maçã** descascada e picada, mais 250 g de **amora**; cozinhe de acordo com a receita principal, mas leve ao forno por 40-45 minutos.

AMEIXA E ESPECIARIAS
Misture 1 kg de **ameixa** sem caroço e cortada ao meio com 60 g de açúcar mascavo, 1 colher (chá) de canela, ¼ de colher (chá) de **noz-moscada** e ¼ de colher de **pimenta-da-jamaica**. Coloque diretamente na assadeira e pule para a etapa 3.

PÊSSEGO E MIRTILO
Para um toque do Sul, faça o recheio com 150 g de **mirtilo** e 6 **pêssegos** (preparados como na receita ao lado). Para a cobertura, substitua 75 g da farinha com fermento pela mesma quantidade de **fubá pré-cozido**.

BOLINHO DE ABACAXI COM MANJERICÃO

Essa sobremesa clássica ganha uma versão gourmet com a calda leve e cremosa misturada com manjericão.

- ★ **4 PORÇÕES**
- ★ **PREPARO** 20 minutos
- ★ **COZIMENTO** 40 minutos

Ingredientes
50 g de manteiga sem sal, mais um pouco para untar
100 g de açúcar mascavo

Para os bolinhos
125 g de abacaxi
75 g de manteiga sem sal em temperatura ambiente
100 g de açúcar
2 ovos
½ colher (chá) de extrato de baunilha
150 g de farinha com fermento

Para o creme de manjericão com abacaxi
200 ml de suco de abacaxi
100 ml de creme de leite fresco
1 colher (chá) de manjericão picadinho
1 colher (chá) de suco de limão

1 Derreta a manteiga em uma panela pequena de fundo grosso em fogo médio. Adicione o açúcar mascavo e cozinhe por 2-3 minutos, mexendo sempre, até dissolver. Divida a mistura entre quatro ramequins grandes e untados.

2 Corte o abacaxi em pequenos pedaços e divida-os entre os quatro ramequins.

3 Preaqueça o forno a 180°C. Com uma batedeira elétrica, bata a manteiga e o açúcar em uma vasilha, até formar um creme. Junte os ovos e o extrato de baunilha até ficar homogêneo. Peneire a farinha e adicione-a delicadamente à mistura. Distribua de maneira uniforme entre os ramequins.

4 Coloque os ramequins em uma assadeira e asse no meio do forno por 25-30 minutos, até ficarem bem crescidos e dourados e um palito inserido no meio sair limpo.

5 Enquanto isso, faça o creme. Coloque o suco de abacaxi em uma panela pequena de fundo grosso e leve à fervura. Cozinhe por cerca de 5 minutos, até reduzir a 100 ml. Adicione metade do creme de leite e mantenha no fogo por mais 5-7 minutos, até restarem apenas 50 ml. Retire do fogo e leve à geladeira até a hora de usar.

6 Retire os bolinhos do forno e deixe esfriar nos ramequins antes de virá-los em pratinhos de servir. Deixe os bolinhos nos ramequins por cerca de 2-3 minutos, para que absorvam a calda.

7 Na hora de servir (os bolinhos devem estar mornos, não muito quentes), acrescente o creme de leite restante ao creme de abacaxi gelado. Adicione o manjericão picado e o suco de limão e bata até engrossar. Sirva para acompanhar os bolinhos.

DICA DO COZINHEIRO Se a superfície dos bolinhos crescer de modo desigual, corte um pouco para fazer um acabamento mais liso. Isso os deixará mais estáveis ao serem virados de cabeça para baixo.

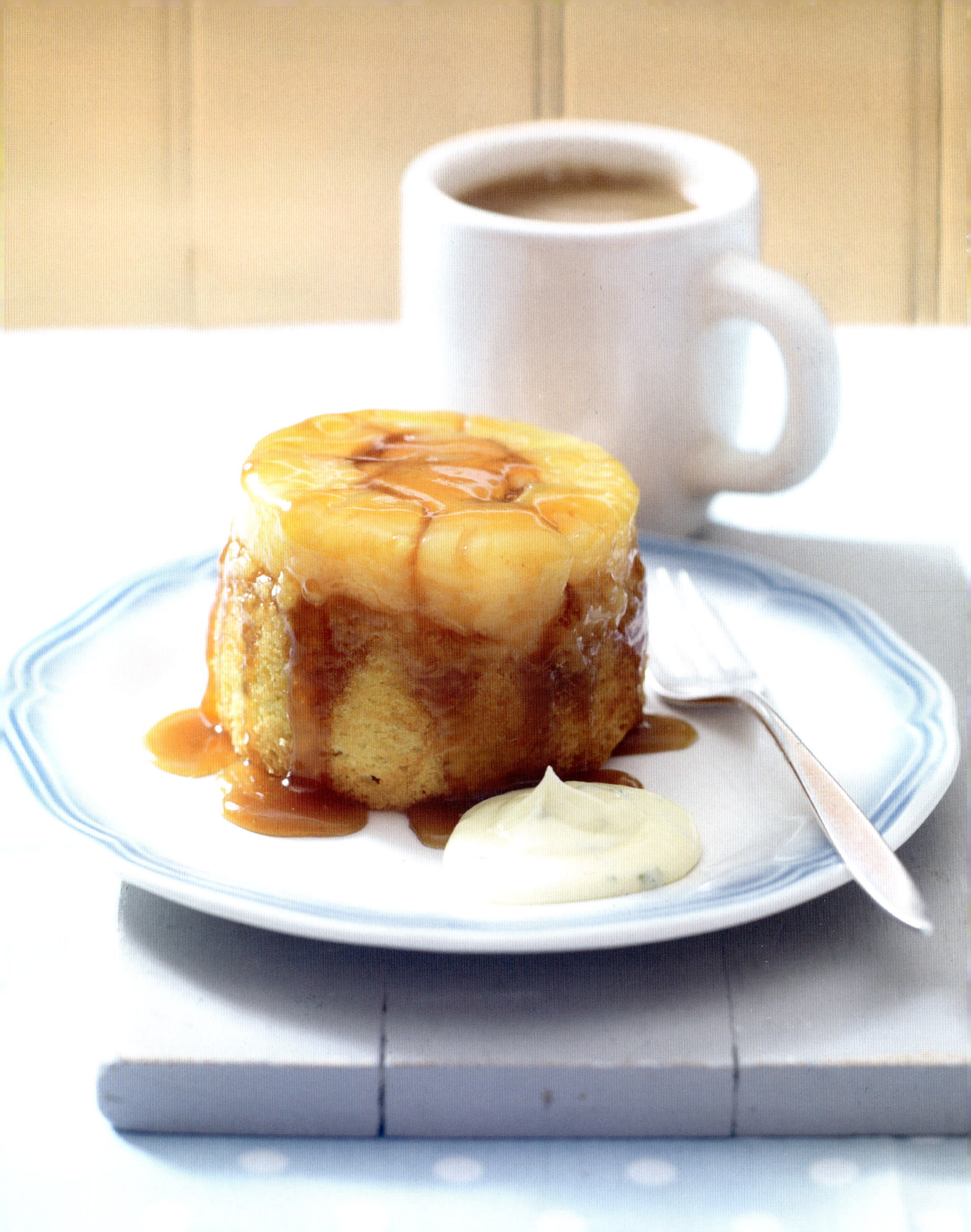

CHEESECAKE MARMORIZADO

O efeito visual desse cheesecake, que nessa receita leva mirtilos, é fácil de obter e sempre impressiona.

★ **8 PORÇÕES**
★ **PREPARO** 20 minutos
★ **COZIMENTO** 40 minutos, mais esfriamento

Ingredientes
50 g de manteiga sem sal, mais um pouco para untar
125 g de biscoito maisena
150 g de mirtilo
3 colheres (sopa) de açúcar

Para o recheio
150 g de açúcar
400 g de cream cheese
250 g de mascarpone
2 ovos grandes, mais 1 gema de ovo grande
½ colher (chá) de extrato de baunilha
2 colheres (sopa) de farinha de trigo peneirada

Para a geleia
100 g de mirtilo
1 colher (sopa) de açúcar
um pouco de suco de limão

1 Preaqueça o forno a 180°C. Unte uma fôrma de bolo redonda de 20 cm com fundo removível. Coloque os biscoitos em um saco plástico e triture-os com um rolo de massa, até formar migalhas finas.

2 Derreta a manteiga em uma panela em fogo baixo, mas sem deixar escurecer. Adicione as migalhas e misture para revesti-las na manteiga. Retire do fogo. Aperte as migalhas na base da fôrma com as costas de uma colher.

3 Coloque os mirtilos no processador de alimentos com 3 colheres (sopa) de açúcar e bata até ficar homogêneo. Passe a mistura por uma peneira de náilon (e não de metal, que deixa gosto) e coloque em uma panela pequena. Deixe levantar fervura e cozinhe por 3-5 minutos, ou até ficar grosso e com consistência de xarope. Reserve.

4 Para fazer o recheio, coloque o açúcar no processador, junto com os cinco ingredientes seguintes da lista. Bata a mistura de cream cheese até ficar homogênea e bem fundida. Despeje sobre a base de biscoito e alise a superfície com uma espátula. Regue com a geleia de mirtilo e desenhe redemoinhos com um palito de metal.

5 Ferva uma chaleira de água. Forre as laterais da fôrma de bolo com papel-alumínio e coloque em uma assadeira profunda. Despeje a água quente na assadeira até chegar na metade da altura da fôrma de bolo – isso evitará que a mistura quebre.

6 Asse por 40 minutos, até ficar firme mas ainda tremular com o movimento. Desligue o forno e deixe a porta entreaberta. Depois de 1 hora, retire do forno para esfriar. Remova a lateral da fôrma. Deslize uma ou duas espátulas bem largas entre a base de biscoito e a fôrma. Transfira o cheesecake para uma travessa ou apoio de bolo e deixe esfriar completamente.

7 Enquanto isso, coloque todos os ingredientes para a geleia em uma panela pequena. Aqueça suavemente, mexendo de vez em quando, até todo o açúcar dissolver. Transfira a geleia para uma jarrinha de servir.

DICA DO COZINHEIRO A geleia pode ser feita com até 3 dias de antecedência e refrigerada até a hora de usar.

SANDUÍCHE DE SORVETE E MANTEIGA DE AMENDOIM

Cookie de chocolate, manteiga de amendoim e sorvete de baunilha cremoso – o trio perfeito dessa sobremesa.

★ **4 UNIDADES**
★ **PREPARO** 20 minutos
★ **COZIMENTO** 10 minutos, mais esfriamento e congelamento

Ingredientes
50 g de chocolate em barra, ao leite ou amargo (70% cacau)
50 g de manteiga sem sal
75 g de açúcar
75 g de açúcar mascavo
1 ovo
1 colher (sopa) de leite integral
1 colher (chá) de extrato de baunilha
125 g de farinha de trigo
4 colheres (sopa) de manteiga de amendoim crocante
4 colheres de sorvete de baunilha (p. 196)

1 Preaqueça o forno a 180°C. Derreta o chocolate em banho-maria em fogo baixo (veja a técnica na p. 238). Reserve para esfriar.

2 Quando a mistura de chocolate esfriar, acrescente os açúcares, o ovo, o leite e o extrato do baunilha. Peneire a farinha sobre a mistura e mexa delicadamente. Coloque colheradas (sopa) grandes da massa, bem afastadas umas das outras, em duas assadeiras forradas com papel-manteiga para fazer 8 cookies grandes. Asse no meio do forno por 10 minutos, até ficarem crocantes nas bordas mas ainda moles no meio. Os biscoitos vão firmar ao esfriarem.

3 Deixe os cookies esfriarem na assadeira por 5 minutos antes de transferi-los para uma grade, para então esfriarem completamente; em seguida, leve-os ao congelador por 10 minutos antes de servir.

4 Para servir, espalhe 1 colher (sopa) de manteiga de amendoim sobre o lado plano de um cookie. No lado plano de outro cookie (tente fazer pares de cookies de tamanhos semelhantes) coloque 1 bola de sorvete de baunilha, junte os dois para formar um sanduíche e sirva imediatamente.

DICA DO COZINHEIRO Para um cookie ainda mais delicioso, adicione um punhado de gotas de chocolate branco ou amargo à massa antes de assar. Você pode também experimentar sabores de sorvete diferentes para o recheio.

O **sorvete de baunilha** é delicioso sozinho ou para fazer um contraste cremoso e gelado com uma sobremesa quente.

SOBREMESAS

SUNDAE CROCANTE DE CARAMELO E CHOCOLATE

A calda de caramelo salgado e os pretzels de chocolate crocantes elevam a outro nível esse sorvete de baunilha caseiro.

★ **4 PORÇÕES**
★ **PREPARO** 15 minutos, resfriamento e congelamento
★ **COZIMENTO** 20 minutos

Ingredientes
250 ml de chantili
450 ml de leite integral
6 gemas
125 g de açúcar
1 colher (chá) de extrato de baunilha
pretzels de chocolate com lavanda (p. 238), para servir

Para a calda de caramelo salgado
200 g de açúcar
115 g de manteiga em cubos
120 ml de creme de leite fresco
1 colher (chá) de extrato de baunilha
1 colher (chá) de sal marinho

1. Aqueça o chantili em uma panela de fundo grosso em fogo médio, até ficar bem quente, mas sem ferver. Em uma tigela, misture as gemas, o açúcar e o extrato de baunilha. Devagar e pouco a pouco, acrescente à mistura de gemas o chantili quente em fio, batendo constantemente.

2. Enxague a panela, volte a ela o creme e leve ao fogo médio-baixo, mexendo sempre, até engrossar e cobrir as costas de uma colher. Não aqueça muito rápido ou por muito tempo, ou os ovos podem talhar. Retire o creme do fogo e transfira imediatamente para uma tigela limpa e fria, mexendo por alguns minutos para que esfrie.

3. Deixe o creme esfriar completamente, depois cubra a superfície com uma camada de filme de PVC (faça o filme encostar no creme, para não deixar formar uma nata). Leve à geladeira por no mínimo 4 horas ou uma noite inteira.

4. Despeje o creme gelado em uma sorveteira e ponha para bater até ficar com uma consistência espessa de sorvete. Transfira para um recipiente plástico e congele até a hora de usar.

5. Para preparar a calda de caramelo salgado, derreta o açúcar em uma frigideira de fundo grosso em fogo médio. Bata com frequência enquanto o açúcar derrete, por 7-10 minutos, até adquirir uma cor âmbar. Adicione a manteiga e bata até ficar homogêneo.

6. Retire do fogo e adicione o creme de leite. Continue mexendo enquanto o caramelo borbulha, até a mistura ficar lisa. Junte o extrato de baunilha e o sal marinho. Reserve para esfriar completamente.

7. Para servir, quebre alguns pretzels de chocolate da p. 238 em um saco plástico e espalhe sobre o sorvete. Regue com a calda de caramelo salgado para finalizar.

DICA DO COZINHEIRO Para uma versão mais saudável, experimente usar uma colherada da compota de frutas vermelhas da p. 242 ou da compota de frutas secas da p. 60, e cubra com um punhado de mirtilo fresco, para obter mais textura.

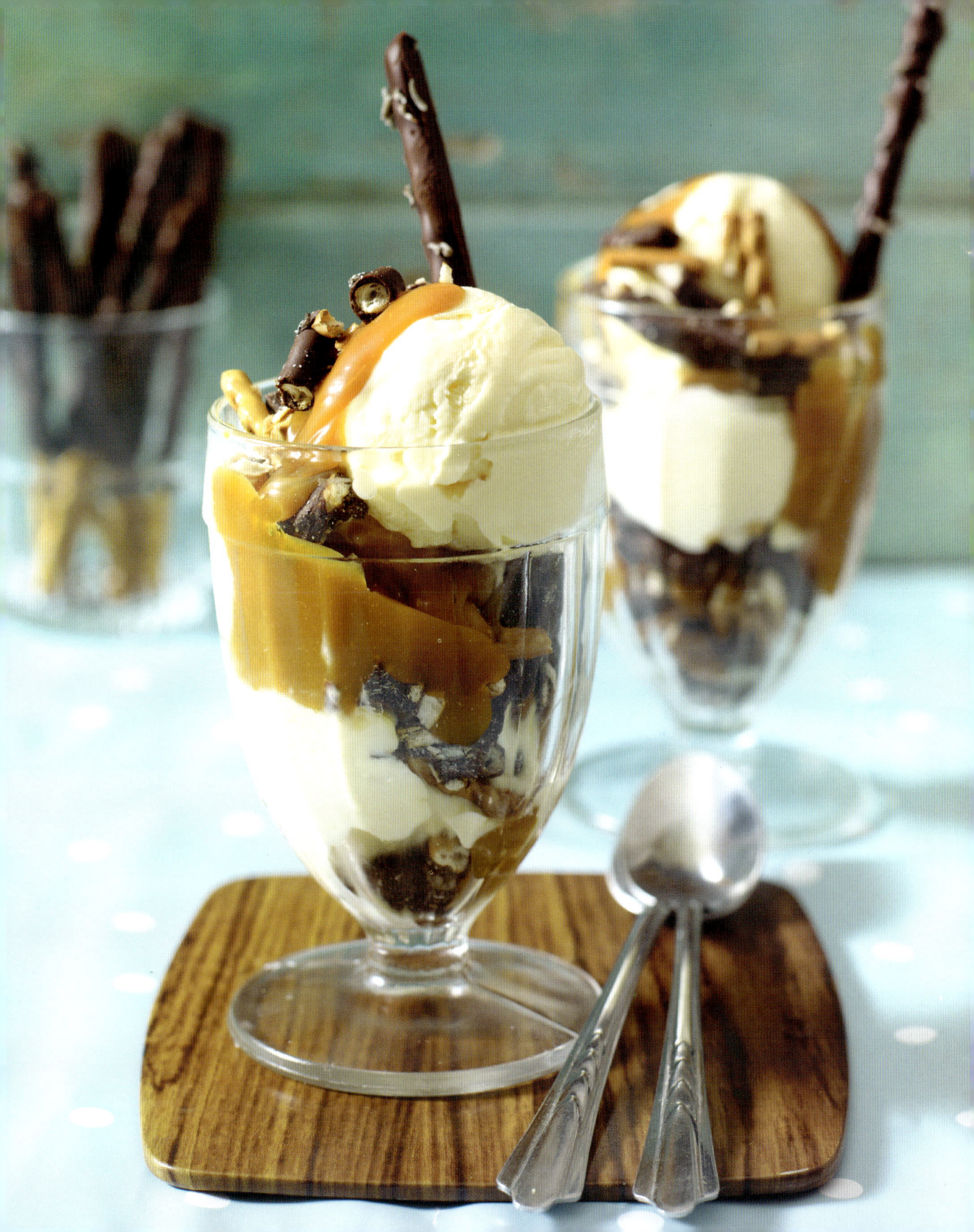

TORTINHA DE MAÇÃ COM SORVETE DE BAUNILHA

Simples de fazer, essas tortinhas ficam maravilhosas servidas em um pratinho. Use sorvete comprado pronto se o tempo for curto.

★ **4 UNIDADES**
★ **PREPARO** 25 minutos, mais resfriamento
★ **COZIMENTO** 45 minutos

Ingredientes
4 maçãs golden delicious descascadas e sem miolo
4 colheres (sopa) de manteiga
1 colher (chá) de canela em pó, mais um pouco para a cobertura
1 ovo batido
2 colheres (sopa) de açúcar mascavo

Para a massa
375 g de farinha de trigo, mais um pouco para polvilhar
1 colher (chá) de sal
3 colheres (sopa) de açúcar
175 g de manteiga gelada cortada em cubos
60 g de gordura vegetal

Para o sorvete
250 ml de leite integral
250 ml de creme de leite fresco
1 fava de baunilha dividida ao meio, com as sementes raspadas
4 gemas
100 g de açúcar mascavo
1 colher (chá) de canela em pó

1 Primeiro, faça o sorvete. Em uma panela, bata o leite com o creme de leite e adicione a fava de baunilha. Deixe ferver por 20 minutos em fogo baixo. Retire do fogo e descarte a fava.

2 Em uma outra panela, misture as gemas, o açúcar e a canela. Coloque o creme sobre a mistura de gemas, um pouco por vez, e bata até misturar bem. Cozinhe em fogo baixo por 10-12 minutos, ou até engrossar. Transfira para uma tigela, cubra e leve à geladeira por 1 hora, ou até ficar bem gelado.

3 Para fazer a massa, misture em uma tigela a farinha, o sal e o açúcar. Com as mãos, esfregue a manteiga e a gordura vegetal na mistura de farinha, até obter uma farofa. Acrescente 60 ml de água fria para formar uma massa macia. Embrulhe em filme de PVC e leve à geladeira por 1 hora.

4 Despeje a mistura de creme em uma sorveteira e deixe bater por 20-30 minutos, dependendo da máquina, até ficar cremoso e firme. Transfira para um recipiente hermético e congele por pelo menos 30 minutos.

5 Preaqueça o forno a 160°C. Divida a massa em quatro partes iguais. Abra-as sobre uma superfície enfarinhada para formar discos de 15 cm. Enrole cada disco em torno de uma maçã. Encha cada miolo de maçã com 1 colher (sopa) de manteiga e ¼ de colher (chá) de canela e aperte a massa em torno da maçã para envolvê-la completamente. Transfira as maçãs para uma assadeira quadrada de 23 cm.

6 Pincele cada maçã com o ovo e polvilhe o açúcar mascavo e um pouco de canela por cima. Asse por 45 minutos, ou até a massa dourar e a maçã ficar macia. Sirva cada maçã quente com 1 bola de sorvete e um fio de calda de caramelo salgado (p. 194).

CROCANTE DE MAÇÃ E PERA COM ESPECIARIAS

A maçã recebe um toque outonal com as peras suculentas e um toque de canela e gengibre.

- ★ **4-6 PORÇÕES**
- ★ **PREPARO** 20 minutos
- ★ **COZIMENTO** 35 minutos

Ingredientes
2 colheres (sopa) de manteiga
3 maçãs gala (ou fuji) descascadas e cortadas em fatias grossas
3 peras williams descascadas e cortadas em fatias grossas
2 colheres (sopa) de açúcar mascavo
uma pitada de canela em pó
uma pitada de gengibre em pó
suco de 1 limão-siciliano
sorvete de baunilha, para servir

Para a cobertura
150 g de aveia em flocos
150 g de farinha de trigo
225 g de açúcar mascavo
115 g de manteiga derretida
1 colher (chá) de canela em pó
uma pitada de sal

1 Preaqueça o forno a 180°C. Derreta a manteiga em uma panela grande em fogo baixo. Junte as maçãs, as peras, o açúcar, a canela, o gengibre e o suco de limão. Cozinhe em fogo médio-baixo, mexendo de vez em quando, por 6-8 minutos, ou até as maçãs e as peras dourarem e amaciarem um pouco.

2 Enquanto isso, misture em uma tigela a aveia, a farinha, o açúcar, a manteiga, a canela e o sal. Transfira as frutas para um refratário redondo de 20 cm. Cubra com a mistura de aveia, espalhando de maneira uniforme.

3 Asse no forno por 30-35 minutos, ou até dourar e borbulhar. Sirva quente com sorvete de baunilha (p. 196).

Maçãs e peras, frutas outonais de clima temperado, duram muitos meses quando armazenadas em uma temperatura baixa e constante.

SOBREMESAS

BOLINHO DE COCO FRITO

Geralmente vendidos em funis de papel em feiras e parques de diversões, esses bolinhos ficam deliciosos na versão caseira.

- **4-6 UNIDADES**
- **PREPARO** 10 minutos
- **COZIMENTO** 25 minutos

Ingredientes
2 ovos
250 ml de leite integral
250 ml de leite de coco
300 g de farinha de trigo
1 colher (chá) de extrato de baunilha
4 colheres (sopa) de açúcar
2 colheres (sopa) de fermento em pó
uma pitada de sal
500 ml de óleo de coco ou outro óleo vegetal
açúcar de confeiteiro, para decorar
raspas de coco, para decorar

1 Misture os ovos, o leite e o leite de coco. Adicione a farinha, o extrato de baunilha, o açúcar, o fermento e o sal. Mexa bem para agregar e transfira para um saco plástico.

2 Em uma panela grande de fundo grosso ou em uma fritadeira, aqueça o óleo a 190°C, como mostra a técnica da p. 144. Quando o óleo estiver quente o suficiente, faça um corte em um cantinho do saco plástico e aperte para despejar um pouco de massa na panela, desenhando uma forma circular. Frite por 2-3 minutos de cada lado, ou até os dois lados dourarem.

3 Retire do óleo com uma escumadeira e escorra sobre uma grade (ou sobre papel-toalha). Repita com a massa restante para fazer o resto dos bolinhos. Decore com açúcar de confeiteiro peneirado e raspas de coco. Sirva quente.

Derivados de coco, como o leite, o óleo e o próprio coco seco, têm cada qual seu próprio sabor, prestando-se a diferentes usos culinários.

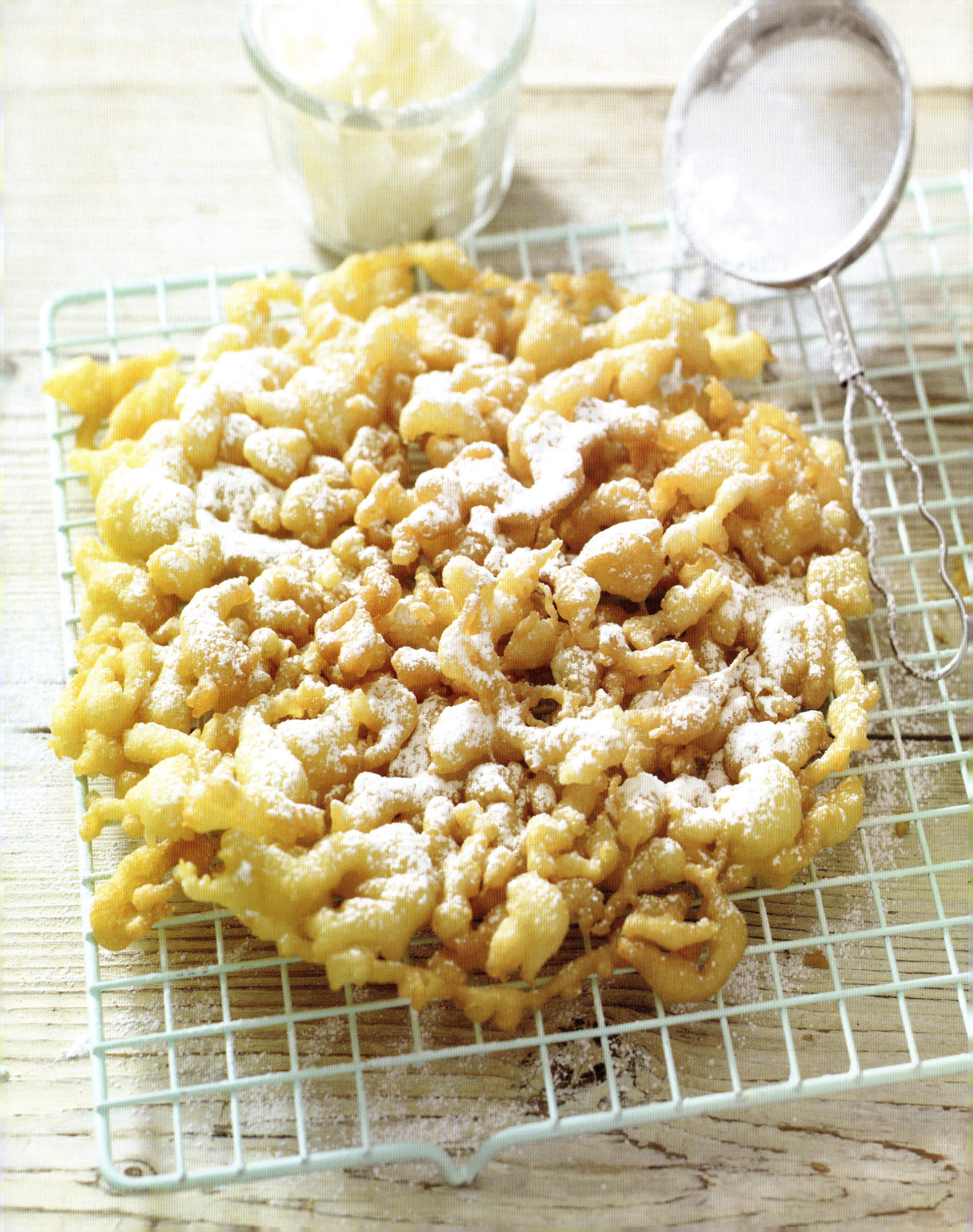

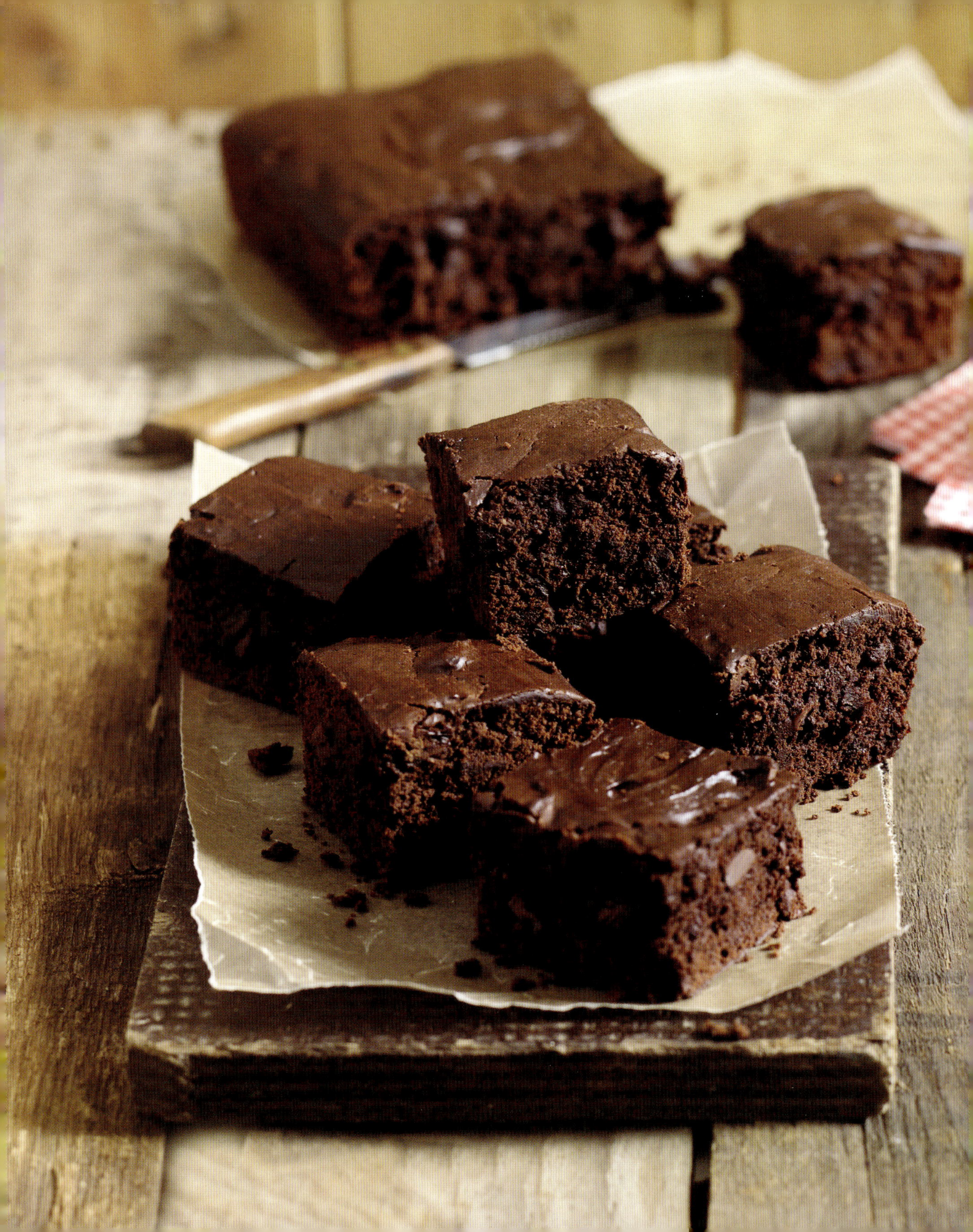

BOLOS, DOCES E CONSERVAS

ENROLADINHO DE PECÃS COM CARAMELO E CANELA

Esses pãezinhos de canela superdoces – e melados de caramelo – são perfeitos para um brunch suntuoso de fim de semana.

★ **9 UNIDADES**
★ **PREPARO** 40 minutos, mais o tempo de crescimento da massa
★ **COZIMENTO** 30 minutos

Ingredientes
7 g de fermento biológico seco
100 g de açúcar
125 ml de leite integral
115 g de manteiga
uma pitada de sal
1 ovo
550 g de farinha de trigo, mais um pouco para polvilhar
óleo vegetal, para untar

Para a calda de caramelo
200 g de açúcar mascavo
115 g de manteiga cortada em cubos
1 colher (chá) de extrato de baunilha
125 ml de creme de leite fresco

Para o recheio
90 g de manteiga
85 g de açúcar mascavo
1 colher (sopa) de canela em pó
125 g de nozes-pecãs picadas

Para a cobertura
125 g de açúcar de confeiteiro
1 colher (sopa) de leite integral

1 Dissolva o fermento em 60 ml de água morna com uma pitada de açúcar. Reserve por 5-7 minutos, ou até começar a espumar. Aqueça o leite e a manteiga em uma panela em fogo baixo, até a manteiga derreter, e retire do fogo imediatamente. Em uma vasilha média, misture a água com o fermento, o açúcar restante, o sal, o ovo, o leite com manteiga derretida e metade da farinha. Mexa para incorporar e depois acrescente a farinha restante, até formar uma massa.

2 Sove a massa por 5 minutos; acrescente mais farinha, se necessário, para não ficar grudenta. Transfira para uma tigela untada, cubra com filme de PVC e mantenha em local aquecido por 1 hora, até crescer bem.

3 Enquanto isso, prepare a calda de caramelo. Em uma frigideira de fundo grosso, derreta o açúcar mexendo sempre com um fouet. O açúcar vai empelotar, mas continue a mexer. Quando estiver derretido e adquirir uma cor caramelo escura, adicione a manteiga. Continue mexendo, para a manteiga derreter e se incorporar ao açúcar. Adicione o extrato de baunilha e o creme de leite e prossiga mexendo constantemente, até parar de ferver. Retire do fogo e deixe esfriar.

4 Preaqueça o forno a 180°C. Vire a massa sobre uma superfície enfarinhada e abra-a com uma espessura de 1 cm. Para fazer o recheio, derreta a manteiga e misture com o açúcar, a canela e as pecãs. Espalhe o recheio sobre a massa de maneira uniforme. Enrole a massa formando um rocambole justo.

5 Despeje a calda de caramelo em uma assadeira de 23 cm x 23 cm. Corte o rolo de massa em nove fatias iguais e pressione-as sobre a calda de caramelo. Asse por 25-30 minutos, ou até os enroladinhos ficarem dourados e o caramelo borbulhar. O meio dos enroladinhos deve ficar ligeiramente mole e não completamente assado. Misture o açúcar de confeiteiro com o leite e despeje sobre os enroladinhos quentes. Sirva quente.

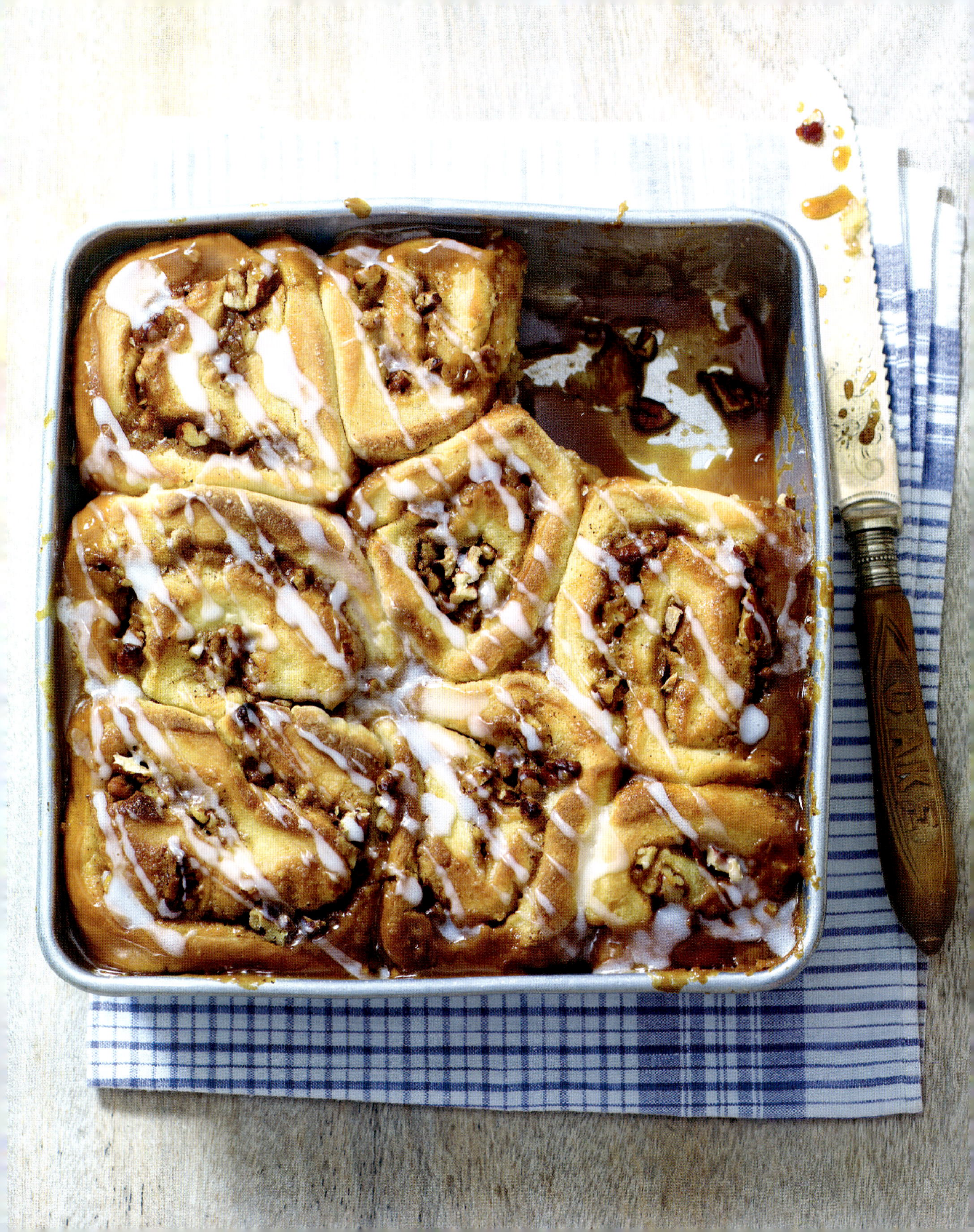
CAKE

BOLO DO DIABO COM CHOCOLATE E CEREJA

Nesse clássico norte-americano – o *Devil's food cake* –, o sabor do bolo ganha complexidade com a adição do kirsch.

- ★ **8-10 PORÇÕES**
- ★ **PREPARO** 30 minutos
- ★ **COZIMENTO** 30-35 minutos, mais esfriamento

Ingredientes

100 g de manteiga sem sal em temperatura ambiente, mais um pouco para untar
275 g de açúcar
2 ovos grandes
200 g de farinha com fermento
75 g de cacau em pó
1 colher (chá) de fermento em pó
4 colheres (sopa) de kirsch (aguardente de cereja)
175 ml de leite integral
1 colher (chá) de extrato de baunilha

Para a cobertura

160 g de manteiga sem sal cortada em cubos
30 g de cacau em pó
160 g de açúcar de confeiteiro
3-4 colheres (sopa) de leite integral
1 lata pequena de cereja em conserva escorrida e picada
25 g de chocolate amargo, para guarnecer

1 Preaqueça o forno a 180°C. Unte duas fôrmas de bolo redondas de 20 cm e forre as bases com papel-manteiga. Em uma vasilha média, bata a manteiga e o açúcar com uma batedeira elétrica, até formar um creme.

2 Junte os ovos, um de cada vez, batendo bem após cada adição. Em outra vasilha, peneire junto a farinha, o cacau em pó e o fermento em pó. Em outra tigela, misture o kirsch, o leite e o extrato de baunilha.

3 Acrescente colheradas alternadas dos ingredientes secos e líquidos à massa do bolo. Quando ela estiver bem homogênea, divida-a igualmente entre as duas assadeiras.

4 Asse por 30-35 minutos, até os bolos ficarem elásticos ao toque e um palito inserido no meio sair limpo. Deixe esfriar na assadeira por alguns minutos, depois desenforme e deixe esfriar completamente. Retire o papel-manteiga.

5 Para fazer a cobertura, derreta a manteiga em uma frigideira em fogo baixo. Adicione o cacau em pó e continue a cozinhar por 1 ou 2 minutos, mexendo sempre. Deixe esfriar completamente.

6 Peneire o açúcar de confeiteiro sobre a mistura, batendo bem. Acrescente o leite, 1 colher (sopa) de cada vez, até ficar liso e acetinado. Deixe esfriar (ele vai engrossar), então misture a metade da cobertura com as cerejas, distribua sobre um dos bolos e coloque o outro bolo por cima, como se fosse um sanduíche. Decore o alto e as laterais do bolo com a metade restante da cobertura. Para finalizar, com um descascador de legumes, faça raspas de chocolate e espalhe-as de maneira uniforme por cima do bolo.

DICA DO COZINHEIRO Esse bolo dura até 5 dias em um recipiente hermético, mantido em local fresco.

BOLOS, DOCES E CONSERVAS ★ 205

BOLO DE ANJO COM CALDA DE AMORA

Esse pão de ló espetacular – o *Angel food cake* – não leva nem manteiga nem óleo, e por isso é tão leve.

★ **8 PORÇÕES**
★ **PREPARO** 20 minutos
★ **COZIMENTO** 35 minutos, mais esfriamento

Ingredientes
250 g de açúcar
1 colher (chá) de sal
100 g de farinha de trigo peneirada duas vezes (veja a dica do cozinheiro, à direita)
12 ovos grandes em temperatura ambiente, clara e gema separadas
2 colheres (chá) de extrato de baunilha
chantili, para servir

Para a calda de amora
350 g de amora
350 g de mel
suco de 1 limão-siciliano

1 Aqueça o forno a 180ºC. Em um processador de alimentos, bata o açúcar e o sal até ficar bem fino. Peneire a farinha e metade da mistura de açúcar em uma tigela e reserve.

2 Coloque as claras em outra tigela e adicione o extrato de baunilha. Com uma batedeira elétrica, bata por 5 minutos, ou até as claras formarem picos duros. Adicione a mistura de açúcar restante, um pouco de cada vez, e continue batendo de modo que a mistura permaneça firme.

3 Adicione a mistura de farinha e açúcar às claras e misture usando uma espátula de borracha e fazendo movimentos amplos de baixo para cima, para incorporar ar à mistura. Quando estiver homogêneo, transfira a massa para uma assadeira de 25 cm ou com capacidade para 2,5 litros, com furo central e não untada, e leve ao forno por 35 minutos. Deixe o bolo esfriar por 1 hora na assadeira.

4 Enquanto isso, coloque a amora, o mel e o suco de limão em uma panela de material não reativo (que não seja nem de alumínio nem de ferro fundido) e cozinhe em fogo baixo. Mexa continuamente, até quebrar as amoras. Reserve e deixe esfriar.

5 Para servir, vire o bolo sobre um prato. Corte uma fatia, despeje a calda de amora por cima e sirva com chantili batido na hora.

DICA DO COZINHEIRO Não se esqueça de peneirar a farinha duas vezes para obter um bolo bem leve. Para resultados ainda melhores, levante a peneira bem alto acima da vasilha – assim, a farinha entrará em contato com o ar o máximo possível.

Amoras são frutinhas delicadas que congelam bem. As congeladas podem substituir as frescas em diversas receitas.

BOLO CLÁSSICO

BROWNIE DE CHOCOLATE DUPLO

Brownies ficam melhores pouco assados, pois mantêm o interior úmido e duram mais tempo.

- **16-20 UNIDADES**
- **PREPARO** 15 minutos
- **COZIMENTO** 40 minutos, mais esfriamento

Ingredientes

115 g de manteiga em temperatura ambiente, mais um pouco para untar
100 g de açúcar
110 g de açúcar mascavo
4 ovos
1 colher (chá) de extrato de baunilha
100 g de farinha de trigo
175 g de cacau em pó
¼ de colher (chá) de bicarbonato de sódio
225 g de gotas de chocolate ao leite ou amargo

1 Preaqueça o forno a 150ºC. Com uma batedeira elétrica, bata a manteiga, os açúcares, os ovos e o extrato de baunilha em uma vasilha grande, até misturar bem.

2 Em outra vasilha, misture a farinha, o cacau em pó e o bicarbonato de sódio. Acrescente a mistura de farinha à mistura de manteiga, um terço de cada vez, com cuidado para incorporar bem a cada adição. Acrescente as gotas de chocolate.

3 Unte e forre uma assadeira de 23 cm x 23 cm e despeje a massa. Com uma espátula, espalhe-a de maneira uniforme, preenchendo bem os cantos.

4 Leve ao forno por 35-40 minutos, ou até ficar assado e firme. Retire do forno e deixe o brownie esfriar na fôrma, depois desenforme e corte em 16-20 quadrados.

As **gotas de chocolate** costumam ser produto de primeira necessidade nas despensas norte-americanas, para bolos e biscoitos planejados de última hora.

PROVE...

CEREJA E NOZES
Para brownies com nozes, substitua as gotas de chocolate por 80 g de **cereja seca** e 120 g de **nozes quebradas**. Adicione à massa e distribua de maneira uniforme.

AMENDOIM
Coloque 250 g de **manteiga de amendoim cremosa** sobre metade da massa e cubra com a outra metade para fazer um recheio. Em seguida, leve ao forno como indicado no passo 4.

BUTTERSCOTCH
Troque as gotas de chocolate pela mesma quantidade de **caramelos butterscotch** (p. 227), duros, em pedacinhos.

BEIGNET COM ESPECIARIAS

Populares em Nova Orleans, esses bolinhos teriam sido levados à região da Louisiana por colonos franceses no século XVIII.

★ **40 UNIDADES**

★ **PREPARO** 20 minutos, mais tempo de crescimento da massa e resfriamento

★ **COZIMENTO** 20 minutos

Ingredientes
7 g de fermento biológico seco
250 ml de creme de leite fresco
60 g de manteiga
100 g de açúcar
2 ovos
750 g de farinha de trigo, mais um pouco para polvilhar
1 litro de óleo de girassol ou canola, para fritar

Para as especiarias
1 colher (sopa) de canela em pó
½ colher (sopa) de gengibre em pó
½ colher (sopa) de noz-moscada
½ colher (sopa) de cravo em pó
75 g de açúcar de confeiteiro

1 Dissolva o fermento em 125 ml de água morna com uma pitada de açúcar. Reserve por 5-7 minutos, ou até começar a espumar.

2 Em uma panela, aqueça o creme de leite e a manteiga em fogo baixo, até a manteiga derreter. Tire imediatamente do fogo. Em uma tigela grande, misture o açúcar, os ovos, a água com o fermento e a manteiga derretida com o creme. Adicione metade da farinha e misture para incorporar. Adicione aos poucos o restante da farinha, um terço de cada vez, até formar uma bola grande de massa.

3 Sove a massa por 5-7 minutos, acrescentando farinha se necessário, para não deixá-la grudenta. Molde em uma bola e coloque em uma tigela coberta ou um saco plástico de congelar. Leve à geladeira por 4-6 horas, até dobrar de tamanho. Desenforme a massa sobre uma superfície enfarinhada e abra-a até uma espessura de 1 cm. Corte quadrados de 4 cm.

4 Para preparar as especiarias, misture a canela, o gengibre, a noz-moscada, o cravo e o açúcar de confeiteiro em uma tigelinha.

5 Em uma panela grande de fundo grosso ou em uma fritadeira, aqueça o óleo a 190°C, como mostra a técnica da p. 144. Frite os quadradinhos, 5-6 de cada vez, por 1-2 minutos de cada lado, ou até dourarem e incharem. Retire com uma escumadeira e transfira para uma grade (ou papel-toalha) para esfriar.

6 Com uma peneira, polvilhe a mistura de especiarias por cima e sirva quente. Para uma experiência típica de New Orleans, experimente essas sobremesas deliciosas com uma xícara de "café au lait", com partes iguais de café e creme de leite.

A **noz-moscada** dá um toque adocicado, picante e delicado a pratos doces e salgados.

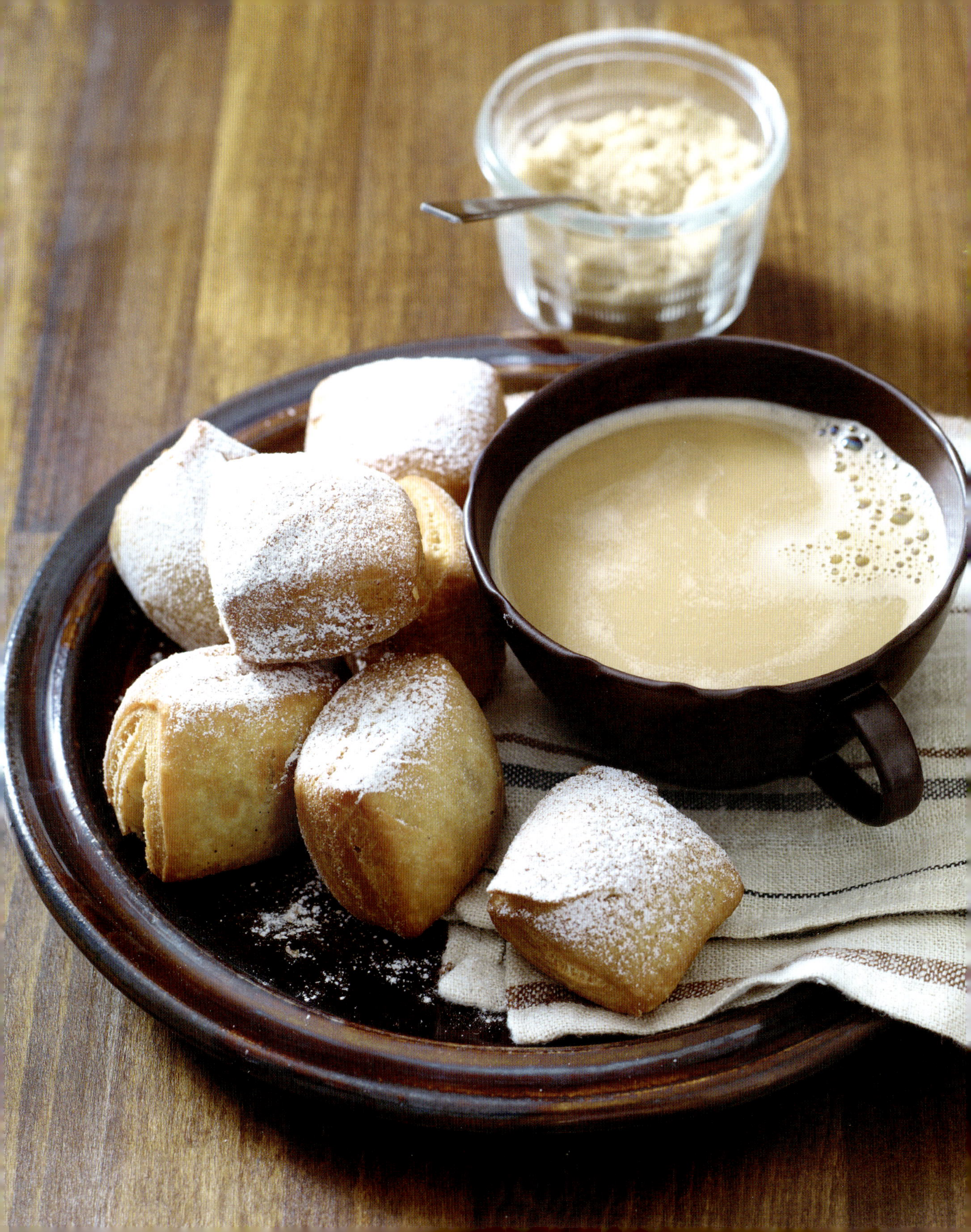

BOLOS, DOCES E CONSERVAS

CUPCAKE VELUDO VERMELHO

Esses bolinhos da moda têm sabor delicioso – e ficam lindos com a massa vermelha e uma cobertura de tom claro.

- ★ **18-20 UNIDADES**
- ★ **PREPARO** 25 minutos
- ★ **COZIMENTO** 22-25 minutos, mais esfriamento

Ingredientes

125 g de manteiga sem sal em temperatura ambiente
250 g de açúcar
2 ovos levemente batidos
2 colheres (chá) de corante alimentício vermelho
1 colher (chá) de extrato de baunilha
250 g de farinha com fermento
4 colheres (sopa) de cacau em pó
200 ml de leitelho (ou faça o seu, p. 12)
1 colher (chá) de vinagre de maçã
1 colher (chá) de bicarbonato de sódio

Para a cobertura

50 g cream cheese
50g de manteiga sem sal em temperatura ambiente
200 g de açúcar de confeiteiro
1 colher (chá) de extrato de baunilha

1 Preaqueça o forno a 180°C. Coloque a manteiga e o açúcar em uma vasilha grande. Usando uma batedeira elétrica, bata até a mistura virar um creme bem leve e fofo. Acrescente os ovos, o corante alimentício e o extrato de baunilha, até ficar homogêneo.

2 Peneire a farinha junto com o cacau em pó. Adicione um terço da farinha à massa de bolo e misture bem. Acrescente metade do leitelho e bata novamente, depois outro terço da farinha, o resto do leitelho e o terço final de farinha – tome cuidado para misturar bem entre cada adição. Misture o vinagre de maçã com o bicarbonato de sódio em uma tigelinha separada e acrescente rapidamente à massa.

3 Coloque 18-20 forminhas de papel em duas assadeiras para doze muffins (as forminhas ajudam a manter a forma dos cupcakes). Transfira a massa para as forminhas, enchendo até dois terços. Asse por 22-25 minutos, até ficar elástico ao toque. Não abra o forno antes de passar pelo menos 20 minutos do tempo de cozimento. Tire do forno e deixe esfriar completamente.

4 Para fazer a cobertura, bata o cream cheese, a manteiga, o açúcar de confeiteiro e o extrato de baunilha até formar um creme leve e, se quiser, transfira para um saco de confeitar com um bico em forma de estrela.

5 Aplique o glacê sobre os cupcakes; se fizer à mão, use as costas de uma colher mergulhada em água quente para alisar a superfície de cada bolo.

DICA DO COZINHEIRO Cupcakes podem ser feitos até 1 dia antes e armazenados, sem congelar, em um recipiente hermético. Eles ficam melhores se receberem o glacê no dia em que forem consumidos.

WHOOPIE PIE DE MORANGO E CREME

Melhor quando servido imediatamente, esse sanduíche de morango é uma boa ideia para alegrar uma festinha de verão.

★ **10 UNIDADES**
★ **PREPARO** 40 minutos
★ **COZIMENTO** 12 minutos

Ingredientes

175 g de manteiga sem sal em temperatura ambiente
150 g de açúcar mascavo
1 ovo grande
1 colher (chá) de extrato de baunilha
225 g de farinha com fermento
75 g de cacau em pó
1 colher (chá) de fermento em pó
150 ml de leite integral
2 colheres (sopa) de iogurte grego ou iogurte natural de consistência firme
150 ml de creme de leite fresco batido em picos moles
250 g de morango limpo cortado em fatias finas
açúcar de confeiteiro, para polvilhar

1 Preaqueça o forno a 180°C. Forre várias assadeiras com papel-manteiga. Com uma batedeira elétrica, bata a manteiga e o açúcar até formar um creme fofo. Acrescente o ovo e o extrato de baunilha, batendo sempre. Em uma tigela, peneire a farinha, o cacau e o fermento em pó. Acrescente os ingredientes secos e o leite à massa, alternadamente, 1 colher de cada vez. Junte o iogurte delicadamente.

2 Despeje colheradas cheias da massa nas assadeiras, deixando espaço para a mistura se espalhar. Mergulhe uma colher de sopa em água morna e use as costas dela para alisar a superfície dos bolinhos.

3 Asse por 12 minutos, até crescer bem. Aguarde alguns minutos e depois desenforme os bolinhos, para que esfriem completamente.

4 Espalhe o creme no lado chato de metade dos bolinhos. Cubra com uma camada de morangos e um segundo bolinho. Polvilhe o açúcar de confeiteiro e sirva. Esses sanduíches doces devem ser consumidos no mesmo dia em que foram feitos.

BOLO DE COCO DE TRÊS ANDARES

Há algo bastante exuberante em um bolo de três camadas – e esse, recheado com chantili, não é exceção!

★ **8-10 PORÇÕES**
★ **PREPARO** 30 minutos
★ **COZIMENTO** 35 minutos, mais esfriamento

Ingredientes

225 g de manteiga em temperatura ambiente, mais um pouco para untar
400 g de açúcar
115 g de óleo de coco
2 colheres (chá) de extrato de baunilha
4 ovos em temperatura ambiente
4 claras em temperatura ambiente
550 g de farinha de trigo, mais um pouco para polvilhar
½ colher (chá) de sal
1 colher (sopa) de fermento em pó
375 ml de leite de coco
45 g de coco ralado, para decorar

Para o chantili

500 ml de creme de leite fresco
50 g de açúcar
1 colher (chá) de extrato de baunilha

1 Preaqueça o forno a 180°C. Usando uma batedeira elétrica, bata a manteiga com o açúcar e o óleo. Acrescente o extrato de baunilha, batendo sempre, e depois os ovos, um de cada vez. Quando eles estiverem totalmente incorporados, junte as claras, até a massa ficar leve e fofa.

2 Peneire a farinha com o sal e o fermento em pó em uma tigela. Adicione à massa, um terço de cada vez, alternando com o leite de coco. Bata até incorporar tudo muito bem e a mistura ficar leve e fofa.

3 Unte três assadeiras redondas de 23 cm e salpique-as com um pouco de farinha. Divida a massa uniformemente entre as assadeiras. Asse por 30-35 minutos, ou até que um palito inserido no meio saia limpo. Deixe os bolos esfriarem por 10 minutos na assadeira antes de transferir para uma grade e deixar esfriar completamente.

4 Mexa as raspas de coco em uma frigideira em fogo médio, até corar. Para fazer o chantili, bata o creme de leite, o açúcar e extrato de baunilha até ficar firme.

5 Coloque um bolo sobre uma travessa e espalhe um terço do chantili sobre ele. Coloque o segundo bolo sobre o creme e espalhe outro terço do creme. Em seguida, cubra com o terceiro bolo e espalhe o creme restante por cima. Polvilhe as raspas de coco e sirva.

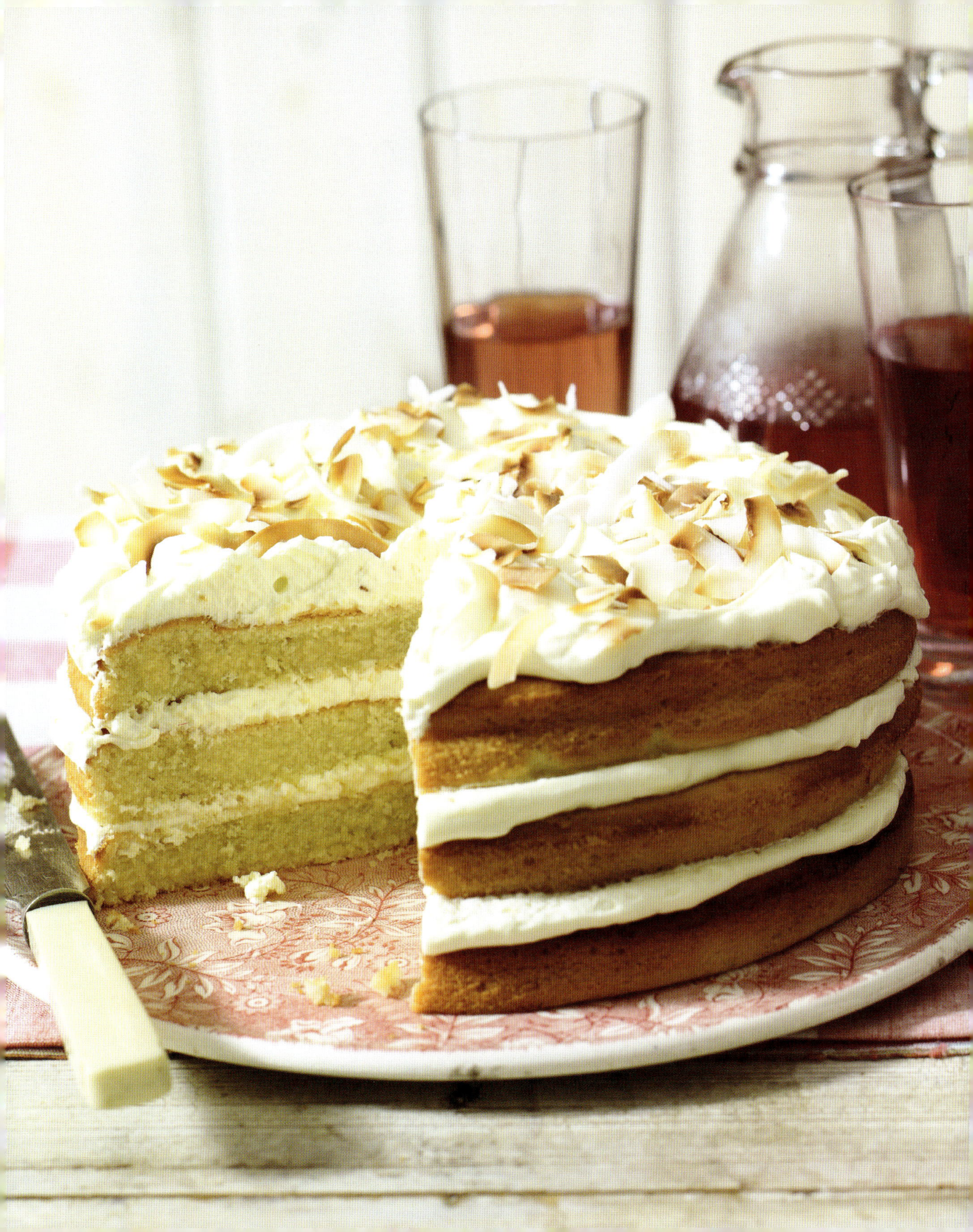

CUPCAKE DE FUDGE DE CHOCOLATE

Esse bolinho de gente grande fica mesmo um escândalo coberto com um ganache de chocolate amargo e framboesa fresca.

- ★ **12 UNIDADES**
- ★ **PREPARO** 30 minutos
- ★ **COZIMENTO** 20 minutos, mais esfriamento

Ingredientes
60 g de cacau em pó
85 g de chocolate ao leite ou amargo
115 g de manteiga em temperatura ambiente
200 g de açúcar
3 ovos em temperatura ambiente
150 g de farinha de trigo
1 colher (chá) de bicarbonato de sódio
2 colheres (chá) de fermento em pó
uma pitada de sal
120 ml de leite integral
framboesas, para guarnecer

Para o ganache
350 g de chocolate ao leite ou amargo
350 ml de creme de leite fresco

1 Preaqueça o forno a 180°C. Em uma panela pequena, aqueça o cacau, o chocolate e 200 ml de água em fogo baixo. Misture até incorporar bem.

2 Com uma batedeira elétrica, bata a manteiga e o açúcar em uma tigela grande, até formar um creme leve e fofo. Acrescente os ovos, um de cada vez, batendo cuidadosamente a cada adição. Junte essa massa à mistura de chocolate. Em outra tigela, peneire a farinha, o bicarbonato, o fermento e o sal.

3 Adicione os ingredientes secos à mistura de chocolate em três partes, alternando com o leite. Bata até obter uma mistura leve e homogênea. Disponha doze forminhas de papel em uma assadeira para doze muffins. Transfira a massa para as forminhas, preenchendo dois terços de cada uma.

4 Asse por 17-20 minutos, ou até um palito inserido no meio de um bolinho sair limpo. Transfira os cupcakes para uma grade para esfriar.

5 Para fazer o ganache, derreta o chocolate no creme de leite em banho-maria (veja técnica na p. 238). Quando o chocolate derreter, retire-o do fogo e bata-o até ficar homogêneo. Reserve.

6 Quando o ganache voltar à temperatura ambiente, bata-o até ficar fofo. Deixe esfriar e coloque sobre os cupcakes. Decore com framboesas e sirva.

As **framboesas**, com sabor adocicado e azedinho, combinam bem com chocolate amargo.

BOLO CROCANTE DE MIRTILO

A farofa doce e crocante conhecida nos EUA como streusel ganha outra textura com o reforço de pequenas pepitas de nozes-pecãs.

- ★ 16 PORÇÕES
- ★ PREPARO 20 minutos
- ★ COZIMENTO 50 minutos

Ingredientes
115 g de manteiga, mais um pouco para untar
160 g de açúcar mascavo
1 colher (chá) de extrato de baunilha
2 ovos
225 g de farinha de trigo, mais 2 colheres (sopa) para polvilhar
uma pitada de sal
½ colher (chá) de fermento em pó
½ colher (chá) de bicarbonato de sódio
250 ml de leite
250 g de mirtilo

Para a cobertura
60 g de manteiga derretida
75 g de farinha de trigo
160 g de açúcar mascavo
125 g de nozes-pecãs picadas
1 colher (chá) de gengibre em pó
1 colher (chá) de canela em pó

1 Preaqueça o forno a 180ºC. Com uma batedeira elétrica, bata a manteiga e o açúcar até formar um creme leve e fofo. Adicione o extrato de baunilha e os ovos, um de cada vez, mexendo bem a cada adição.

2 Peneire a farinha, o sal, o fermento e o bicarbonato de sódio em uma tigela. Acrescente delicadamente à mistura de manteiga, um pouco de cada vez, alternando com o leite. Mexa para tornar homogêneo.

3 Em uma tigela, passe os mirtilos em 2 colheres (sopa) de farinha, depois acrescente-os à massa. Transfira para uma fôrma untada de 23 cm x 35 cm e espalhe de maneira uniforme.

4 Para a cobertura, misture a manteiga, a farinha, o açúcar, as nozes-pecãs e as especiarias. Polvilhe sobre a massa. Asse por 45-50 minutos, ou até o bolo crescer e um palito inserido no meio sair limpo. Sirva quente, acompanhado de uma xícara de café.

Um gosto do NOROESTE PACÍFICO

ALASCA

COMIDAS E SABORES

★ O **geoduck**, molusco gigante que vive até 150 anos e pesa mais de 4,5 kg, é uma iguaria local, também popular na culinária japonesa.

★ As diversas **frutas silvestres** da área, incluindo huckleberries, framboesas amarelas e boysenberries, são usadas em várias tortas, conservas e geleias (veja abaixo).

★ O **salmão**, retirado das águas frias e profundas do Pacífico, é geralmente defumado em pranchas de cedro que enfatizam seu sabor.

★ As **maçãs** são apenas uma das muitas frutas produzidas nessa área, e muitas variedades podem ser encontradas nas feiras locais.

★ Com justiça, o **Pike Place Market**, em Seattle, é famoso por seus produtos frescos locais e por ser o melhor lugar para comprar peixe recém-capturado no mar.

Com a costa mais extensa do país e um clima frio e úmido, os estados do Noroeste Pacífico são famosos por seus frutos do mar e pela fartura de sua terra.

A região do Noroeste Pacífico foi uma das últimas dos EUA a ser colonizada – o primeiro grupo considerável de imigrantes só se estabeleceu ali após a década de 1840. Eles encontraram grandes montanhas, vales férteis, enorme abundância de caça e frutas selvagens e a costa e os rios cheios de salmão e truta. De fato, um dos melhores locais para se pescar no país é o longínquo Alasca, onde o salmão do Pacífico é altamente valorizado.

Com uma cozinha de tradição mais recente, a comida nessa área é menos claramente definida do que, digamos, no Sudeste; o caráter de um prato geralmente vem da qualidade dos ingredientes locais, e não de algum estilo específico. No entanto, a influência da culinária nativa norte-americana secular ainda pode ser percebida, e nos últimos anos a comunidade asiática local introduziu seus próprios sabores específicos.

O Pike Place Market, um dos mercados mais antigos do país, existe desde 1907.

Os king crabs do Alasca são um clássico local. Alguns desses crustáceos gigantes têm pernas que chegam a medir incríveis 1,8 m de comprimento.

O salmão é, talvez, o produto de exportação mais conhecido do Alasca, estado que dele muito se orgulha.

Ao redor da baía de São Francisco é possível encontrar várias versões locais do cioppino, um ensopado de frutos do mar.

O litoral do Noroeste Pacífico, especialmente em torno do Big Sur, na Califórnia, é conhecido por sua beleza selvagem.

A cidade de Seattle é tida como o local onde nasceu a moderna cultura do café.

Bifes de atum fresco grelhado dão um toque moderno ao espaguete clássico.

BOLO DE ABOBRINHA COM CHOCOLATE

A abobrinha pode ser usada em um bolo, assim como a cenoura. Os legumes ralados mantêm o bolo úmido por vários dias.

- **6-8 PORÇÕES**
- **PREPARO** 20 minutos
- **COZIMENTO** 55 minutos

Ingredientes

115 g de manteiga em temperatura ambiente, mais um pouco para untar
60 ml de óleo de coco
200 g de açúcar
225 g de açúcar mascavo
½ colher (chá) de extrato de baunilha
2 ovos em temperatura ambiente
300 g de farinha de trigo
2 colheres (chá) de fermento em pó
60 g de cacau em pó
uma pitada de sal
400 g de abobrinha ralada
açúcar de confeiteiro, para polvilhar

1 Preaqueça o forno a 160°C. Com uma batedeira elétrica, bata em uma tigela grande a manteiga com o óleo, os açúcares e o extrato de baunilha. Adicione os ovos, um de cada vez, mexendo bem entre cada adição.

2 Peneire em uma tigela a farinha, o fermento em pó, o cacau e o sal. Adicione à mistura de manteiga, um pouco de cada vez, até ficar bem homogêneo.

3 Com uma espátula de borracha, incorpore a abobrinha ralada na massa, mexendo bem para ficar homogêneo.

4 Transfira a massa para uma fôrma redonda untada de 23 cm com furo central e leve ao forno por 45-55 minutos, ou até um palito inserido no meio sair limpo. Com uma peneira, salpique o bolo com o açúcar de confeiteiro. Sirva quente.

DICA DO COZINHEIRO Se você não tiver uma assadeira com furo central, pode improvisar facilmente com uma fôrma de bolo redonda de 25 cm e um aro ou ramequim pequeno. Unte normalmente e encha o ramequim com feijões, para mantê-lo no lugar no meio da assadeira. Despeje em seguida a massa em torno dele.

Abobrinhas têm um gosto sutil, que não sobrepuja os demais sabores desse bolo delicioso.

BOLO INGLÊS COM CREME DE LIMÃO

A substituição de um pouco da manteiga pelo soured cream deixa o bolo mais molhadinho. O limão dá um toque ácido e agradável.

- ★ 8-10 PORÇÕES
- ★ **PREPARO** 20 minutos
- ★ **COZIMENTO** 45 minutos, mais esfriamento

Ingredientes
225 g de manteiga em temperatura ambiente, mais um pouco para untar
400 g de açúcar
6 ovos
1 colher (chá) de extrato de baunilha
450 g de farinha de trigo
¼ de colher (chá) de bicarbonato de sódio
200 g de soured cream (p. 12)

Para o glacê
1 colher (sopa) de leite integral
suco de 1 limão-siciliano
125 g de açúcar de confeiteiro

1 Preaqueça o forno a 180°C. Com uma batedeira elétrica, bata a manteiga em uma vasilha grande e adicione o açúcar aos poucos, até formar um creme. Adicione os ovos, um de cada vez, mexendo bem entre cada adição. Acrescente o extrato de baunilha.

2 Peneire a farinha e o bicarbonato de sódio em uma vasilha. Adicione à mistura de ovos, um terço de cada vez, alternando com o soured cream.

3 Transfira a massa para uma assadeira redonda untada de 25 cm com furo central (ou veja a dica do cozinheiro na página ao lado). Asse por 40-45 minutos, ou até dourar e firmar. Deixe o bolo esfriar por 10 minutos antes de virá-lo em uma travessa.

4 Para o glacê, misture o leite, o suco de limão e o açúcar. Despeje lenta e uniformemente sobre o bolo. Sirva quente.

BISCOITO CLÁSSICO

COOKIE COM GOTAS DE CHOCOLATE

Esse cookie macio e fácil de fazer deixa na boca um gostinho de quero mais.

- **15 UNIDADES**
- **PREPARO** 10 minutos
- **COZIMENTO** 15 minutos, mais esfriamento

Ingredientes
100 g de manteiga sem sal em temperatura ambiente
100 g de açúcar
100 g de açúcar mascavo
1 ovo grande
1 colher (chá) de extrato de baunilha
175 g de farinha de trigo
½ colher (chá) de fermento em pó
½ colher (chá) de sal
100 g de gotas de chocolate ao leite

1 Preaqueça o forno a 180ºC. Em uma tigela grande, bata a manteiga e os açúcares com uma batedeira elétrica, até formar um creme leve e fofo. Acrescente o ovo e o extrato de baunilha.

2 Peneire a farinha, o fermento e o sal e acrescente à massa, misturando bem.

3 Por fim, junte as gotas de chocolate. Disponha colheradas (sopa) da massa de cookie em várias assadeiras, com cuidado para deixá-las bem afastadas umas das outras – os cookies vão se espalhar ao assar.

4 Asse os cookies no meio do forno por 13-15 minutos, até ficarem levemente corados. Deixe-os esfriando nas assadeiras por 5 minutos antes de transferir para uma grade, onde devem esfriar completamente. Sirva com um copo de leite.

QUAL É A HISTÓRIA?

Dizem que quem inventou o cookie com gotas de chocolate foi uma certa sra. Ruth Wakefield, proprietária do restaurante Toll House, em Massachusetts. Ela os teria feito por acidente, em 1930, ao tentar preparar cookies normais com massa de chocolate. Em 1936, publicou sua receita com o nome de "cookie com chocolate crocante". Pouco tempo depois, já havia gotas de chocolate no mercado feitas especialmente para biscoitos assados.

PROVE...

CHOCOLATE BRANCO
Substitua as gotas de chocolate ao leite por 75 g, de cada, de **gotas de chocolate branco** e **macadâmia** picada. Asse normalmente.

VERSÃO PARA FESTAS
Para um toque natalino, substitua as gotas de chocolate por 75 g, de cada, de **pistache** picado e **cranberry seco**. Asse normalmente.

CHOCOLATE TRIPLO
Para chocólatras insaciáveis, substitua 25 g da farinha pela mesma quantidade de **cacau em pó sem açúcar**. Adicione 75 g, de cada, de **gotas de chocolate amargo e branco** e asse normalmente.

COOKIE DE AVEIA E CRANBERRY

Ricos em fibras, presentes na aveia e nas frutas secas, esses cookies são uma guloseima saudável.

- ★ **16 UNIDADES**
- ★ **PREPARO** 15 minutos
- ★ **COZIMENTO** 15 minutos

Ingredientes

100 g de manteiga sem sal em temperatura ambiente
50 g de açúcar mascavo
150 g de açúcar
1 ovo
125 g de farinha de trigo
¼ de colher (chá) de fermento em pó
¼ de colher (chá) de canela em pó
uma pitada de sal
100 g de aveia em flocos
60 g de cranberry seco

1 Preaqueça o forno a 180°C. Em uma tigela grande, bata a manteiga e os açúcares com uma batedeira elétrica, até formar um creme, depois acrescente o ovo e bata mais.

2 Peneire a farinha, o fermento, a canela e o sal e misture delicadamente à massa. Em seguida, junte a aveia e o cranberry.

3 Coloque colheradas (sopa) cheias da massa, bem afastadas umas das outras, em duas assadeiras antiaderentes; asse no meio do forno por 15 minutos, até começarem a dourar nas bordas. O meio deve permanecer um pouco mole.

4 Retire os biscoitos do forno. Deixe-os descansar na assadeira por 5 minutos antes de transferi-los para uma grade, onde devem esfriar completamente.

DICA DO COZINHEIRO Esses biscoitos ficam deliciosos, ainda quentes, acompanhados de um copo de leite frio.

O **cranberry seco**, com seu sabor adocicado e azedinho, é uma excelente alternativa à uva-passa.

SNICKERDOODLE DE MAÇÃ E CANELA

A maçã desidratada transformada em pó fino dá um gostinho adocicado à cobertura desses cookies, que parecem bolinhos.

★ **20 UNIDADES**
★ **PREPARO** 10 minutos, mais resfriamento
★ **COZIMENTO** 10-12 minutos

Ingredientes
100 g de manteiga sem sal em temperatura ambiente
175 g de açúcar
1 ovo
½ colher (chá) de extrato de baunilha
1 maçã descascada ralada grosseiramente
225 g de farinha de trigo
½ colher (chá) de fermento em pó
uma pitada de sal

Para a cobertura
25 g de açúcar
25 g de maçã desidratada ou seca
1½ colher (chá) de canela em pó

1 Em uma tigela grande, bata a manteiga e o açúcar com uma batedeira elétrica, até obter um creme leve e fofo. Acrescente o ovo e o extrato de baunilha, depois junte a maçã ralada. Peneire a farinha, o fermento e o sal, depois adicione à massa e misture. Cubra e leve a mistura à geladeira por 30 minutos. Enquanto isso, prepare a cobertura. Em um processador de alimentos, bata o açúcar, a maçã desidratada e a canela, até obter um pó fino.

2 Preaqueça o forno a 200°C. Retire a massa da geladeira. Com uma colher de sorvete pequena ou uma colher medidora, forme pequenas bolas e reserve-as em um prato. Role-as um pouco com as mãos para deixá-las mais uniformes. Se a massa estiver muito mole para isso, volte à geladeira por mais 15 minutos para gelar.

3 Passe os snickerdoodles na cobertura de canela e açúcar, com cuidado para revesti-los bem. Achate-os ligeiramente entre as palmas das mãos e coloque-os bem afastados em duas assadeiras forradas com papel-manteiga. Asse no meio do forno por 10-12 minutos, até crescerem e dourarem. Retire do forno e deixe-os descansar na assadeira por 5 minutos antes de transferi-los para uma grade, onde devem esfriar completamente.

CHURRO COM CALDA DE CHOCOLATE E PIMENTA

Essa iguaria de origem espanhola, polvilhada com açúcar e canela, é preparada – e devorada – em pouquíssimo tempo.

- ★ **20 UNIDADES**
- ★ **PREPARO** 10 minutos, mais esfriamento
- ★ **COZIMENTO** 15 minutos

Ingredientes
25 g de manteiga sem sal
200 g de farinha de trigo
50 g de açúcar
1 colher (chá) de fermento em pó
1 litro de óleo de girassol ou canola
1 colher (chá) de canela em pó

Para a calda de chocolate e pimenta
50 g de chocolate amargo quebrado em pedaços
150 ml de creme de leite fresco
1 colher (sopa) de açúcar
1 colher (sopa) de manteiga sem sal
uma pitada de sal
¼ de colher (chá) de pimenta em pó ou pimenta-de-caiena (a gosto)

1 Meça 200 ml de água fervente em uma jarra. Adicione a manteiga e mexa até derreter. Peneire a farinha em uma vasilha junto com metade do açúcar e o fermento. Faça uma cova no meio e despeje lentamente a água com manteiga quente, batendo sem parar, até obter uma pasta grossa; você talvez não precise de todo o líquido. Deixe a mistura esfriar e descansar por 5 minutos.

2 Coloque o óleo em uma panela larga de fundo grosso ou em uma fritadeira, até atingir pelo menos 10 cm; aqueça a 190°C. Teste o óleo, como mostra a técnica na p. 144. Mantenha a tampa certa para a panela nas proximidades e nunca deixe o óleo quente sem supervisão. Regule a temperatura com cuidado para que permaneça constante, ou os churros podem queimar.

3 Coloque a mistura fria em um saco de confeitar com bico de 2 cm em forma de estrela. Aperte 7 cm de massa diretamente sobre o óleo quente, e use uma tesoura para aparar as pontas. Não encha demais a panela, ou a temperatura do óleo vai cair. Frite os churros por 1-2 minutos de cada lado, virando-os quando ficarem bem dourados. Ao terminar, retire os churros do óleo com uma escumadeira e escorra em papel-toalha. Desligue o fogo.

4 Misture o resto do açúcar e da canela em um prato e passe os churros ainda quentes na mistura. Deixe esfriar por 5-10 minutos antes de servir ainda quente.

5 Para a calda de chocolate com pimenta, coloque o chocolate, o creme de leite, o açúcar e a manteiga em banho-maria (veja a técnica na p. 238). Aqueça a mistura, mexendo sempre, por 3-4 minutos, até o chocolate derreter e a calda homogeneizar e engrossar.

6 Retire a calda do fogo e adicione uma pitada de sal. Adicione a pimenta em pó ou pimenta-de-caiena a gosto, uma pitada por vez, e prove a cada adição. A calda não vai parecer especialmente apimentada ou picante; a quantidade certa de pimenta será alcançada quando deixar um ardor lento na boca, sem dominá-la. Transfira para uma tigela e sirva imediatamente com os churros frescos.

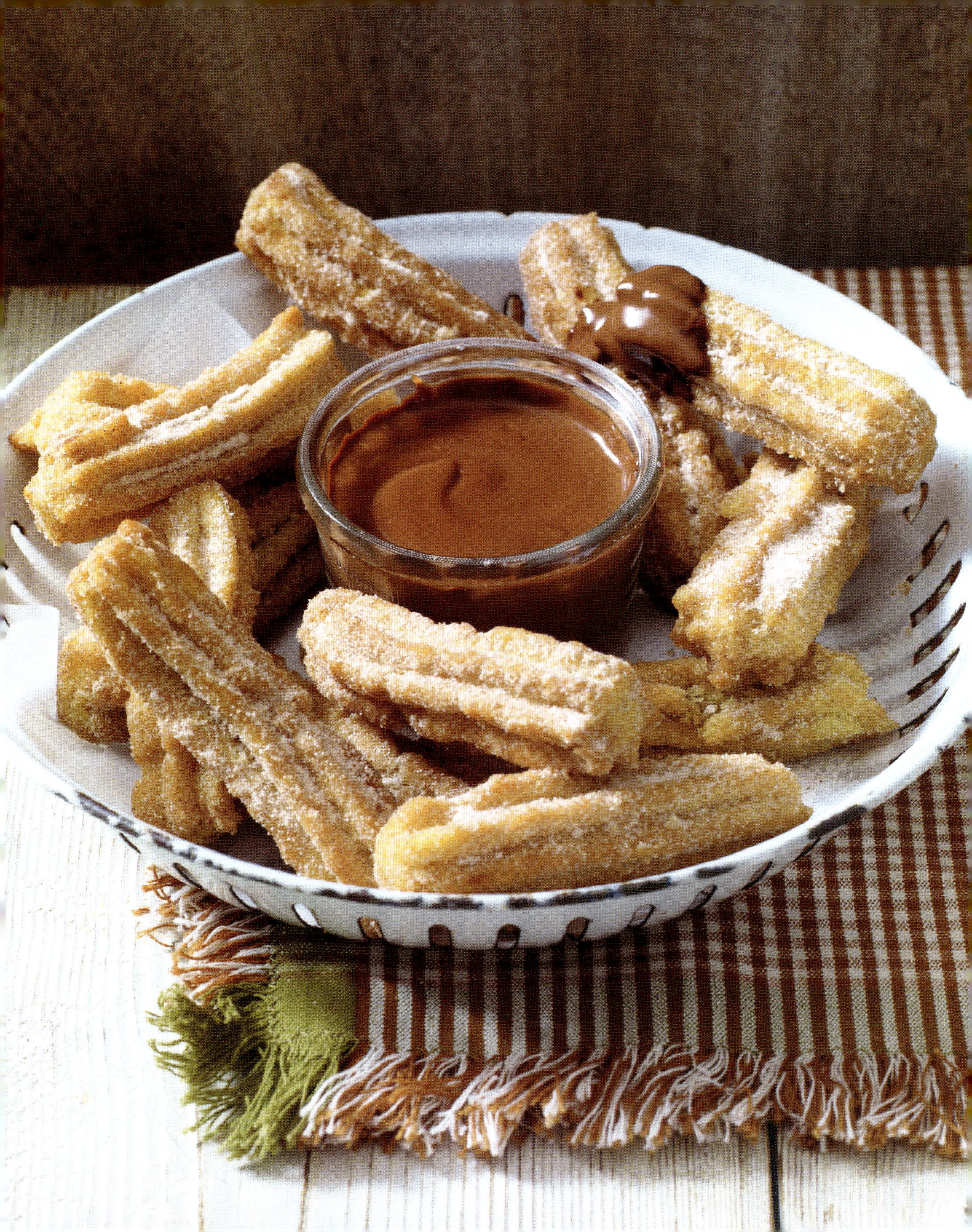

ROSQUINHA COM CREME DE CHOCOLATE

Donuts ou rosquinhas são surpreendentemente fáceis de fazer. Os dessa receita são leves e aerados e têm um sabor fantástico.

- ★ **12 UNIDADES**
- ★ **PREPARO** 35 minutos, mais o tempo de crescimento da massa
- ★ **COZIMENTO** 15-20 minutos

Ingredientes
150 ml de leite
75 g de manteiga sem sal
½ colher (chá) de extrato de baunilha
2 colheres (chá) de fermento biológico seco
75 g de açúcar
2 ovos batidos
425 g de farinha de trigo, mais um pouco para polvilhar
½ colher (chá) de sal
1 litro de óleo de girassol ou canola, para fritar, mais um pouco para untar
açúcar, para revestir

Para o creme de chocolate
200 ml de leite integral
2 gemas de ovo
4 colheres (sopa) de açúcar
1 colher (chá) de maisena
½ colher (chá) de extrato de baunilha
85 g de chocolate amargo picadinho

1 Aqueça o leite, a manteiga e a baunilha em uma panela, até a manteiga derreter. Deixe amornar. Adicione o fermento e 1 colher (sopa) de açúcar. Cubra e reserve por 10 minutos. Acrescente os ovos.

2 Peneire a farinha e o sal em uma vasilha grande. Junte o açúcar restante. Faça uma cova no meio da farinha e adicione a mistura de leite. Misture até formar uma massa. Vire-a sobre uma superfície enfarinhada e sove por 10 minutos, até ficar macia e elástica. Coloque em uma tigela untada e cubra com filme de PVC. Mantenha aquecida por 2 horas, até dobrar de tamanho.

3 Em uma superfície enfarinhada, sove a massa mais uma vez e divida-a em 12 partes iguais. Enrole-as com as mãos para formar bolas. Disponha em assadeiras, bem afastadas. Cubra com filme de PVC e um pano de prato. Deixe em um lugar aquecido por 1-2 horas, até dobrarem de tamanho.

4 Em uma panela larga de fundo grosso ou em uma fritadeira, aqueça 10 cm de óleo a 190°C, como mostra a técnica na p. 144. Deslize as rosquinhas para fora da assadeira. Não se preocupe se elas estiverem mais chatas de um lado. Coloque três de cada vez no óleo quente, com muito cuidado, com o lado arredondado para baixo. Vire após 1 minuto. Retire com uma escumadeira quando estiverem inteiramente bem douradas. Escorra em papel-toalha e depois, ainda quente, passe no açúcar. Deixe esfriar antes de rechear.

5 Para fazer o creme, coloque o leite em uma panela em fogo médio e aqueça até formar pequenas bolhas na borda e subir vapor. Não deixe o leite ferver. Com uma batedeira, bata as gemas com o açúcar e a maisena, até ficar espesso e com um tom amarelo claro. Acrescente devagar o leite quente. Volte a mistura à panela e leve à fervura, mexendo sempre, em fogo muito baixo, até o molho engrossar e cobrir as costas de uma colher. Junte o extrato de baunilha, adicione o chocolate e mexa até derreter completamente. Retire do fogo e despeje em uma jarra ou tigela. Deixe o recheio esfriar completamente e transfira para um saco de confeitar com um bico fino.

6 Fure cada rosquinha na lateral e insira o bico. Aperte com cuidado cerca de 1 colher (sopa) de creme, até quase começar a derramar. Polvilhe a rosquinha com um pouco mais de açúcar e sirva.

MUFFIN DE BANANA E CARAMELO BUTTERSCOTCH

Faça o dobro da calda de caramelo *butterscotch*, que dura bem na geladeira. Ele também vai muito bem como cobertura de sorvete.

- ★ **12 UNIDADES**
- ★ **PREPARO** 30 minutos
- ★ **COZIMENTO** 20 minutos

Ingredientes
250 g de farinha com fermento
60 g de açúcar
1 colher (chá) de fermento em pó
uma pitada de sal refinado
50 ml de leite integral
50 ml de óleo de girassol ou canola
½ colher (chá) de extrato de baunilha
1 ovo
2 bananas

Para o caramelo
60 g de manteiga sem sal
100 g de açúcar mascavo
150 ml de creme de leite fresco
½ colher (chá) de extrato de baunilha
uma pitada de sal

Para a cobertura streusel
50 g de açúcar mascavo
50 g de farinha de trigo
25 g de manteiga sem sal em temperatura ambiente
½ colher (chá) de canela em pó

1 Primeiro, faça o caramelo. Derreta a manteiga em uma panela pequena de fundo grosso, acrescente o açúcar e cozinhe em fogo baixo até os grânulos se dissolverem. Adicione o creme de leite, o extrato de baunilha e o sal e misture bem para incorporar. Leve à fervura, reduza até obter uma fervura leve e cozinhe, mexendo sempre, por 5 minutos, até engrossar. Retire do fogo e despeje em uma tigela grande e rasa para esfriar mais rápido.

2 Enquanto isso, prepare a cobertura streusel. Em uma tigelinha ou na vasilha do processador de alimentos, esfregue ou pulse todos os ingredientes, até virar uma farofa.

3 Preaqueça o forno a 200°C. Peneire a farinha, o açúcar, o fermento e o sal em uma tigela grande. Com um mixer, bata o leite com o óleo, o extrato de baunilha, o ovo, 1 banana e ¾ do butterscotch resfriado, até ficar homogêneo. Corte a outra banana em cubinhos.

4 Faça uma cova no meio da mistura de farinha e acrescente os ingredientes líquidos, junto com a banana picada, com cuidado para não misturar demais a massa.

5 Forre uma fôrma para muffins com forminhas de papel e preencha ⅔ de cada uma com a massa de muffin. Aqueça o caramelo restante até ficar líquido e divida entre cada muffin. Você pode precisar fazer isso em dois lotes.

6 Cubra cada muffin com 1 colher (chá) bem cheia da cobertura streusel, com cuidado para cobrir todo o caramelo. Asse por 20 minutos, até crescer bem e um palito inserido no meio sair limpo. Retire os muffins do forno e deixe-os esfriar sobre uma grade.

DICA DO COZINHEIRO O caramelo butterscotch pode ser feito até 3 dias antes e armazenado na geladeira até o momento de usar. Sobras da cobertura streusel podem ser armazenadas em um recipiente hermético no freezer. Use-as em outras receitas, logo depois de retiradas do congelador.

BOLO CLÁSSICO

BROA DE MILHO À MODA DO SUL

Esse bolo simples é rápido de fazer e fica mais gostoso logo que sai do forno, ainda quente.

- ★ **8 PORÇÕES**
- ★ **PREPARO** 15 minutos
- ★ **COZIMENTO** 25-30 minutos

Ingredientes
150 g de farinha de trigo
150 g de fubá pré-cozido ou sêmola de milho
2 colheres (chá) de fermento em pó
1 colher (chá) de sal
uma pitada de açúcar
250 m de leitelho (ou faça o seu, p. 12)
1 ovo batido
60 ml de óleo vegetal
manteiga, para servir, mais um pouco para untar

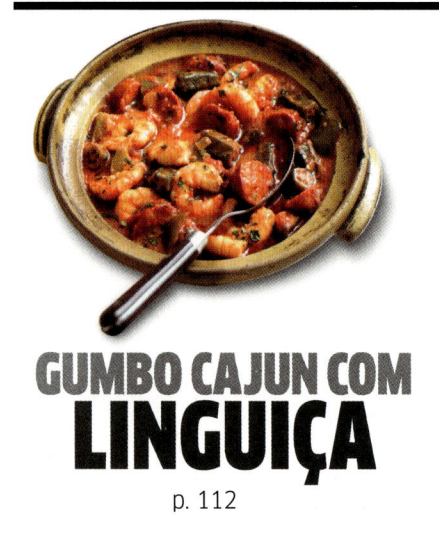

1 Preaqueça o forno a 220ºC. Em uma tigela, misture a farinha, o fubá, o fermento em pó, o sal e o açúcar. Acrescente o leitelho, o ovo e o óleo e mexa até incorporar bem.

2 Despeje a massa em uma fôrma redonda de 20 cm, untada, e espalhe de modo uniforme.

3 Asse no forno por 25-30 minutos, ou até dourar. Deixe esfriar um pouco e sirva morno, com manteiga, como acompanhamento para sopas ou cozidos.

SIRVA COM

GUMBO CAJUN COM LINGUIÇA
p. 112

CHILI COM FEIJÕES
p. 120

PROVE...

MUFFINS
Despeje a massa numa fôrma para doze muffins para fazer **bolinhos individuais** e leve ao forno por 25 minutos.

QUEIJO E PIMENTA
Para um toque picante, acrescente 115 g de **queijo amarelo** forte ralado e 1 **pimenta jalapeño** picadinha ou outra pimenta verde suave.

BACON
Aqueça uma frigideira de ferro, untada, no forno por 15 minutos. Retire do forno, despeje a massa e cubra com seis **fatias de bacon defumado**, cortadas em pedacinhos. Volte ao forno por 25 minutos.

BOLOS, DOCES E CONSERVAS

PALITO DE QUEIJO COM PIMENTA-DE-CAIENA

Esses canapés crocantes são especialmente deliciosos servidos ainda quentes, saídos diretamente do forno.

- ★ **50-60 UNIDADES**
- ★ **PREPARO** 20 minutos, mais resfriamento
- ★ **COZIMENTO** 5-10 minutos

Ingredientes

300 g de farinha de trigo, mais um pouco para polvilhar
1 colher (chá) de pimenta-de-caiena
½ colher (chá) de páprica defumada ou pimenta ancho em pó
1 colher (chá) de sal
115 g de manteiga cortada em cubos
450 g de cheddar inglês cortado em cubos
50 g de parmesão ralado

1 Coloque a farinha, a pimenta-de-caiena, a páprica e o sal em um processador de alimentos e pulse para misturar. Acrescente a manteiga e os queijos, metade de cada vez.

2 Bata em velocidade alta por 2-3 minutos, ou até obter uma massa macia. Embrulhe em filme de PVC e leve à geladeira por 1 hora.

3 Preaqueça o forno a 190°C. Abra a massa para formar um retângulo com 1 cm de espessura, como mostra a técnica abaixo. Corte tiras com 18 cm de comprimento e 1 cm de largura. Transfira as tiras para uma assadeira forrada com papel-manteiga. Asse por 5-10 minutos, ou até ficar crocante.

COMO ABRIR UMA MASSA

1 Retire o filme de PVC, vire a massa sobre uma superfície enfarinhada e aperte-a com as mãos.

2 Usando um rolo, abra a massa uniformemente para formar um retângulo do tamanho desejado, com 1 cm de espessura.

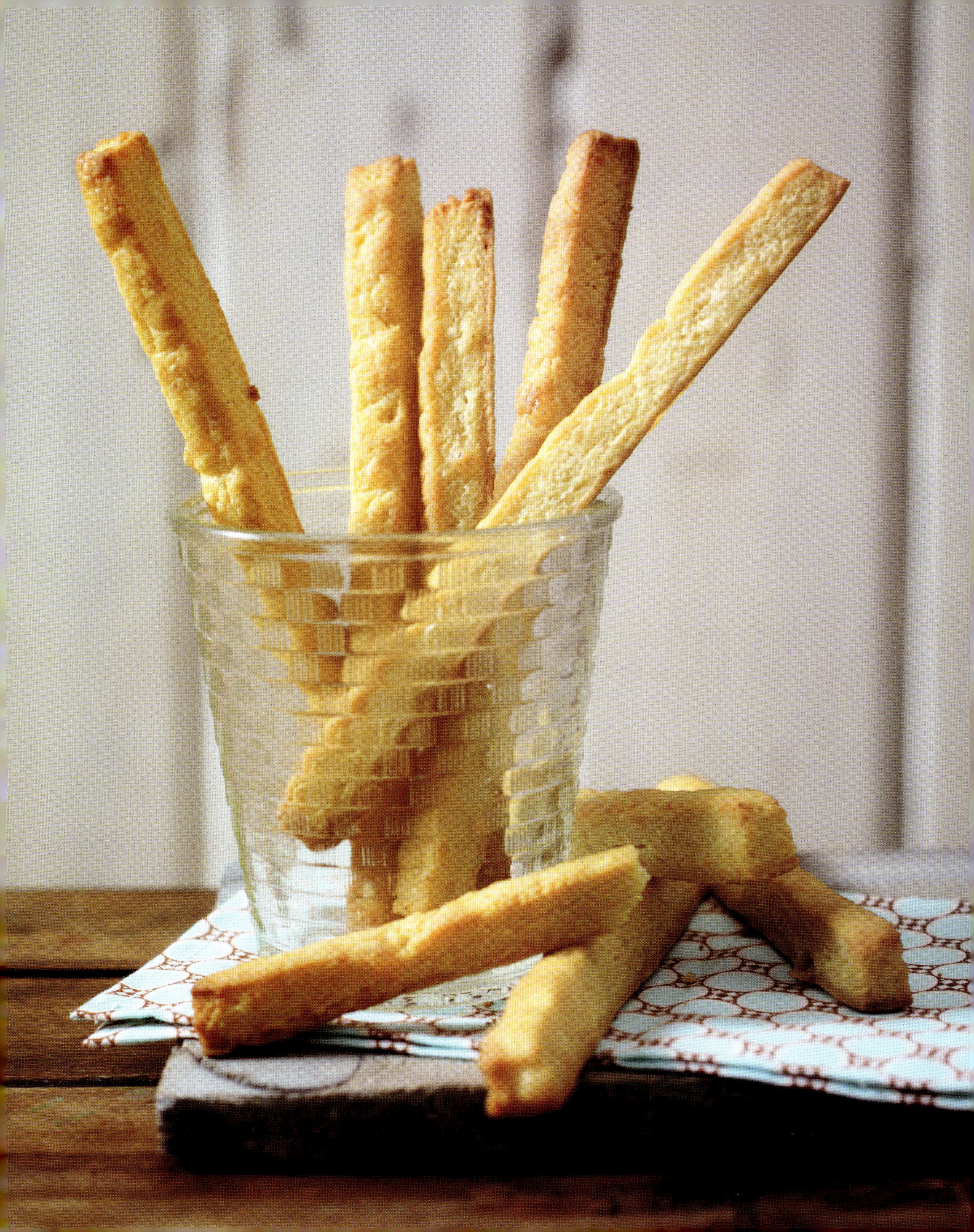

BOLA DE PIPOCA COM CHOCOLATE E COCO

As crianças adoram ajudar na preparação desses docinhos, fáceis de fazer. Polvilhe confeitos coloridos para dar um ar mais festivo.

- **10 UNIDADES**
- **PREPARO** 20 minutos
- **COZIMENTO** 5 minutos, mais secagem

Ingredientes
2 colheres (sopa) de óleo de girassol ou canola
100 g de pipoca ou milho para pipoca
30 g de manteiga sem sal, mais um pouco para untar
60 g de minimarshmallows
75 g de gotas de chocolate branco
25 g de coco seco não adoçado

1 Se você for fazer a pipoca, aqueça o óleo em fogo alto em uma panela grande de fundo grosso. Adicione o milho de pipoca e agite a panela para espalhá-los em uma camada uniforme. Tampe a panela e aguarde 1-2 minutos, até o milho começar a estourar. Reduza o fogo para baixo e mantenha no calor, sacudindo a panela de vez em quando, até parar de pipocar. Transfira a pipoca para uma tigela grande para esfriar.

2 Derreta a manteiga em fogo baixo em uma panela pequena de fundo grosso. Adicione os minimarshmallows e continue a cozinhar em fogo baixo por 2-3 minutos, mexendo sempre, até derreterem e formarem um líquido espesso e pegajoso.

3 Despeje o marshmallow derretido sobre a pipoca e misture bem. Tudo vai começar a grudar. Adicione as gotas de chocolate e o coco e misture bem.

4 Unte levemente as mãos com um pouco de manteiga e pegue um punhado da mistura. Aperte-a com as mãos para fazer uma bola compacta de pipoca e transfira para uma assadeira para secar. Repita até formar 10 bolas. Deixe-as secar por pelo menos 1 hora antes de armazenar em um recipiente hermético.

Pipoca é algo simples de fazer – leva apenas alguns minutos e custa muito pouco.

PECÃS CRISTALIZADAS COM PIMENTA E GENGIBRE

Um saco de pecãs açucaradas rende um belo presente para as festas, junto com um embrulho bonito e dedicatória escrita à mão.

- ★ **225 g**
- ★ **PREPARO** 10 minutos
- ★ **COZIMENTO** 20 minutos

Ingredientes
2 claras de ovo
1 colher (chá) de extrato de baunilha
125 g de açúcar mascavo
uma boa pitada de pimenta em pó
1 colher (sopa) de gengibre em pó
225 g de nozes-pecãs inteiras

1 Preaqueça o forno a 180ºC. Em uma tigela, bata as claras em neve, até formar picos moles. Junte o extrato de baunilha.

2 Em outra tigela, misture o açúcar e as especiarias. Passe as pecãs na clara em neve e, em seguida, nos ingredientes secos. Espalhe-as sobre uma assadeira forrada com papel-manteiga. Asse por 20 minutos, ou até ficarem crocantes.

3 Retire as pecãs do forno e passe na mistura de especiarias novamente. Deixe esfriar. Sirva como aperitivo ou para complementar saladas, sopas ou sorvetes.

BARRA GOOEY S'MORES

Fácil de fazer, essa barra doce com ganache de canela é uma alternativa à versão tradicional, um lanche típico de acampamento nos Estados Unidos.

- ★ **12 UNIDADES**
- ★ **PREPARO** 15 minutos
- ★ **COZIMENTO** 40 minutos, mais resfriamento

Ingredientes

115 g de manteiga derretida, mais um pouco para untar
100 g de açúcar mascavo
100 g de açúcar
4 ovos
1 colher (chá) de extrato de baunilha
10 bolachas maisena
75 g de farinha de trigo
1 colher (chá) de fermento em pó
300 g de minimarshmallows para a cobertura

Para o ganache

175 g de chocolate ao leite ou amargo quebrado em pedacinhos
1 colher (chá) de canela em pó
125 ml de creme de leite fresco

1 Preaqueça o forno a 180ºC. Unte e forre uma assadeira quadrada de 23 cm.

2 Com uma batedeira elétrica, bata a manteiga e os açúcares em uma tigela. Adicione os ovos, um de cada vez, e o extrato de baunilha e bata até formar um creme leve e fofo.

3 Em um processador de alimentos, bata os biscoitos até formar uma farofa. Outra opção é colocá-los em um saco plástico e triturar com um rolo de massa. Transfira para uma tigela grande e adicione a farinha, o fermento em pó e o creme de ovos. Mexa para incorporar. Despeje a massa na assadeira e leve ao forno por 35 minutos, ou até dourar.

4 Para fazer o ganache, coloque o chocolate, a canela e o creme de leite em banho-maria (veja a técnica na p. 238). Mexa algumas vezes, até o chocolate derreter. Retire do fogo imediatamente.

5 Despeje o ganache sobre a base de biscoito e cubra com os marshmallows. Leve ao forno em potência muito baixa até tostar e derreter. Deixe esfriar por 15 minutos antes de transferir para a geladeira. Deixe gelar por 30-45 minutos – assim, ficará mais fácil de fatiar. Corte em barras de tamanhos iguais e sirva em temperatura ambiente.

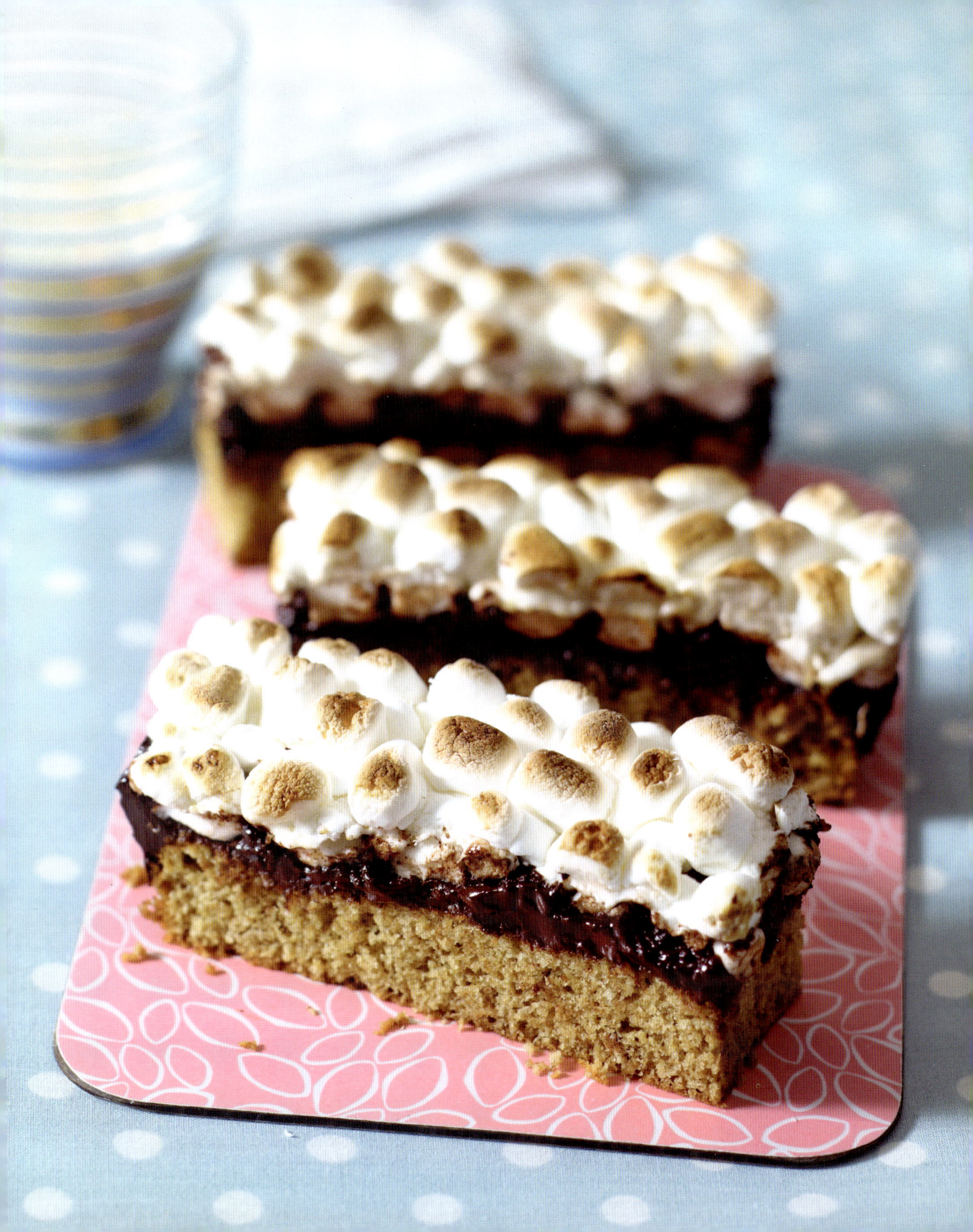

FUDGE DE CHOCOLATE COM MARSHMALLOW

Essa receita é ideal para fazer com as crianças. Rápida, fácil, fica pronta no tempo necessário para o chocolate firmar.

- ★ **36 UNIDADES**
- ★ **PREPARO** 5 minutos
- ★ **COZIMENTO** 5 minutos, mais esfriamento

Ingredientes
250 g de minimarshmallows
400 g de chocolate ao leite ou amargo
450 g de leite condensado
60 ml de leite integral
1 colher (chá) de extrato de baunilha

1 Forre uma assadeira quadrada de 23 cm com papel-manteiga. Disponha os marshmallows na assadeira. Em uma panela, aqueça o chocolate, o leite condensado e o leite em fogo médio. Cozinhe, mexendo sempre, até o chocolate derreter e a mistura ficar homogênea.

2 Retire do fogo, adicione o extrato de baunilha e misture bem. Espalhe a mistura de chocolate sobre os marshmallows e deixe esfriar completamente. Quando o fudge firmar, corte em quadrados de 4 cm e sirva.

Marshmallows não precisam ficar restritos às crianças – experimente usá-los em outros pratos também.

MANTEIGA DE PERA E CARDAMOMO

Os sabores complexos da pera e do cardamomo dão uma repaginada interessante na manteiga de maçã, mais usual.

★ **2 FRASCOS DE 300 ML**
★ **PREPARO** 15 minutos
★ **COZIMENTO** 1 hora, mais esfriamento

Ingredientes
4 peras, cerca de 400 g no total
150 ml de vinagre de maçã
100 g de açúcar mascavo
½ colher (sopa) de vagem de cardamomo moída
uma pitada de sal

1 Descasque as peras e retire o miolo, como mostra a técnica abaixo. Depois, pique-as e coloque-as em uma panela. Adicione o vinagre, 120 ml de água, o açúcar, o cardamomo e o sal. Leve à fervura em fogo alto, abaixe o fogo e deixe cozinhar sem tampa por 1 hora, ou até as peras ficarem macias. Retire do fogo e deixe esfriar completamente por cerca de 1 hora.

2 Bata em um processador de alimentos, ou com um liquidificador ou mixer. Espalhe uma quantidade generosa sobre torradas e sirva com café quente.

DICA DO COZINHEIRO Essa manteiga dura até 2 semanas em um recipiente hermético na geladeira.

COMO DESCASCAR E TIRAR O MIOLO DE UMA PERA

1 Utilize um boleador ou uma colher de chá na base da pera para retirar seu miolo.

2 Com um descascador ou uma faquinha afiada, retire a casca em tiras finas e uniformes, depois remova o cabinho.

PRETZEL DE CHOCOLATE COM LAVANDA

Uma pequena quantidade de lavanda confere um perfume delicado e um sabor sutil a esses quitutes sofisticados.

- ★ **20 UNIDADES**
- ★ **PREPARO** 10 minutos
- ★ **COZIMENTO** 10 minutos, mais secagem

Ingredientes

150 g de chocolate ao leite ou amargo em gotas ou barra
20 palitos grandes tipo grissini ou palitos de pretzel
3 colheres (sopa) de lavanda seca para uso culinário

1 Derreta o chocolate em banho-maria em fogo baixo, como mostra a técnica abaixo.

2 Mergulhe dois terços de um grissini ou pretzel no chocolate derretido, inclinando a tigela para revestir bem. Com cuidado, escorra na tigela o excesso de chocolate. Continue a mergulhar todos os palitos.

3 Polvilhe a lavanda por cima, moderadamente, e transfira os palitos para uma assadeira forrada, para secarem. Se quiser uma alternativa deliciosa, experimente cobrir os palitos com nozes trituradas, frutas secas ou confeitos.

COMO DERRETER CHOCOLATE

1 Coloque o chocolate em uma tigelinha refratária sobre uma panela de água fervente, com cuidado para a tigela não encostar na água.

2 Mexa de vez em quando com uma colher de metal e retire a tigela da panela assim que o chocolate derreter.

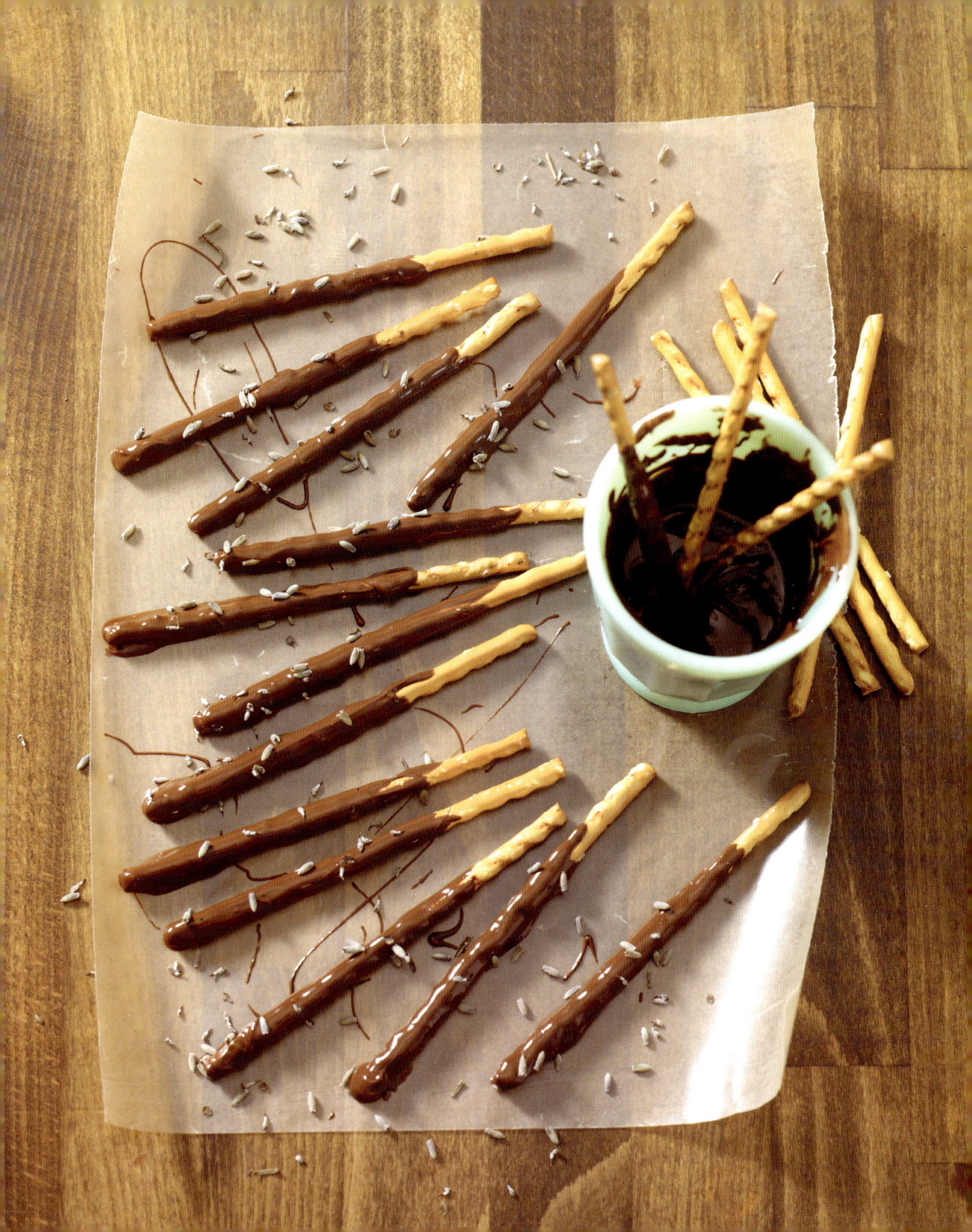

CARAMELO DE PISTACHE

Caramelos duros, ou *brittles*, são fáceis de fazer, e você pode combiná-los com nozes e frutas secas diferentes, até encontrar sua combinação favorita.

★ **6-8 PORÇÕES**
★ **PREPARO** 5 minutos
★ **COZIMENTO** 18 minutos, mais esfriamento

Ingredientes
200 g de açúcar
175 g de xarope de milho
125 g de pistache sem casca
30 g de manteiga cortada em cubos, mais um pouco para untar
1 colher (chá) de bicarbonato de sódio
1 colher (chá) de extrato de baunilha

1 Em uma panela de fundo grosso, misture o açúcar, o xarope de milho e 60 ml de água. Leve ao fogo médio e cozinhe, mexendo sempre com uma colher de pau, como mostra a técnica abaixo.

2 Quando atingir o ponto vidrado, adicione os pistaches. Continue mexendo até a temperatura alcançar 160ºC novamente.

3 Retire do fogo e acrescente a manteiga, o bicarbonato de sódio e o extrato de baunilha. Continue mexendo enquanto forma espuma e a manteiga derrete.

4 Despeje em uma assadeira untada de 23 cm x 35 cm e deixe esfriar totalmente. Quebre em pedaços e guarde em um recipiente hermético.

DICA DO COZINHEIRO Se você não tiver um termômetro de açúcar, jogue uma pequena quantidade da mistura em um copo de água fria; se a bala quebrar, estará quente o suficiente.

COMO FAZER CALDA DE AÇÚCAR

1 Em uma panela de fundo grosso, aqueça o açúcar, o xarope de milho e 60 ml de água em fogo médio.

2 Cozinhe, mexendo sempre, até um termômetro de açúcar embebido no líquido indicar 160ºC e o açúcar ficar dourado e quebradiço.

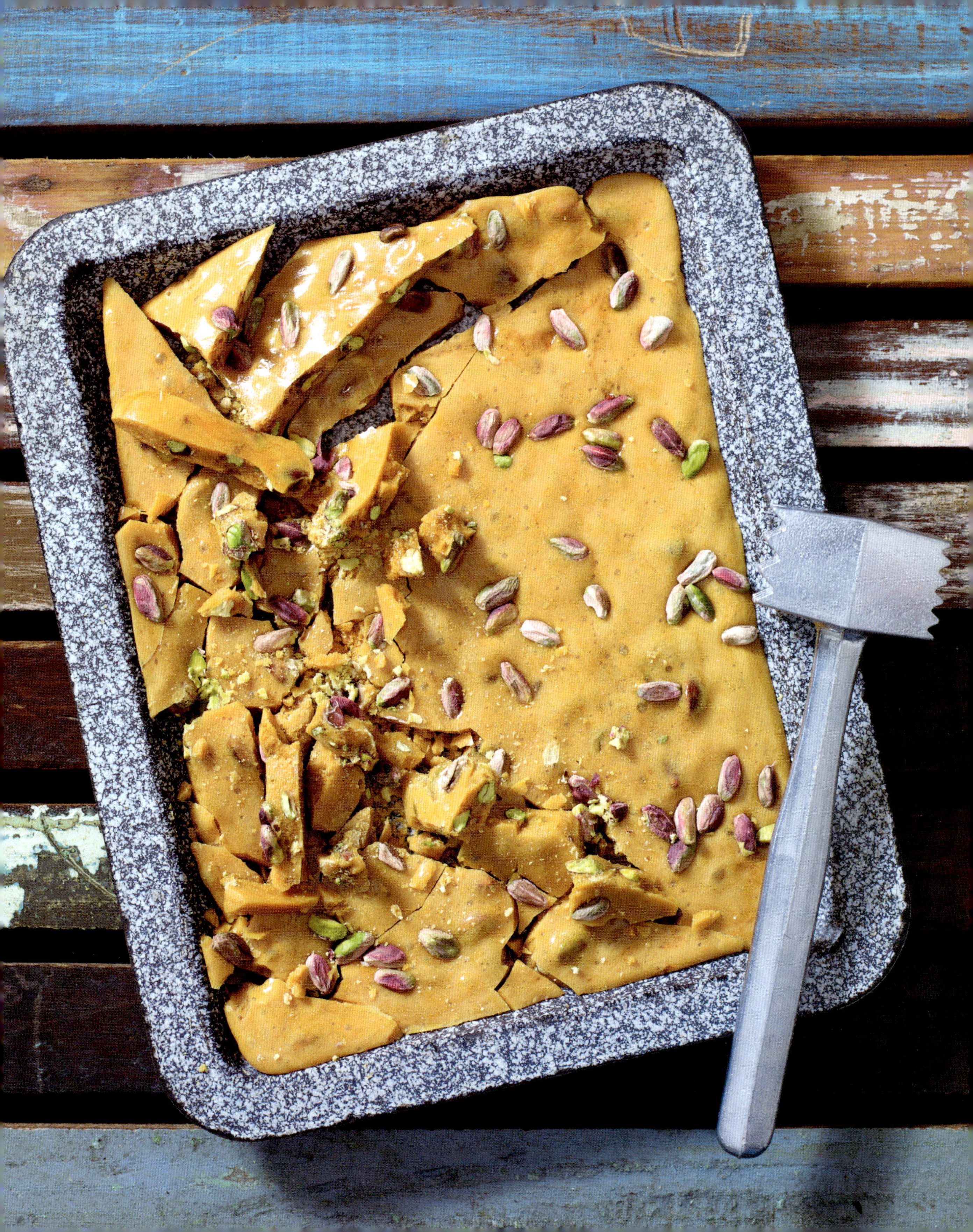

COMPOTA DE FRUTAS VERMELHAS

Melhor com frutas maduras, essa compota espessa, temperada com baunilha e tomilho, vai muito bem com panquecas ou sorvete.

★ **4 PORÇÕES**
★ **PREPARO** 10 minutos
★ **COZIMENTO** 20 minutos

Ingredientes
30 g de açúcar
1 fava de baunilha dividida ao meio e com as sementes raspadas
um raminho de tomilho
150 g de amora
100 g de cereja preta (ou vermelha) cortada ao meio, peso sem caroço (veja técnica abaixo)
100 g de mirtilo

1 Coloque o açúcar, a fava de baunilha, o tomilho e 2 colheres (sopa) de água em uma panela média de fundo grosso, misture e leve à fervura. Adicione as amoras e as cerejas, reduza o fogo e cozinhe tampado por 8-10 minutos, até as frutas começarem a desmanchar e liberar caldo.

2 Retire a tampa, adicione os mirtilos, aumente o fogo e continue a cozinhar a compota por mais 8-10 minutos, mexendo de vez em quando, até a calda engrossar e reduzir e as frutas ficarem macias.

3 Retire do fogo e deixe esfriar. Retire a fava de baunilha e o tomilho antes de servir, frio ou em temperatura ambiente.

DICA DO COZINHEIRO Essa compota escura e deliciosa dura vários dias na geladeira e fica maravilhosa com sorvete, iogurte ou uma granola caseira (p. 60) de café da manhã.

COMO TIRAR CAROÇOS DE CEREJA

Com um descaroçador, coloque a cereja no instrumento com a parte do cabinho para baixo e pressione até o caroço sair pelo buraco.

Com uma faca, corte a cereja de cima a baixo em duas metades ao redor do caroço. Gire, separe as metades e retire o caroço.

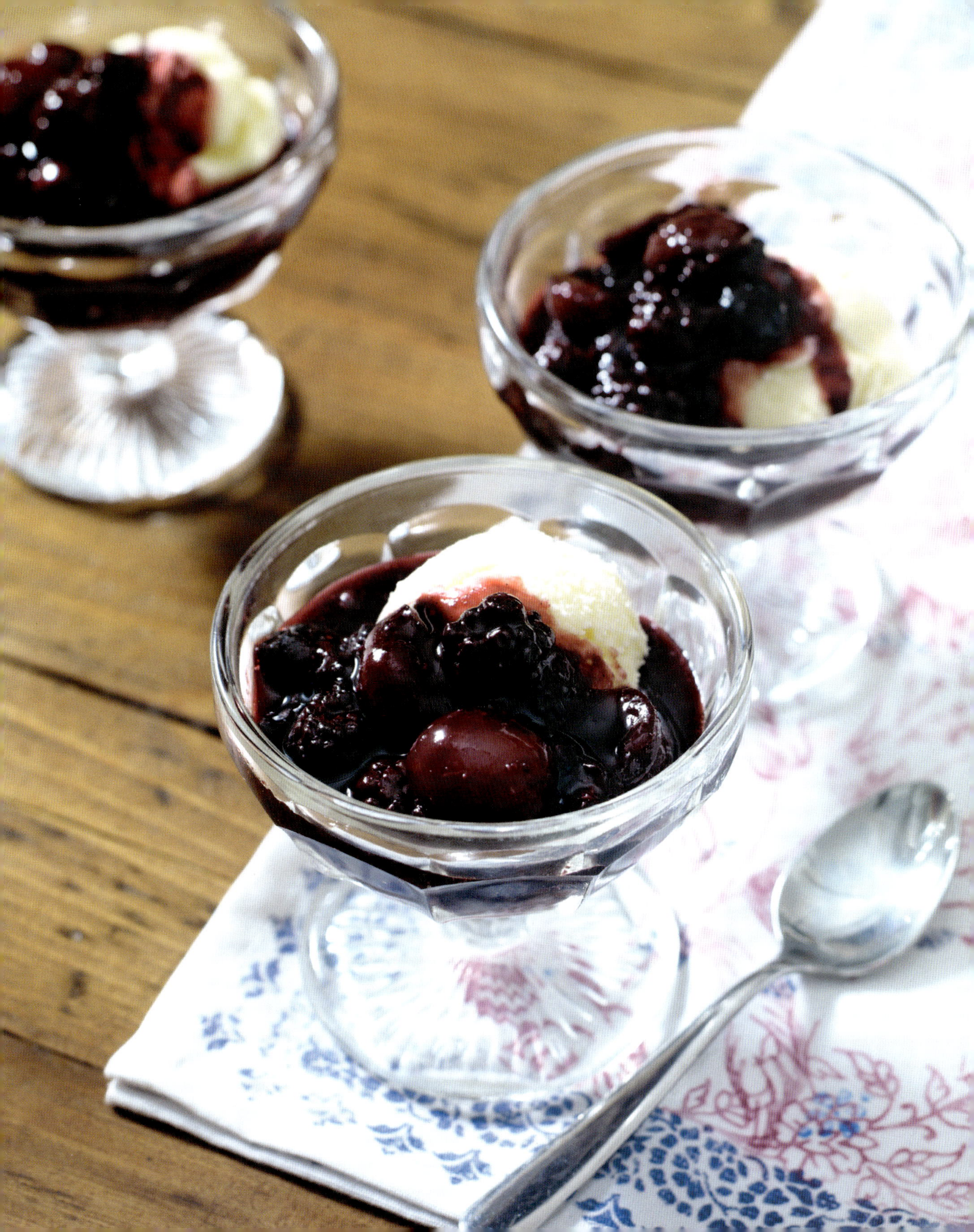

RELISH CRU TEMPERADO

Vibrante e fresco, fica pronto em pouquíssimo tempo e vai muito bem com hambúrguer, cachorro-quente, wrap e outros sanduíches.

★ **6-8 PORÇÕES**
★ **PREPARO** 10 minutos

Ingredientes
1 pimentão vermelho
1 pimentão amarelo
1 cebola roxa pequena picada
1 dente de alho
½ pimenta jalapeño ou outra pimenta verde suave sem sementes
3 colheres (sopa) de vinagre de arroz ou vinagre branco
2 colheres (chá) de açúcar
sal e pimenta-do-reino moída na hora
maionese, para servir (opcional)

1 Retire as sementes e corte grosseiramente os pimentões vermelho e amarelo, como mostra a técnica abaixo. Em um processador de alimentos, pulse os pimentões com a cebola, o alho e a pimenta jalapeño, até picar bem fino.

2 Coloque a mistura de vegetais em uma tigela não reativa (que não seja nem de alumínio nem de ferro fundido). Adicione o vinagre e o açúcar e tempere bem. Mexa para misturar bem, cubra e leve à geladeira por pelo menos 4 horas.

3 Escorra o excesso de líquido e sirva puro, ou misture com um pouco de maionese para dar um acabamento mais cremoso.

DICA DO COZINHEIRO Esse relish dura até 5 dias na geladeira em um recipiente hermeticamente fechado.

COMO PREPARAR UM PIMENTÃO

1 Coloque-o de lado e corte a parte de cima e a de baixo. Apoie-o sobre uma das extremidades e fatie ao meio de cima a baixo. Tire miolo e sementes.

2 Coloque cada lado sobre a tábua de corte. Retire a parte branca restante, depois corte o pimentão em pedaços.

BOLOS, DOCES E **CONSERVAS** ★ 245

CHUCRUTE RÁPIDO

O chucrute é tradicionalmente fermentado por semanas. Faça essa versão quase instantânea como alternativa rápida e fácil.

- ★ **4 PORÇÕES**
- ★ **PREPARO** 10 minutos
- ★ **COZIMENTO** 1h30

Ingredientes
1 colher (sopa) de azeite
2 dentes de alho amassados
1 cebola-branca pequena cortada em cubos
1 cabeça de repolho verde picado
500 ml de vinagre de maçã
2 colheres (sopa) de sal
1 colher (sopa) de semente de cominho

1 Aqueça o óleo em uma frigideira funda de laterais retas ou em uma caçarola. Adicione o alho e frite em fogo médio até dourar. Acrescente a cebola e refogue por mais 10 minutos, ou até ficar transparente.

2 Adicione o repolho, junto com 120 ml de água, o vinagre, o sal e a semente de cominho. Leve à fervura, reduza até obter uma fervura leve, tampe e cozinhe em fogo baixo por 1h30. Sirva quente, acompanhando cachorro-quente ou salsichas.

DICA DO COZINHEIRO Esse chucrute também fica ótimo com sopas e cozidos e rende uma refeição saudável e reconfortante.

O **repolho** picado e cozido dessa forma dura várias semanas na geladeira.

BOLOS, DOCES E **CONSERVAS**

CHOW CHOW PICANTE

Esses picles simples de geladeira parecem uma salada coleslaw em conserva. Ficam uma delícia com frios e queijos, em sanduíches e em wraps.

- **4 FRASCOS DE 300 ml**
- **PREPARO** 20 minutos
- **COZIMENTO** 10 minutos

Para a salada
5 tomates verdes picadinhos
1 pimentão verde sem sementes picadinho
1 pimentão vermelho sem sementes picadinho
1 cebola roxa picadinha
3 dentes de alho amassados
½ cabeça de repolho verde picado
1 colher (sopa) de sal marinho

Para a conserva
600 ml de vinagre de maçã
225 g de açúcar mascavo
1 colher (sopa) de semente de mostarda
1 colher (chá) de semente de aipo
1 colher (chá) de pimenta-calabresa
60 g de sal marinho

1 Para fazer a salada de repolho, misture bem os vegetais com o sal marinho em uma tigela grande. Cubra e leve à geladeira durante a noite.

2 Escorra os vegetais e transfira-os para uma panela média. Adicione o vinagre, o açúcar, as sementes de mostarda e de aipo, a pimenta-calabresa e o sal marinho. Cozinhe em fogo médio por 15 minutos.

3 Divida a mistura entre quatro frascos limpos e esterilizados (para esterilizar frascos, consulte a etapa 1 da p. 249). Esses picles duram até 2 semanas na geladeira.

SIRVA COM

BURRITO DE CAFÉ DA MANHÃ
p. 68

ANGU DE CAMARÃO
p. 110

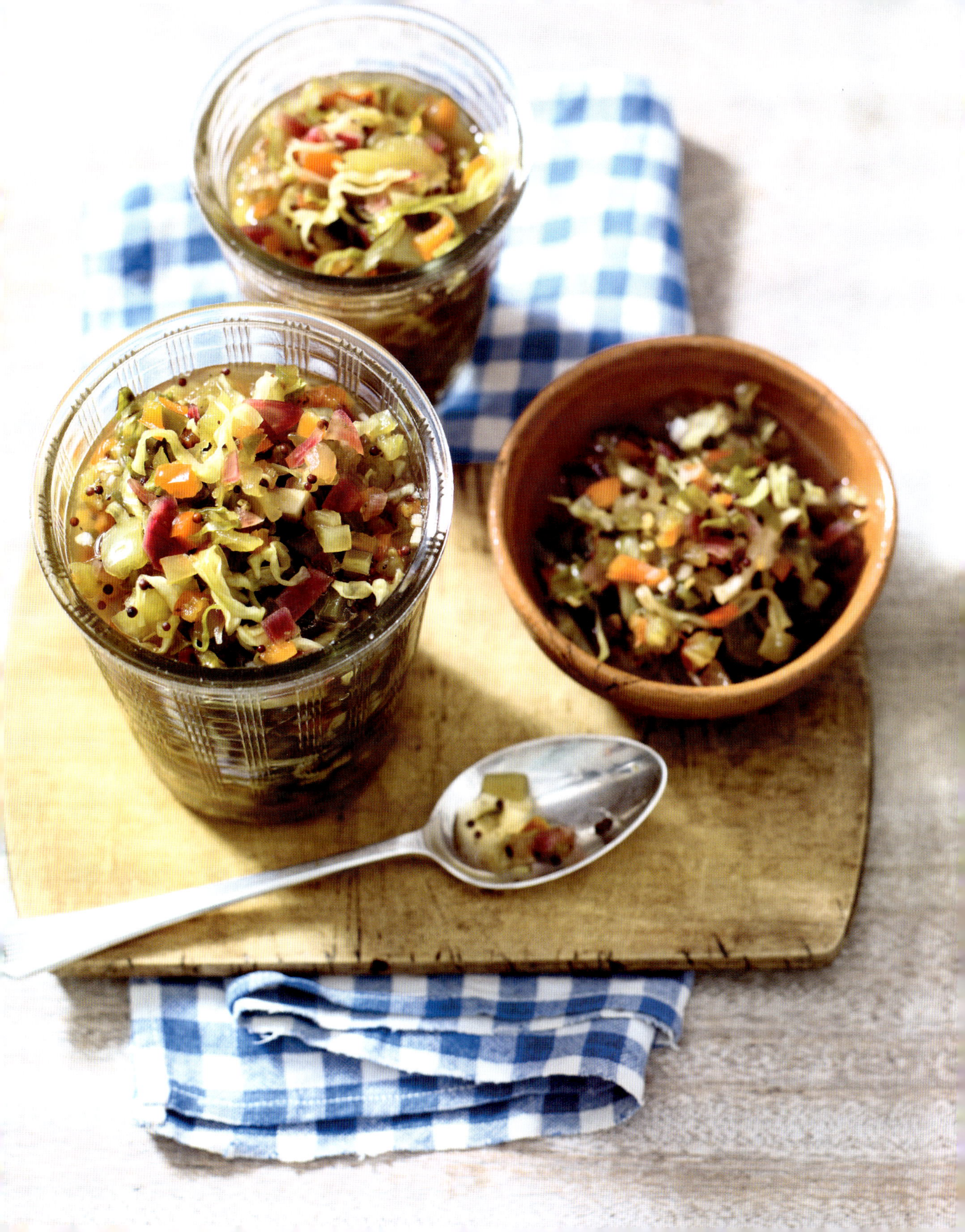

BOLOS, DOCES E **CONSERVAS**

GELEIA DE PIMENTA

Essa é uma iniciação fácil na arte das conservas, sem a necessidade de cozinhar os potes em banho-maria, como é de praxe.

- ★ **4 FRASCOS DE 300 ML**
- ★ **PREPARO** 20 minutos
- ★ **COZIMENTO** 10 minutos

Ingredientes
400 g de pimenta jalapeño ou outra pimenta verde suave picadinha
100 g de pimentão verde sem sementes picado
2 colheres (sopa) de pectina
375 ml de vinagre de maçã
675 g de mel

1 Bata a pimenta jalapeño e o pimentão em um processador de alimentos, até formar um purê. Transfira para uma panela e misture com a pectina, o vinagre e o mel. Leve à fervura, reduza o fogo e deixe cozinhar por 10 minutos.

2 Despeje em quatro frascos limpos e esterilizados e aperte bem as tampas (para esterilizar os frascos, consulte a etapa 1 na página ao lado). Deixe firmar por 1 hora antes de servir. A geleia dura até 2 semanas na geladeira.

O **pimentão verde** dá um sabor adocicado e suave a essa geleia.

PICLES DE GELADEIRA

Nada como a crocância de picles caseiros, mais frescos do que os equivalentes comprados prontos.

★ **2 FRASCOS DE 200 ML**
★ **PREPARO** 10 minutos

Ingredientes
50 g de açúcar
2 colheres (chá) de sal
200 ml de vinagre de vinho branco ou vinagre de arroz
4-5 pepinos pequenos para conserva cortados em fatias finas
1 colher (sopa) de folhas de endro picadinhas
½ colher (chá) de sementes de endro levemente esmagadas
pimenta-do-reino moída na hora

1 Preaqueça o forno a 140ºC. Para esterilizar os frascos, lave-os e coloque-os de cabeça para baixo em uma assadeira. Leve-os ao forno por pelo menos 15 minutos. Coloque as tampas em uma tigela de metal e despeje por cima bastante água fervente. Aguarde 5 minutos, depois retire e deixe escorrer. Seque bem com papel-toalha.

2 Coloque o açúcar e o sal em uma tigela e adicione um pouco de vinagre. Bata até o sal e o açúcar dissolverem, depois adicione o vinagre restante e um pouco de pimenta-do-reino.

3 Quando os frascos estiverem frios, faça camadas com os pepinos dentro deles, acrescentando uma pitada de endro picado e algumas sementes de endro entre cada camada.

4 Quando os frascos estiverem cheios, despeje a mistura de vinagre e vede bem. Agite os frascos para dispersar o líquido de maneira uniforme e leve à geladeira durante a noite, para que os picles fiquem bem crocantes.

DICA DO COZINHEIRO Esses picles duram até 1 mês na geladeira, em um frasco esterilizado e bem vedado. Certifique-se de que eles estão sempre cobertos com vinagre.

ÍNDICE

As técnicas de preparo passo a passo estão em *itálico*.

A
abacaxi
  bolinho de abacaxi com manjericão 190
  caviar tropical texano 16
  como descascar 106
  dourado grelhado com salsa de abacaxi 106
  presunto glaceado com abacaxi 135
abóbora
  beignet com especiarias 208
  torta de abóbora com pecãs e maple syrup 186
abobrinha
  bolo de abobrinha com chocolate 218
  minestrone picante com linguiça defumada 32
acompanhamento
  batata-doce com bacon 162
  bolinho de batata-doce com parmesão 157
  couve agridoce 148
  creme de milho com manjericão e parmesão 152
  feijão assado de Boston 146
  feijão-preto de cozimento lento 160
  feijão-preto refrito com pico de gallo 166
  feijão-vermelho com quinoa 140
  gratinado de batata arco-íris 158
  hushpuppie de jalapeño, cebola e queijo 142
  milho com manteiga de limão e pimenta 153
  molho de cranberry e laranja 165
  onion rings com aïoli de chipotle 144
  purê de batata com alho e echalota 156
  quiabo frito empanado com fubá 161
  recheio com linguiça e castanha 168
  recheio de broa para dias de festa 169
  salada coleslaw 150-1
  succotash de soja 145
  tomate verde frito com manjericão 164
  vagem ao forno 149
açúcar: *como fazer calda 240*
aipo
  guisado de Brunswick 131
  hoppin' John 100
  jambalaia com risoni 108
  minestrone picante com linguiça defumada 32
  salada coleslaw 150-1
  salada Waldorf 42-3
  sopa de ervilha 36
  sopa de frango com quenelle de alecrim 99
alcachofra: patê de espinafre e alcachofra 26-7
alho
  como tirar a casca 156
  purê de batata com alho e echalota 156
ameixa
  cobbler de ameixa 189
  granola com compota de frutas secas 60

amora
  bolo de anjo com calda de amora 205
  cobbler de maçã e amora 189
  compota de frutas vermelhas 242
  pavê de creme de Boston 180
  salada Waldorf 43
anchova
  Green Goddess (molho para salada) 48
  salada Caesar com lascas de salmão 39
arroz
  arroz sujo com linguiça defumada 114
  burrito de carne e queijo 79
  hoppin' John 100
atum
  atum com macarrão e favas verdes 115
  mac 'n' cheese 139
  salada de batata caseira 51
aveia
  cookie de aveia e cranberry 222
  crocante de maçã e pera com especiarias 197
  granola com compota de frutas secas 60
avocado
  burrito de café da manhã 68-9
  burrito de carne e queijo 79
  como descaroçar e descascar 11
  feijão-preto refrito com pico de gallo 166
  ovo rancheiro com tortilha 62
  quesadilla de camarão e batata-doce 78
  salada Caesar com lascas de salmão 39
  salada Cobb com frango frito 44
  salada de camarão, milho e abacate 47
  salsa pedaçuda de guacamole e feta 11
  sopa de feijão-preto e chipotle 38
  taco de frango desfiado 86-7

B
bacon
  angu de camarão com bacon defumado 110
  batata-doce com bacon 162
  bife caipira com molho de pimenta 118
  broa de milho à moda do Sul 229
  cachorro-quente com bacon, cebola e queijo 84
  clam chowder da Nova Inglaterra 34-5
  costeleta de porco com bacon e maçã 136
  crosta de batata com bacon defumado 14
  feijão assado de Boston 146
  hoppin' John 100
  salada Cobb com frango frito 44
  salada Waldorf 43
  sanduíche de queijo quente 91
  sanduíche de tomates verde fritos BLT 71
  sopa de ervilha 36
  sopa de feijão-preto e chipotle 38
  waffle com calda de bacon e maple syrup 54
  veja também pancetta
banana
  banana Foster com nozes-pecãs e laranja 172
  muffin de banana e caramelo butterscotch 227
  panqueca de leitelho 57

pavê de bolo inglês com banana 175
sanduíche de banana PBJ 70
batata
  batata rösti 65
  bife caipira com molho de pimenta 118
  burrito de café da manhã 68-9
  carne assada de cozimento lento 124
  clam chowder da Nova Inglaterra 34-5
  como fatiar 158
  crosta de batata com bacon defumado 14
  empadão de frango com biscoito salgado 98
  gratinado de batata arco-íris 158
  guisado de Brunswick 131
  ninho de batata com ovo ao forno 66
  purê de batata com alho e echalota 156
  salada de batata caseira 50-1
  sopa de ervilha 36
batata-doce
  batata-doce com bacon 162
  bolinho de batata-doce com parmesão 157
  carne assada de cozimento lento 124
  empadão de frango com biscoito salgado 98
  gratinado de batata arco-íris 158
  gumbo cajun com linguiça defumada 113
  ninho de batata com ovo ao forno 66
  quesadilla de camarão e batata-doce 78
  salada de batata caseira 51
  torta de batata-doce com merengue 183
berinjela
  gumbo cajun com linguiça defumada 113
  po' boy vegetariano 75
  sanduíche de carne e legumes da Filadélfia 76
beterraba: carne assada de cozimento lento 124
bolo e biscoito
  beignet com especiarias 208-9
  bolo crocante de mirtilo 215
  bolo de abobrinha com chocolate 218
  bolo de anjo com calda de amora 205
  bolo de coco de três andares 212-3
  bolo do diabo com chocolate e cereja 204
  bolo inglês com creme de limão 219
  broa de milho à moda do Sul 228-9
  brownie de chocolate duplo 206-7
  churro com calda de chocolate e pimenta 224-5
  cookie com gotas de chocolate 220-1
  cookie de aveia e cranberry 222
  cupcake de fudge de chocolate 214
  cupcake veludo vermelho 210
  enroladinho de pecãs com caramelo e canela 202
  muffin de banana e caramelo butterscotch 227
  palito de queijo com pimenta-de-caiena 230-1
  rosquinha com creme de chocolate 226
  snickerdoodle de maçã e canela 223
  whoopie pie de morango e creme 211

ÍNDICE ⭐ 251

butterscotch, caramelo
  brownie de chocolate com
    butterscotch 207
  muffin de banana e caramelo
    butterscotch 227

C

café da manhã
  biscoito com molho cremoso
    de linguiça 58
  burrito de café da manhã 68-9
  caçarola de café da manhã ao estilo
    sulista 61
  French toast com recheio de morango 55
  granola com compota de frutas secas 60
  ninho de batata com ovo ao forno 66
  omelete com claras, espinafre
    e salmão 67
  ovo benedict com salmão
    defumado 64-5
  ovo rancheiro com tortilha 62
  panqueca de leitelho 56-7
  waffle com calda de bacon e maple
    syrup 54
camarão
  angu de camarão com bacon
    defumado 110
  camarão frito com aioli de limão 20-1
  cioppino com cerveja 109
  clam chowder da Nova Inglaterra 34-5
  gumbo cajun com linguiça
    defumada 112-3
  jambalaia com risoni 108
  po' boy de camarão frito 74-5
  quesadilla de camarão e batata-doce 78
  salada de camarão, milho e avocado 47
  taco recheado com camarão e tequila 87
caramelo
  caramelo com sal 185
  enroladinho de pecãs com caramelo
    e canela 202
  sundae crocante de caramelo
    e chocolate 194
caranguejo
  bolinho de siri com limão e echalota 22
  como retirar carne 24
  patê de caranguejo da Nova
    Inglaterra 24
carne bovina
  bife caipira com molho de
    pimenta 118
  bolo de carne doce e picante 122
  burrito de carne e queijo 79
  carne assada de cozimento lento 124
  carne com crosta ao molho
    chimichurri 128
  chili bem quente 121
  chili com feijões 120-1
  classic burger 126-7
  hambúrguer acebolado 127
  peito bovino temperado e grelhado 123
  Reuben 80-1
  sanduíche de carne e legumes da
    Filadélfia 76
  tacos de carne 87

carne suína
  costeleta de porco com bacon
    e maçã 136
  costelinha no bafo 134
  enchilada de porco desfiado com
    mole 132
  wrap de carne de porco 130
cebola: onion rings com aïoli de chipotle
  144
cenoura
  carne assada de cozimento lento 124
  coleslaw asiático 151
  empadão de frango com biscoito
    salgado 98
  minestrone picante com linguiça
    defumada 32
  salada coleslaw 150-1
  sopa de ervilha 36
  taco recheado com salada de repolho 87
cereja
  bolo do diabo com chocolate e cereja 204
  brownie de cereja e nozes 207
  como tirar caroços 242
  compota de frutas vermelhas 242
  granola com compota de frutas secas 60
  torta de cereja com cobertura
    em treliça 187
chocolate
  barra gooey s'mores 234
  bola de pipoca com chocolate e coco 232
  bolo de abobrinha com chocolate 218
  bolo do diabo com chocolate
    e cereja 204
  brownie de chocolate duplo 206-7
  churro com calda de chocolate
    e pimenta 224-5
  como derreter 238
  cookie com gotas de chocolate 220-1
  cookie com gotas de chocolate
    branco 221
  cupcake de fudge de chocolate 214
  cupcake veludo vermelho 210
  enchilada de porco desfiado com
    mole 132
  fudge de chocolate com
    marshmallow 236
  pavê de creme de Boston 180
  pretzel de chocolate com lavanda 238
  pudim de pão com chocolate 174
  rosquinha com creme de chocolate 226
  sanduíche de sorvete e manteiga
    de amendoim 193
  sundae crocante de caramelo
    e chocolate 194
  torta de limão com crosta
    de chocolate 178
  whoopie pie de morango e creme 211
chucrute
  chucrute rápido 245
  Reuben 80-1
coco
  bola de pipoca com chocolate e coco 232
  bolinho de coco frito 198
  bolo de coco de três andares 212-3
  granola com compota de frutas secas 60

cogumelo
  burrito de café da manhã 69
  carne assada de cozimento lento 124
  chowder de milho 35
  fajita vegetariana com creme
    de coentro 141
  minestrone picante com linguiça
    defumada 32
  po' boy vegetariano 75
  sanduíche de carne e legumes da
    Filadélfia 76
  sopa de frango com quenelle de
    alecrim 99
  vagem ao forno 149
conserva
  chow chow picante 246
  chucrute rápido 245
  compota de frutas vermelhas 242
  geleia de pimenta 248
  manteiga de pera e cardamomo 237
  picles de geladeira 249
  relish cru temperado 244
cordeiro
  hambúrguer de estilo marroquino 127
  sloppy joe de cordeiro no pão sírio 88
couve
  hoppin' John 100
  minestrone picante com linguiça
    defumada 32
  patê de couve e alcachofra 27
couve: couve agridoce 148
cranberry
  cookie com pistache e cranberry
    seco 221
  cookie de aveia e cranberry 222
  molho de cranberry e laranja 165
  recheio de broa para dias de festa 169
  sanduíche de queijo quente 91
cream cheese
  cheesecake marmorizado 192
  cupcake veludo vermelho 210
  French toast com recheio de morango 55
  patê de espinafre e alcachofra 26-7

D

doce
  barra gooey s'mores 234
  bola de pipoca com chocolate e coco 232
  caramelo duro de pistache 240

ÍNDICE

fudge de chocolate com marshmallow 236
pecãs cristalizadas com pimenta e gengibre 233
pretzel de chocolate com lavanda 238

E

entrada
asa de frango à moda de Buffalo 12-3
bolinho de siri com limão e echalota 22
bolinho picante de milho-verde 25
camarão frito com aïoli de limão 20-1
caviar tropical texano 16
crosta de batata com bacon defumado 14
nacho de frango picante com jalapeño 15
ovo de pata com salmão defumado 18
patê de caranguejo da Nova Inglaterra 24
patê de espinafre e alcachofra 26-7
patê picante de pimentão e queijo 28
rolinho de linguiça com massa de parmesão 19
salsa de pêssego com chips de milho 10
salsa pedaçuda de guacamole e feta 11

ervilha
empadão de frango com biscoito salgado 98
mac 'n' cheese 139
sopa de ervilha 36
sopa de frango com quenelle de alecrim 99

espinafre
omelete com claras, espinafre e salmão 67
ovo à florentina 65
patê de espinafre e alcachofra 26-7
salada Cobb com frango frito 44

F

fava verde
atum com macarrão e favas verdes 115
guisado de Brunswick 131

feijão-branco
chili branco 121
chili com feijões 120-1
feijão assado de Boston 146

feijão-preto
burrito de café da manhã 69
burrito de carne e queijo 79
caviar tropical texano 16

chili com feijões 120-1
feijão assado de Boston 147
feijão-preto de cozimento lento 160
feijão-preto refrito com pico de gallo 166
hoppin' John 100
nacho de frango picante com jalapeño 15
ovo rancheiro com tortilha 62
sopa de feijão-preto e chipotle 38
sopa de frango com tortilha 30

feijão-vermelho
chili com feijões 120-1
feijão-vermelho com quinoa 140

figo: granola com compota de frutas secas 60

framboesa
cupcake de fudge de chocolate 214
pavê de creme de Boston 180
vinagrete de framboesa e nozes (molho para salada) 48

frango
arroz sujo com linguiça defumada 114
asa de frango à moda de Buffalo 12-3
canja asiática com macarrão bifum 29
chili branco 121
classic burger 127
empadão de frango com biscoito salgado 98
frango assado 97
frango com bourbon e açúcar mascavo 95
frango frito à moda sulista 96-7
guisado de Brunswick 131
gumbo cajun com linguiça defumada 113
jambalaia com risoni 108
mini-hambúrguer de frango à parmigiana 104
nacho de frango picante com jalapeño 15
nuggets de frango 97
salada Cobb com frango frito 44
sopa de frango com quenelle de alecrim 99
sopa de frango com tortilha 30
taco de frango desfiado 86-7

fritura: *como aquecer óleo* 144

frutas cítricas
como separar gomos 169
veja também frutas cítricas específicas, como grapefruit, laranja, limão

frutas secas
granola com compota de frutas secas 60
recheio com linguiça e castanha 168
veja também manteiga de amendoim, nozes, nozes-pecãs, pistache

frutas vermelhas
shortcake com frutas vermelhas 177
veja também frutas vermelhas específicas, como amora, framboesa, mirtilo, morango

fubá e polenta
angu de camarão com bacon defumado 110
broa de milho à moda do Sul 228-9
hushpuppie de jalapeño, cebola e queijo 142
muffins 229

nugget de peixe empanado com fubá 105
quiabo frito empanado com fubá 161
recheio de broa para dias de festa 169
tomate verde frito com manjericão 164
waffle com calda de bacon e maple syrup 54

G

grão-de-bico
chili branco 121
feijão assado de Boston 147
homus de jalapeño 69
minestrone picante com linguiça defumada 32

grapefruit: merengue de limão-siciliano e grapefruit 182

L

lanche
burrito de carne e queijo 79
cachorro-quente com bacon, cebola e queijo 84
muffuletta de salame com pimentão 82
po' boy de camarão frito 74-5
pretzeldog com queijo e cerveja 83
quesadilla de camarão e batata-doce 78
Reuben 80-1
sanduíche de banana PBJ 70
sanduíche de carne e legumes da Filadélfia 76
sanduíche de queijo quente 90-1
sanduíche de tomates verde fritos BLT 71
sloppy joe de cordeiro no pão sírio 88
taco de frango desfiado 86-7

laranja
banana Foster com nozes-pecãs e laranja 172
como tirar as raspas da casca 165
granola com compota de frutas secas 60
molho de cranberry e laranja 165
recheio de broa para dias de festa 169

leitelho
asa de frango à moda de Buffalo 12-3
biscoito com molho cremoso de linguiça 58
broa de milho à moda do Sul 228-9
buttermilk ranch (molho para salada) 48
cobbler de pêssego 188-9
cupcake veludo vermelho 210
frango frito à moda sulista 96-7
hushpuppie de jalapeño, cebola e queijo 142
panqueca de leitelho 56-7
shortcake com morango 176-7
tomate verde frito com manjericão 164

limão
bolinho de siri com limão e echalota 22
bolo inglês com creme de limão 219
burrito de carne e queijo 79
camarão frito com aïoli de limão 20-1
caviar tropical texano 16
dourado grelhado com salsa de abacaxi 106

fajita vegetariana com creme
   de coentro 141
homus de jalapeño 69
merengue de limão-siciliano
   e grapefruit 182
milho com manteiga de limão
   e pimenta 153
shortcake com manga e limão-taiti 177
torta de limão com crosta
   de chocolate 178
linguiça
   biscoito com molho cremoso
      de linguiça 58
   cachorro-quente com bacon, cebola
      e queijo 84
   feijão-vermelho com quinoa 140
   gumbo cajun com linguiça
      defumada 112-3
   pretzeldog com queijo e cerveja 83
   recheio com linguiça e castanha 168
   rolinho de linguiça com massa
      de parmesão 19
   veja também linguiça defumada
linguiça defumada
   arroz sujo com linguiça defumada 114
   burrito de café da manhã 68-9
   caçarola de café da manhã
      ao estilo sulista 61
   jambalaia com risoni 108
   minestrone picante com linguiça
      defumada 32

M
maçã
   cobbler de maçã e amora 189
   costeleta de porco com bacon
      e maçã 136
   crocante de maçã e pera com
      especiarias 197
   granola com compota de frutas secas 60
   salada Waldorf 42-3
   sanduíche de queijo quente 91
   snickerdoodle de maçã e canela 223
   torta de maçã 184-5
   tortinha de maçã com sorvete
      de baunilha 196
macarrão
   almôndega de peru com ervas
      e espaguete 119
   atum com macarrão e favas verdes 115
   canja asiática com macarrão bifum 29
   carne assada de cozimento lento 124
   jambalaia com risoni 108
   mac 'n' cheese 138-9
   minestrone picante com linguiça
      defumada 32
manga
   caviar tropical texano 16
   shortcake com manga e limão-taiti 177
manteiga de amendoim
   brownie de chocolate com
      amendoim 207
   sanduíche de banana PBJ 70
   sanduíche de sorvete e manteiga
      de amendoim 193

maple syrup
   couve agridoce 148
   granola com compota de frutas secas 60
   molho de cranberry e laranja 165
   sanduíche de queijo quente 91
   torta de abóbora com pecãs e maple
      syrup 186
   torta de nozes-pecãs, maple syrup
      e bourbon 179
   waffle com calda de bacon e maple
      syrup 54
marshmallow
   barra gooey s'mores 234
   bola de pipoca com chocolate e coco 232
   fudge de chocolate com
      marshmallow 236
massa: como abrir 230
mexilhão: cioppino com cerveja 109
milho-verde
   bolinho picante de milho-verde 25
   caviar tropical texano 16
   chili com feijões 120-1
   chowder de milho 35
   como retirar os grãos de uma espiga
      152
   creme de milho com manjericão
      e parmesão 152
   empadão de frango com biscoito
      salgado 98
   fajita vegetariana com creme
      de coentro 141
   guisado de Brunswick 131
   milho com manteiga de limão
      e pimenta 153
   salada de camarão, milho e avocado 47
   salsa pedaçuda de guacamole e feta 11
   sopa de frango com tortilha 30
   sopa de tomate com milho e pimentão 33
   succotash de soja 145
mirtilo
   bolo crocante de mirtilo 215
   cheesecake marmorizado 192
   cobbler de pêssego e mirtilo 189
   compota de frutas vermelhas 242
   compota de mirtilo 57
   granola com compota de frutas secas 60
   pavê de creme de Boston 180
molhos para salada
   buttermilk ranch 48
   Catalina 48
   Green Goddess 48
   vinagrete de framboesa e nozes 48
   Thousand Island 48
morango
   como preparar 55
   French toast com recheio de morango
      55
   pavê de creme de Boston 180
   shortcake com morango 176-7
   whoopie pie de morango e creme 211

N
nozes
   brownie de cereja e nozes 207
   salada Waldorf 42-3

nozes-pecãs
   banana Foster com nozes-pecãs
      e laranja 172
   batata-doce com bacon 162
   bolo crocante de mirtilo 215
   enroladinho de pecãs com caramelo
      e canela 202
   pecãs cristalizadas com pimenta
      e gengibre 233
   salada Waldorf 43
   torta de abóbora com pecãs e maple
      syrup 186
   torta de maçã 185
   torta de nozes-pecãs, maple syrup
      e bourbon 179

O
ovo
   burrito de café da manhã 68-9
   caçarola de café da manhã ao estilo
      sulista 61
   como bater clara em neve 67
   French toast com recheio de morango 55
   merengue de limão-siciliano
      e grapefruit 182
   ninho de batata com ovo ao forno 66
   omelete com claras, espinafre
      e salmão 67
   ovo benedict com salmão defumado 64-5
   ovo de pata com salmão defumado 18
   ovo rancheiro com tortilha 62
   ovo à florentina 65
   pudim de pão com chocolate 174
   Reuben a cavalo 81
   salada Cobb com frango frito 44
   salada de batata caseira 51
   salada de ovo com aipo, alcaparra
      e endro 46
   sanduíche de gruyère e presunto 91
   torta de batata-doce com merengue 183

P
pancetta
   couve agridoce 148
   feijão-preto de cozimento lento 160
   gumbo cajun com frango
      e pancetta 113
   ninho de batata com ovo ao forno 66
   succotash de soja 145

ÍNDICE

pão
  banana Foster com nozes-pecãs
    e laranja 172
  caçarola de café da manhã ao estilo
    sulista 61
  French toast com recheio de morango 55
  mini-hambúrguer de frango
    à parmigiana 104
  muffuletta de salame com pimentão 82
  po' boy de camarão frito 74-5
  pudim de pão com chocolate 174
  recheio com linguiça e castanha 168
  Reuben 80-1
  sanduíche de banana PBJ 70
  sanduíche de carne e legumes
    da Filadélfia 76
  sanduíche de queijo quente 90-1
  sanduíche de tomates verde fritos BLT 71
  sloppy joe de cordeiro no pão sírio 88
pastrami: sanduíche com pão de centeio 81
peixe e frutos do mar
  dourado grelhado com salsa
    de abacaxi 106
  gumbo cajun com peixe 113
  nugget de peixe empanado com fubá 105
  po' boy de peixe 75
  veja também atum, camarão, caranguejo,
    salmão, vôngole
pepino: picles de geladeira 249
pera
  como descascar e tirar o miolo 237
  crocante de maçã e pera com
    especiarias 197
  manteiga de pera e cardamomo 237
  salada Waldorf 43
  torta de pera 185
peru
  almôndega de peru com ervas
    e espaguete 119
  classic burger com toque asiático 127
  peru assado com manteiga e alho 94
  Reuben de peru 81
pêssego
  cobbler de pêssego 188-9
  salsa de pêssego com chips de milho 10
pimenta
  broa de milho à moda do Sul 229
  burrito de café da manhã 68-9
  burrito de carne e queijo 79
  caçarola de café da manhã
    ao estilo sulista 61
  canja asiática com macarrão
    bifum 29
  caviar tropical texano 16
  chili bem quente 121
  chili branco 121
  chili com feijões 120-1
  chili vegetariano 121
  churro com calda de chocolate
    e pimenta 224
  dourado grelhado com salsa
    de abacaxi 106
  fajita vegetariana com creme
    de coentro 141
  feijão-preto de cozimento lento 160
  geleia de pimenta 248
  gumbo cajun com linguiça
    defumada 112-3
  homus de jalapeño 69
  hoppin' John 100
  hushpuppie de jalapeño, cebola
    e queijo 142
  nacho de frango picante com jalapeño 15
  ovo rancheiro com tortilha 62
  palito de queijo com pimenta-de-
    -caiena 230-1
  relish cru temperado 244
  salsa de pêssego com chips de milho 10
  sloppy joe de cordeiro no pão sírio 88
  sopa de frango com tortilha 30
  taco de frango desfiado 86-7
pimentão
  arroz sujo com linguiça defumada 114
  burrito de café da manhã 68-9
  burrito de carne e queijo 79
  caviar tropical texano 16
  chili bem quente 121
  chili com feijões 120-1
  chow chow picante 246
  coleslaw asiático 151
  como assar e pelar 82
  como preparar 244
  dourado grelhado com salsa
    de abacaxi 106
  fajita vegetariana com creme
    de coentro 141
  feijão-vermelho com quinoa 140
  geleia de pimenta 248
  gumbo cajun com linguiça
    defumada 112-3
  hoppin' John 100
  jambalaia com risoni 108
  minestrone picante com linguiça
    defumada 32
  muffuletta de salame com pimentão 82
  patê picante de pimentão e queijo 28
  po' boy vegetariano 75
  relish cru temperado 244
  sanduíche de carne e legumes
    da Filadélfia 76
  sopa de frango com tortilha 30
  sopa de tomate com milho e pimentão 33
pipoca: bola de pipoca com chocolate
    e coco 232
pistache
  caramelo de pistache 240
  cookie com pistache e cranberry
    seco 221

prato principal
  almôndega de peru com ervas
    e espaguete 119
  angu de camarão com bacon
    defumado 110
  arroz sujo com linguiça defumada 114
  atum com macarrão e favas verdes 115
  bife caipira com molho de pimenta 118
  bolo de carne doce e picante 122
  carne assada de cozimento lento 124
  carne com crosta ao molho
    chimichurri 128
  chili com feijões 120-1
  cioppino com cerveja 109
  classic burger 126-7
  costeleta de porco com bacon e maçã 136
  costelinha no bafo 134
  dourado grelhado com salsa
    de abacaxi 106
  empadão de frango com biscoito
    salgado 98
  enchilada de porco desfiado com mole 132
  fajita vegetariana com creme
    de coentro 141
  frango com bourbon e açúcar mascavo 95
  frango frito à moda sulista 96-7
  guisado de Brunswick 131
  gumbo cajun com linguiça defumada 112-3
  hoppin' John 100
  jambalaia com risoni 108
  mac 'n' cheese 138-9
  mini-hambúrguer de frango
    à parmigiana 104
  nugget de peixe empanado com fubá 105
  peito bovino temperado e grelhado 123
  peru assado com manteiga e alho 94
  pizza de muçarela e manjericão 102-3
  presunto glaceado com abacaxi 135
  sopa de frango com quenelles
    de alecrim 99
  wrap de carne de porco 130
presunto
  como glacear um presunto 135
  muffuletta de salame com pimentão 82
  presunto glaceado com abacaxi 135
  sanduíche de gruyère e presunto 91

Q

queijo
  angu de camarão com bacon
    defumado 110
  biscoito com molho cremoso
    de linguiça 58
  bolinho de batata-doce com
    parmesão 157
  broa de milho à moda do Sul 229
  burrito de café da manhã 68-9
  burrito de carne e queijo 79
  caçarola de café da manhã
    ao estilo sulista 61
  cachorro-quente com bacon, cebola
    e queijo 84
  creme de milho com manjericão
    e parmesão 152
  crosta de batata com bacon defumado 14

ÍNDICE ★ 255

empadão de frango com biscoito
  salgado 98
enchilada de porco desfiado com mole 132
gratinado de batata arco-íris 158
hambúrguer acebolado 127
hushpuppie de jalapeño, cebola
  e queijo 142
mac 'n' cheese 138-9
mini-hambúrguer de frango
  à parmigiana 104
muffuletta de salame com pimentão 82
nacho de frango picante com jalapeño 15
ninho de batata com ovo ao forno 66
ovo rancheiro com tortilha 62
palito de queijo com pimenta-de-
  -caiena 230-1
patê de espinafre e alcachofra 26-7
patê picante de pimentão e queijo 28
pizza de muçarela e manjericão 102-3
pretzeldog com queijo e cerveja 83
quesadilla de camarão e batata-doce 78
Reuben 80-1
rolinho de linguiça com massa
  de parmesão 19
salada Caesar com lascas de salmão 39
salada Cobb com frango frito 44
salsa pedaçuda de guacamole e feta 11
sanduíche de carne e legumes da
  Filadélfia 76
sanduíche de gruyère e presunto 91
sanduíche de queijo quente 90-1
tomate verde frito com manjericão 164
  veja também cream cheese
quiabo
  gumbo cajun com linguiçadefumada 112-3
  quiabo frito empanado com fubá 161
quinoa: feijão-vermelho com quinoa 140

R
repolho
  chow chow picante 246
  chucrute rápido 245
  coleslaw asiático 151
  salada coleslaw 150-1
  taco recheado com salada de repolho 87

S
salada
  muffuletta de salame com pimentão 82
  salada Caesar com lascas de salmão 39
  salada Cobb com frango frito 44
  salada de batata caseira 50-1
  salada de camarão, milho e avocado 47
  salada de ovo com aipo, alcaparra
    e endro 46
  salada Waldorf 42-3
salmão
  cioppino com cerveja 109
  omelete com claras, espinafre e salmão 67
  ovo benedict com salmão defumado 64-5
  ovo de pata com salmão defumado 18
  salada Caesar com lascas de salmão 39
sobremesa
  banana Foster com nozes-pecãs
    e laranja 172

bolinho de abacaxi com manjericão 190
bolinho de coco frito 198
cheesecake marmorizado 192
cobbler de pêssego 188-9
crocante de maçã e pera com
  especiarias 197
merengue de limão-siciliano
  e grapefruit 182
pavê de bolo inglês com banana 175
pavê de creme de Boston 180
pudim de pão com chocolate 174
sanduíche de sorvete e manteiga
  de amendoim 193
shortcake com morango 176-7
sundae crocante de caramelo
  e chocolate 194
torta de abóbora com pecãs e maple
  syrup 186
torta de batata-doce com merengue 183
torta de cereja com cobertura
  em treliça 187
torta de limão com crosta
  de chocolate 178
torta de maçã 184-5
torta de nozes-pecãs, maple syrup
  e bourbon 179
tortinha de maçã com sorvete
  de baunilha 196
soja: succotash de soja 145
sopa
  canja asiática com macarrão bifum 29
  clam chowder da Nova Inglaterra 34-5
  minestrone picante com linguiça
    defumada 32
  sopa de ervilha 36
  sopa de feijão-preto e chipotle 38
  sopa de frango com tortilha 30
  sopa de tomate com milho e pimentão 33
sorvete
  banana Foster com nozes-pecãs
    e laranja 172
  sanduíche de sorvete e manteiga
    de amendoim 193
  sundae crocante de caramelo
    e chocolate 194
  tortinha de maçã com sorvete
    de baunilha 196

T
tomate
  almôndega de peru com ervas
    e espaguete 119
  angu de camarão com bacon
    defumado 110
  bolinho picante de milho-verde 25
  burrito de café da manhã 68-9
  burrito de carne e queijo 79
  chili com feijões 120-1
  chow chow picante 246
  cioppino com cerveja 109
  enchilada de porco desfiado com
    mole 132
  feijão assado de Boston 147
  feijão-preto refrito com pico de gallo 166
  feijão-vermelho com quinoa 140

guisado de Brunswick 131
gumbo cajun com linguiça
  defumada 112-3
jambalaia com risoni 108
mac 'n' cheese 139
minestrone picante com linguiça
  defumada 32
mini-hambúrguer de frango
  à parmigiana 104
ovo rancheiro com tortilha 62
pizza de muçarela e manjericão 102-3
salada Cobb com frango frito 44
salada de camarão, milho e avocado 47
salsa de pêssego com chips de milho 10
salsa pedaçuda de guacamole e feta 11
sanduíche de tomates verde fritos BLT 71
sopa de feijão-preto e chipotle 38
sopa de frango com tortilha 30
sopa de tomate com milho
  e pimentão 33
succotash de soja 145
taco de frango desfiado 86-7
tomate verde frito com manjericão 164
tortilha
  burrito de café da manhã 68-9
  burrito de carne e queijo 79
  enchilada de porco desfiado com
    mole 132
  fajita vegetariana com creme
    de coentro 141
  ovo rancheiro com tortilha 62
  quesadilla de camarão e batata-doce 78
  salsa de pêssego com chips de milho 10
  taco de frango desfiado 86-7

U
uva: salada Waldorf 42-3

V
vagem: vagem ao forno 149
vôngole
  cioppino com cerveja 109
  clam chowder da Nova Inglaterra 34-5

SOBRE AS AUTORAS

Caroline Bretherton trabalha na indústria alimentícia nos EUA e na Inglaterra há aproximadamente vinte anos. Seu entusiasmo e suas habilidades a levaram a abrir a própria empresa de catering e, mais tarde, um café, para depois começar a trabalhar com frequência na televisão e na mídia impressa. É autora dos livros *Do forno para a mesa*, *Sabores da horta*, *Bolos e outras delícias passo a passo*, *Pães e outras delícias passo a passo*, *O grande livro das tortas* e *Culinária para a família*, todos lançados pela Publifolha. Mora com a família na Carolina do Norte, de onde continua a escrever sobre todas os assuntos relacionados à gastronomia.

Elena Rosemond-Hoerr, nascida e criada na Carolina do Norte, é escritora, fotógrafa e autora de um blog de comida premiado, biscuitsandsuch.com. Vive no litoral com o marido e o cachorro, assando tortas, cuidando do jardim e celebrando a rica herança gastronômica dos EUA.

AGRADECIMENTOS

Caroline Bretherton gostaria de agradecer a: Borra Garson e todos da Deborah McKenna por seu trabalho em meu nome; Peggy Vance, Dawn Henderson, Bob Bridle e todos na DK pelo entusiasmo e pelo estímulo; e Elena Rosemond-Hoerr por ser uma coautora e fotógrafa fabulosa.

Elena Rosemond-Hoerr gostaria de agradecer a: meu marido querido Dan, pela imensa capacidade de experimentar todos os pratos; minha incrível coautora Caroline por me guiar durante o processo de redação deste livro de receitas; e Bob Bridle e sua paciente equipe na DK pelo apoio e pelo entusiasmo.

A DK gostaria de agradecer a: Stuart West e Elena Rosemond-Hoerr pela fotografia; Penny Stock e Lisa Pettibone pela direção de arte de fotografia; Jane Lawrie pela produção dos alimentos; Wei Tang pela produção de objetos; Jane Bamforth, Anna Burges-Lumsden, Sue Davie, Jan Fullwood, Chris Gates, Katy Greenwood, Anne Harnan e Sue Harris por testar as receitas; Corinne Masciocchi pela revisão; e Marie Lorimer pelo índice.

CRÉDITOS DE IMAGEM

O editor gostaria de agradecer às seguintes companhias pela permissão para reproduzir suas fotografias:
Capa: Alamy Images: Patti McConville, alto à direita.
Contracapa: Alamy Images: Patti McConville, alto à direita.
Todas as outras imagens © Dorling Kindersley
Para mais informações, consulte www.dkimages.com